赣南师范大学教材建设基金资助项目

教育传播理论与实践

主编◎赖晓云　　温小勇　　孔利华

江西高校出版社
JIANGXI UNIVERSITIES AND COLLEGES PRESS

图书在版编目(CIP)数据

教育传播理论与实践/赖晓云,温小勇,孔利华主编
.--南昌:江西高校出版社,2023.10(2025.1重印)
ISBN 978-7-5762-4234-8

Ⅰ.①教… Ⅱ.①赖… ②温… ③孔… Ⅲ.
①教育学—传播学 Ⅳ.①G40-05

中国国家版本馆 CIP 数据核字(2023)第 179785 号

出 版 发 行	江西高校出版社
社 址	江西省南昌市洪都北大道96号
总编室电话	(0791)88504319
销 售 电 话	(0791)88522516
网 址	www.juacp.com
印 刷	三河市京兰印务有限公司
经 销	全国新华书店
开 本	700mm×1000mm 1/16
印 张	17.25
字 数	280 千字
版 次	2023 年 10 月第 1 版
	2025 年 1 月第 2 次印刷
书 号	ISBN 978-7-5762-4234-8
定 价	68.00 元

赣版权登字 -07-2023-720

前　言

　　教育是一种典型的文化信息传播活动,教育过程是一种传播过程,教育传播是一种培养人的社会活动。教育传播学是教育学与传播学相互交叉、相互渗透的产物,是运用传播学和教育学的理论和方法,研究和揭示教育信息传播活动的过程及规律,并应用于教育实践活动之中,以实现最优化的教育效果的学科。教育传播学是教育技术学专业的基础理论课程之一,也是教育部高等学校教学指导委员会制定的核心课程。

　　《教育传播理论与实践》一书以传播学理论为依托,对教育传播的基本概念、理论、技术和方法做出了系统的阐释,探讨了教育教学实践中传播理论的应用技术和方法。随着新传播技术的发展和高度媒介化社会的到来,教育传播各要素有了新内涵,基于此,本书还对智能技术环境下、"互联网 +"环境下的教育传播特点、过程、模式与方法、教学实践案例等进行了梳理与探究,力求为新时代教育技术理论体系建设和实践提供理论基础。

　　本书共有七章,在综述教育传播学的对象及基本问题的基础上,理论联系实际,对教育传播的过程与模式、教育传播的信息及符号、教育传播的媒体与通道、教育传播中的教师与学生、教育传播环境和教育传播效果进行了系统的理论阐述与实践应用案例分析。

本书是面向教育技术专业本科生的教育传播学课程的教材。在编写过程中,我们努力贯彻"学以致用"的宗旨,使学生能深入浅出地学习教育传播学的理论,并有效地应用于教育实践之中,提升学生教育传播的能力。囿于水平,本书依然有这样那样的问题和不足,诚挚地希望使用本书的广大学子和教师批评指正。

目 录 CONTENTS

第一章 教育传播学的对象和基本问题

【学习目标】

学完本章后,应能做到:

1. 把握传播的概念、定义与特点。

2. 阐述传播的类型和传播的功能。

3. 阐释教育传播的含义、教育传播的构成要素及教育传播各要素间的关系。

4. 阐述教育传播的几个重要发展阶段。

5. 阐明智能技术赋能教育传播变革。

6. 阐释教育传播学的性质和对象。

7. 对教育传播理论的学习、研究产生兴趣,并有在此领域进行深入探讨的意愿。

【知识导图】

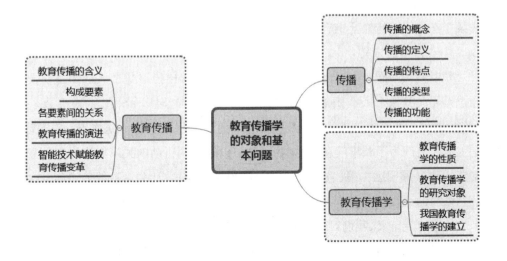

第一节　传播

教育传播学主要探讨教育中如何进行有效的传播才能达到最优化的效果，其中首先要解决的问题是如何理解"传播"这个基本概念。

一、传播的概念

"传播"一词由日常用语演变而来。传播学中所使用的"传播"一词是英语 communication 的对译词。这个词起源于拉丁语的 communicatio 和 communis，14 世纪在英语中写作 comynycacion，15 世纪以后逐渐演变成现代词形，其含义不下十种，包括"通信""会话""交流""交往""交通""参与"等。20 世纪初，一些学者将"传播"作为学术考察的对象。

美国社会学家库利在 1909 年出版的《社会组织》中为传播下的定义为："传播指的是人与人的关系赖以成立和发展的机制——包括一切精神象征及其在空间中得到传递、在时间上得到保存的手段。它包括表情、态度、动作和声调，语言、文章、印刷品、铁路、电报、电话以及人类征服空间和时间的其他任何最新成果。"

从 20 世纪 40 年代信息科学诞生以后，许多传播学家在界定传播概念之际都突出强调传播的信息属性。传播学家施拉姆在《传播是怎样运行的》一文中写道："当我们从事传播的时候，也就是在试图与其他人共享信息——某个观点或某个态度……传播至少有三个要素：信源、讯息和信宿。"

（一）传播的定义

学者们从不同角度对传播的定义进行了界定，如"传播是个人或团体主要通过符号向其他个人或团体传递信息、观念、态度或情感"（S. A. 西奥多森）；"传播是对一系列传递消息的记号所含取向的分享"（威尔伯·施拉姆）；"传播是人与人之间为了共享信息，建立共同意识以及协调行动的关系而进行的信息交流活动"（顾明远主编《教育大词典》）；"所谓传播，即社会信息的传递或社会信息系统的运行"（郭庆光）。

综合以上定义，我们对传播的认识是：传播是人们通过符号、信号，传递、接收与反馈信息的活动；是人们彼此交换意见、思想、情感，以达到互相了解和影响的过程；世界处处充满了传播现象，生命的每时每刻都在进行传播活动，生命不息,传播不止。

正确地理解传播这个概念,有几点需要注意:

(1)传播一般是在两个以上的若干人中进行的;

(2)传播是一种过程,以发出刺激为开头,以产生反应为结果,没有反应,不算传播;

(3)传播是一种互动,只有传播者的传递活动,没有受传者的接收活动,是不会有传播产生的,反之也一样;

(4)传播必带信息,必经通道,传播者、受传者和信息、通道是传播的基本条件;

(5)传播需以符号和信号为中介,符号是信息的代表,信号是负载符号的实体,运用符号、信号表达意义,才能实现信息交流的活动;

(6)传播可以通过语言、文字,也可以通过音乐、图画、戏剧、舞蹈,甚至所有人的行为都可以是信息传递的媒介;

(7)传播的目的在于分享信息,互相影响,建立共识,不断调节各自的行为态度;

(8)广义的传播包括一种机器影响另一种机器程序的信息传播,即机器的传播,当然也包括自然界动物、植物之间的信息传播。

(二)传播的特点

通过对定义的把握,我们可以分析出传播的特点,其包括以下几个方面:

(1)传播是一种信息共享活动。也就是说,它是一个将单个人或少数人所独有的信息化为两个人或更多人所共有的过程。

(2)传播是在一定社会关系中进行的,又是一定社会关系的体现。施拉姆说:"传播(communication)一词和社区(community)一词有共同的词根,这并非偶然。没有传播,就不会有社区;没有社区,也不会有传播。"

(3)传播是一种双向的社会互动行为。这就是说,信息的传递总是在传播者和传播对象之间进行的。在传播过程中,传播行为的发起人——传播者通常处于主动地位,但传播对象也不是单纯的被动角色,他可以通过信息反馈来影响传播者。双向性有强弱之分,但任何一种传播——无论其参与者是个人、群体,还是组织——都必然是一种通过信息的传受和反馈而展开的社会互动行为。

(4)传受双方必须有共通的意义空间。传播成立的重要前提之一,是传受双方必须要有共通的意义空间。信息的传播要经过符号的中介,传受双方必须对符号意义拥有共通的理解,否则传播过程本身就不能成立,或传而不通,或导致误解。

(5)传播是一种行为,是一种过程,也是一种系统。传播的一个要点是信息的传播,信息的传播需要信息传受双方共同完成。当我们将传播理解为"行为"的时候,我们把社会传播看作是以人为主体的活动,在此基础上考察人的传播行为与其他社会行为的关系;当我们把传播解释为"过程"的时候,我们着眼于传播的动态和运动机制,考察从信源到信宿的一系列环节和因素的相互作用和相互影响关系;当我们把传播视为"系统"的时候,我们是在更加综合的层面上考虑问题,即把社会传播看作是一个复杂的"过程的集合体",不但考察某种具体的传播过程,而且考察各种传播过程的相互作用及其所引起的总体发展变化。

二、传播的类型

从信息传递和沟通的角度而言,传播并不是人类的特有现象,而是自然界和人类社会的共有现象。

如图1-1所示,传播一般可分为四大类:自然的传播、动物的传播、人的传播、机器的传播。人的传播又可分为两类:人对人的传播、人的内在传播。人对人的传播主要有四种类型:人际传播、组织传播、大众传播、群体传播。传播学通常研究的是人的传播,特别是人对人的传播。

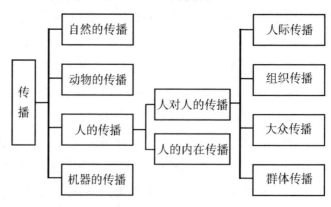

图1-1 传播的类型

(一)从动物传播到人类传播

信息传播是自然界和人类社会的普遍现象,凡是有物种和生命存在的地方都会有传播。人类传播是自然界和人类社会长期发展的产物,它是在动物传播的基础上发展而来的,但与动物传播有着本质的不同。

1. 动物社会的传播现象

1923 年,奥地利动物学家卡尔·冯·弗里施就发现蜜蜂群体中有一种奇异的"8 字舞"现象。根据他的多年观察,外出觅食的蜜蜂一旦发现了可供采集花粉的花丛,就会飞回蜂巢,将花丛的位置通知给其他蜜蜂。当花丛位于朝着太阳的方向时,蜜蜂飞行的直进动作是向上的;而当花丛位于太阳的反方向,蜜蜂飞行的直进动作是向下的。在其他场合,直飞的方向总是与蜂巢的垂直面成一定角度。花丛的距离是用"8"字的大小和行进时间的长短来表示的,即花丛的距离较近时"8"字较小,行进时间较短;距离较远时则"8"字较大,行进时间较长。这样,通过"8 字舞",其他蜜蜂就知道了花丛的位置,并飞集到这个地方。

20 世纪 50 年代中期,美国物理学家 H. 艾什在巴西发现,有一种当地的热带蜂居然能够使用莫尔斯信号(有规律的单音长短信号)来传达食物场所的远近。

动物世界传递信息的信号是多种多样的,动物社会传递信息的常见信号有以下几种:

气味:借助气味来沟通信息,寻找和选择食物,区分个体和群体,划定领地范围,识别同类和天敌,如蚁类。

发光:通过发光繁衍后代,如萤火虫发光是雌雄求偶的重要信号;一些海洋动物依靠发光来狩猎或防御,如夜光藻,它是众多发光生物的一种,受到干扰时会发出生物荧光,作为防御机制吓退捕食者。

超声波:依靠声波来确定位置,如蝙蝠。哈佛大学动物学家格里芬和古兰巴斯发现,蝙蝠能够在漆黑的岩洞里快速飞行而不至于撞上岩壁,还能在黑暗的夜空中准确地捕捉昆虫,这是因为它们能够发出一种振动频率极高的超声波,通过声波的反馈来确定物体的位置。

动作:通过动作传递丰富的信息。如蜜蜂的"8 字舞"是利用飞行动作传递食物信息。奥地利生物学家孔拉德·罗伦兹通过对灰雁的观测,发现它们在从事某种行动之前,总是发出特定类型的动作信号,这些信号可以表示戒备、威吓、攻击、防御、亲近、求偶等不同的含义。

声音:通过声音进行交流信息。如鸟的啼鸣,剑桥大学教授 W. H. 索尔普对黄雀进行的实验,以及鸟类学家 N. G. 史密斯对栖息在加拿大北部的四种海鸥进行的观测,都证明了鸟的"语言"与动作相结合,能够表达复杂的含义。

2. 动物传播的局限性

尽管动物有着复杂的信息传播系统,可是动物传播只是对自然界的一种被动的适应。动物传播具有以下特点:

第一,动物的信息传播行为是一种先天的本能行为,其能力更多地取决于体内的信息功能和遗传基因,而不是后天的系统学习。

第二,动物传递和接收信息的过程是基于条件反射原理的过程,而不伴随复杂的精神和思维活动。

由于动物传播是一种被动的条件反射原理的过程,而不是对自然界和自身进行能动的、创造性改造的过程,因此在"物竞天择,适者生存"的自然规律面前,只有那些具备相对发达的信息系统,能够有效适应环境变化的种群才能生存到今天。

(二)人类传播的产生

人类传播无疑是在动物传播的基础上进化和发展而来的。人类是由一种高度社会化的动物——类人猿——进化而来的。从猿到人的转变,同时也就意味着从动物传播到人类传播的转变。从传播学的角度来说,语言的产生,是完成从动物传播到人类传播之巨大飞跃的根本标志。日本生物学家永野为武认为,与动物发出的声音信号相比较,人类语言具有以下五个特点:

(1)人类语言是一种具有音节区分的声音符号体系;

(2)与本能相关的声音较少,发音和语句在结构上具有逻辑性;

(3)具有自由模仿其他声音的能力;

(4)在没有外部刺激的情况下也能自主发声;

(5)能够自主地赏娱音声的节奏和韵律。

通过对上述五个特点的分析可以得出,人类语言区别于动物界信号系统最根本的特征是能动性和创造性。人类主要不是靠遗传信息,而是靠体外化、社会化的信息系统来适应环境和改造环境的。

(三)人类传播的基本类型

人类传播的基本类型包括人的内在传播、人际传播、组织传播、大众传播、群体传播。

1. 人的内在传播

人的内在传播是在人体内部进行的信息交流活动。人内传播也称内向传播、内在传播,指的是个人接受外界信息并在人体内部进行信息处理的活动。作为人体内部的传播,它仍然能够通过人的活动表现出来。

根据米德的主我客我理论(图1-2),米德认为"自我"可以分解成相互联系、相互作用的两个方面,即"主我"(Ⅰ)和"客我"(Me)。他认为,完整的自我,既是"主我"又是"客我",两者都包括在"自我"中,并在特定情景中互相支持。人的内在传播就是一个以象征符为中介的互动过程。人的自我意识就是在这种"主我"和"客物"的辩证互动过程中形成、发展和变化的。

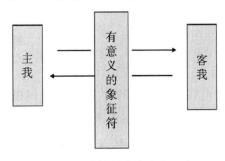

图1-2　米德的主我客我理论

换言之,人身上可以有两个"我":"我A"和"我B","感性的我"和"理性的我","现在的我"和"过去的我","公开的我"和"秘密的我"。人的内在传播就是这两个"我"之间的信息交流活动。"我A"将信息经过神经通道传给"我B","我B"对接收到的信息进行加工处理,并做出反馈,如图1-3所示。

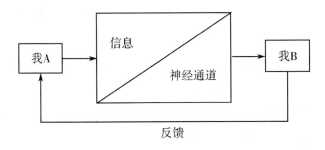

图1-3　人的内在传播过程

人的内在传播集传者与受者于一身,我A为传者,我B为受者,信息即外界刺激信息和大脑信息库的内储信息,神经通道是指感觉神经元、中枢神经元、运动神经元的连接。

人的内在传播是外界刺激所引起的人的内部的心理调节。一事当前,要如何办?"我 A"和"我 B"可能存在意见分歧,需要通过内在传播进行心理调节,以求得一致。

例如,朋友送来一张当天的文娱晚会的入场券,但你手头有一件较重要的工作尚未完成,面对这种情况,去还是不去?"我 A"觉得机会难得,想去;"我 B"则认为应该先做完手头的工作。最终经过调节,决定还是不去,把入场券转送给朋友。人的内在传播就是这样,通过"我 A"与"我 B"之间的信息交流,为适应周围环境而进行自我调节。

人的内在传播是人的思维活动,是人脑对感性知觉和表象进行加工,从而产生概念和推理,形成思想的过程。

2. 人际传播

人际传播是个人与个人之间的信息交流活动。

人际传播的形式,可以是面对面的直接传播,也可以是以媒体为中介的间接传播。面对面的传播,主要是以语言表达信息,或用表情、姿势来强化、补充、修正语言的不确定。这种传播可以使传者与受者直接沟通,及时反馈信息,并因为共聚一堂,产生亲切感,从而增强传播的效果。个人与个人之间以媒体为中介的传播,使用的媒体主要有电话、电报、电视、书信、计算机网络等。

人际传播的目的是:了解别人,并使别人了解自己,以实现彼此沟通,建立和谐的关系;进一步认识自己,从别人对自己的反应中,不断调节自己的行为和生活态度,使之符合社会的需要。

美国社会学家查尔斯·霍顿·库利在 1902 年出版的《人类本性与社会秩序》一书中提出"镜中我"。他认为,人的行为很大程度上取决于对自我的认识,而这种认识主要是通过与他人的社会互动形成的,他人对自己的评价、态度等,是反映自我的一面"镜子",个人通过这面"镜子"认识和把握自己。因此,人的自我是通过与他人的相互作用形成的。

3. 组织传播

组织传播是组织与组织之间、组织内部成员之间的信息交流活动,包括组织内部个人与个人、团体与团体、部与部门、组织与其成员的传播活动以及组织与相关的外部环境之间的交流沟通活动。组织传播既是保障组织内部正常运行的信息纽带,也是组织作为一个整体与外部环境保持互动的信息桥梁。

组织是一群相互关联的个体的组合。组织由个体组成,每一个人都属于一定的组织,一般来说,没有人能够离开组织而独立生活。社会是由各式各样的组织,如工厂、商店、学校、医院等所构成的。传播是组织生存与发展必不可少的条件,没有传播就没有组织。

组织传播的目的是:与其他组织达成有效的沟通,增进了解,建立良好的关系;使组织内部成员贡献出自己的心力,并和睦共处,以共同的行动促进共同的利益。

组织传播包括组织内传播和组织外传播两个方面,这两个方面都是组织生存和发展必不可少的信息沟通保障。组织内传播是信息沿着一定组织活动关系(部门、职务、岗位以及其隶属或平行关系)环节在组织内流通的过程。组织外传播是组织与其外部环境进行信息互动的过程,它包括信息输入与信息输出两方面。它们的传播具有不同的特点,二者在相互促进的同时也在一定程度上相互制约。

4. 群体传播

群体指的是一群人按照某种个体特征,在同一目标指引和统一规范的约束下,行为上彼此影响、相互交往、协调运动的一种社会性集合体。

不同学者对群体的分类是不同的。美国社会学家库利根据群体在个人社会化过程中所起作用的直接和间接程度,将群体分为初级群体和次级群体。德国社会学家 M. 韦伯将群体中是否存在管理主体或机构作为分类标准,把拥有管理组织系统的群体称为"团体",其他则属于一般群体。另一位德国社会学家 L. 威瑟也依据组织性的强弱,将群体分成两类,一类是组织群体,另一类是非组织群体。

群体传播是群体成员之间发生的信息传播行为,表现为一定数量的人按照一定的聚合方式,在一定的场所进行信息交流。群体的规模有大有小,不同的群体具有不同的特点。但不论何种群体,在传播活动中其成员都要受群体形成的规范的调节和制约,保持大致统一的行为目标和认知结构。

在社会生活中,人总要纳入或从属于一定的群体,而且常常分属于许多不同的群体。人一旦参加社会活动,就会加入某些社会团体,如外出购物、旅游、观看演出,会自觉或不自觉地加入集群中去,所以人的群体传播是无法避免的。

人为了消除对自己和对环境的不确定性而参加群体传播,由此群体成员可以获得更多的信息,对个人的认识和行动补充大量的信息。群体成员在性别、年龄、文化程度、社会观念、兴趣爱好、心理特征等方面总有大致相同的特点,很容易发生相互作用。群体信息传播不但形成群体规范,产生群体压力,还由此引起遵从心理和遵从行为。

群体传播的一个重要功能就是帮助个人实现社会化。不仅如此,在社会化过程基本完成之后,它依然对个人的社会态度和社会行为发挥着重要的制约作用。

5. 大众传播

大众传播是伴随着近现代印刷、电子传播技术的发展而产生的一种特殊的社会信息系统。所谓大众传播,就是专业化的媒介组织运用先进的传播技术和产业化手段,以社会上一般大众为对象而进行的大规模的信息生产和传播活动。大众传播具有以下特点:

(1)大众传播是专业传播机构从事的有组织的传播活动;

(2)传播对象是广泛而分散的、不定量多数的一般社会成员;

(3)采用现代化技术手段大量生产、复制和传播信息;

(4)传播内容是公开的,有别于私下或内部传播活动;

(5)大众传播也有反馈机制(如读者来信、热线电话、短信参与等),但这种反馈一般是滞后的,受众对传播过程缺乏即时的干预能力。

大众传播的这些特点,使它拥有广泛而巨大的社会影响力。

三、传播的功能

传播的功能是什么,它能做什么,有什么用? 对于这个问题,不少学者有自己的观点。

(一)拉斯韦尔的"三功能说"

在传播学研究史上,最早对传播的社会功能做出较全面分析的是 H. 拉斯韦尔。他在 1948 年发表的《传播在社会中的结构与功能》一文中,将传播的基本社会功能概括为以下三个方面:

1. 环境监视功能

自然与社会环境是不断变化的,只有及时监控、了解、把握并适应内外环境的变化,人类社会才能保证自己的生存和发展。在这个意义上,传播对社会起着"瞭望哨"的作用。

2. 社会联系与协调功能

社会由各不同部分组成,是一个建立在分工合作基础上的有机体,只有实现了社会各组成部分之间的联络、协调和统一,才能有效地适应环境的变化。传播正是执行联络、沟通和协调社会关系功能的重要社会系统。

3. 社会遗产传承功能

人类社会的发展是建立在继承和创新基础之上的,只有将前人的经验、智慧、知识加以记录、积累、保存并传给后代,后人才能在前人的基础上做进一步的完善、发展和创造。传播是保证社会遗产代代相传的重要机制。

(二)赖特的"四功能说"

美国学者 C.R. 赖特在《大众传播:功能的探讨》中继承了拉斯韦尔"三功能说",并在此基础上围绕大众传播的社会功能问题提出了"四功能说"。

1. 环境监视

大众传播是在特定社会的内部和外部收集和传达信息的活动。这里的目的包括两个方面:一是警戒外来威胁;二是满足社会的常规性活动(政治、经济、生活)的信息需要。

2. 解释与规定

大众传播并不是单纯的"告知"活动,它所传达的信息中通常伴随着对事件的解释,并提示人们应该采取什么样的行为反应。新闻信息的选择、解释和评价将人们的视线集中于某些特定的事件,社论或评论也都是有明确意图的说服或动员活动。"解释与规定"的目的是为了向特定方向引导和协调社会成员的行为,其含义与拉斯韦尔的"社会联系与协调功能"是一致的。

3. 社会化功能

大众传播在传播知识、价值以及行为规范方面具有重要的作用。现代人的社会化过程既是在家庭、学校等群体中进行的,也是在特定的大众传播环境中进行的。这个功能,与拉斯韦尔的"社会遗产传承功能"是相对应的,也有一些学者将其称为"大众传播的教育功能"。

4. 提供娱乐

大众传播中的内容并不都是务实的,其中相当一部分是为了满足人们的精神生活的需要,如文学的、艺术的、消遣性、游戏性的内容等。大众传播的一项重要功能是提供娱乐,尤其在电视媒体中,娱乐性内容占其传播的信息总量的一半以上。

(三)施拉姆对大众传播社会功能的概括

对拉斯韦尔和赖特的观点,施拉姆曾在 1982 年出版的《男人、女人、讯息和媒介》(中译本名为《传播学概论》)一书中,从政治功能、经济功能和一般社会功能三个方面进行了总结(见表 1-1)。

表 1-1 施拉姆的传播功能说

传播起什么作用		
政治功能	经济功能	一般社会功能
监视(收集情报)	关于资源以及买和卖的机会的信息	关于社会规范、作用等的信息:接受或拒绝它们
协调(解释情报;制定、传播和执行政策)	解释这种信息;制定经济政策;活跃和管理市场	协调公众的了解和意愿;行使社会控制
社会遗产、法律和习俗的传递	开创经济行为	向社会的新成员传递社会规范和作用的规定

(四)拉扎斯菲尔德和默顿的功能观

拉扎斯菲尔德和默顿在 1948 年发表的《大众传播、通俗口味和有组织的社会行动》一文中,特别强调了大众传播的下述三种功能:

1. 社会地位赋予功能

任何一种问题、意见、商品、团体乃至人物或社会活动,只要得到大众传媒的广泛报道,都会成为社会瞩目的焦点,获得很高的知名度和社会地位。拉扎斯菲尔德和默顿认为,这种地位赋予功能,会给大众传媒支持的事物带来一种正统化的效果。

2. 社会规范强制功能

大众传媒通过将偏离社会规范和公共道德的行为公之于世,能够唤起人们普遍的社会谴责,将违反者置于强大的社会压力之下,从而起到强制遵守社会规范的作用。拉扎斯菲尔德和默顿指出,这项功能主要来自它的公开性。他们认为,在通常情况下,即使人们对违反规范的行为有所知晓,也不会发生有组织的社会制裁行动。但当大众传媒将问题公开化以后情况则不同,一般公众就会感受到维护社会规范的"制度性压力",从而积极加入舆论制裁的行列中去。

3. 作为负面功能的"麻醉作用"

拉扎斯菲尔德和默顿认为,现代大众传播具有明显的负面功能。它将现代人淹没在表层信息和通俗娱乐的滔滔洪水当中,人们每天在接触媒介上花费大量的时间和精力,降低了积极参与社会实践的热情:他们在读、在听、在看、在思考,但是,他们却把这些活动当作行动的代替物。他们有知识、有兴趣,也有关于今后的各种打算,但是,当他们吃完晚饭、听完广播、读完晚报以后,也就到了睡觉的时间了。拉扎斯菲尔德和默顿把这种现象称为大众传播的"麻醉作用",认为过度沉溺于媒介提供的表层信息和通俗娱乐中,就会不知不觉地失去社会行动力,而满足于"被动的知识积累"。

(五)传播的主要功能

综合各学者的观点,我们把传播的主要功能分为沟通、协调、教育、娱乐四个方面。

1. 沟通

传播的第一个功能是沟通。通过传播,可以使个人与个人、个人与团体、团体与团体之间沟通信息,互相了解,建立关系,发展友谊。例如,两个原本不相识的人同坐火车,进行了交谈:您贵姓?府上哪里?在何处工作?去往何处……经过这一系列沟通,彼此初步了解,可能就此建立起友谊,在旅途互相照顾与帮助。

2. 协调

通过传播,可以协调个体或群体的行为。例如,通过看电视新闻,获知某商品在市场脱销,经过分析,认为这是由于产量不足造成的,于是生产者就调整原定生产计划,增加产量,以满足市场需求。

3. 教育

教育主要是传递前人的思想、经验、知识与技能,这是一种有目的、有组织、系统的传播行为。一个人的一生始终在接受教育:小时候在家里,有家庭教育;进了学校,有学校教育;进入社会就业,有社会教育。但无论哪种教育,都有赖于传播才能实现。当今,传播的教育功能日益显著。现在的孩子,比我们幼年时,获得的知识要广泛得多。不少家长、教师和成年人,对孩子们知识的丰富都感到惊讶,他们以为孩子们并不了解的事物,孩子们都能应答如流,问起缘由,孩子们说,他们从电视、广播、互联网里知道的。现代青少年的知识结构中,有相当一部分知识是来自多种传播媒体,而不是来自教师或家长。

4.娱乐

传播的娱乐功能十分明显。音乐、戏剧、小说、绘画等多种文艺传播形式,都具有娱乐的功能。广播、电视、互联网等传播媒体进入家庭后,传播特别是大众传播被用于娱乐的比例更是大得惊人。广播、电视、互联网节目,除了新闻和广告外,可以说大部分都是让人娱乐和消遣的。

第二节　教育传播

教育传播与其他传播类型的不同在于传播主体和传播内容,我们可以从教育学视角和传播学视角的结合来理解。

一、教育传播的概念

教育传播是有组织、有目的的,以传授知识为目标,对受教育者传送教育信息的行为。传播内容由教育目的及教育对象决定。教育传播是人类传播活动的一种特殊表现形式。它与人类的一般传播活动除有共性外,还有着自己的个性。

(一)教育传播的定义

目前关于教育传播比较有影响的定义有:

"教育传播是由教育者按照一定的目的和要求,选定合适的信息内容,通过有效的媒体通道,把知识、技能、思想、观念等传送给特定的教育对象的一种活动。它是教育者和受教育者之间的信息交流活动"(南国农);

"教育传播旨在遵循传播、教育、生理、心理等客观规律,运用教育媒体,传播教育信息,以实现教育和教学的优化"(魏奇、钟志贤);

"教育传播是一种以培养和训练人为目的而进行的传播活动"(高蕴奇、金振坤、林克诚等);

"教育传播是一种以培养和训练人为目的而进行的信息传播活动,也就是说,是一种有目的、有意识地对人进行教育的传播活动"(黄鹂、吴廷俊)。

上述前两个定义从传播学的视角入手,揭示了教育传播的要素(教育者、教育信息、媒体通道、教育对象)和过程、信息交流等传播规定性,后两个定义从教育学的视角入手,揭示了教育传播培养和训练人的教育规定性。

(二)教育传播的特点

教育传播是人类传播活动的一种特殊表现形式。它除了有与人类一般传播活动的共性外,还有着自己的个性。如表1-2所示,教育传播与大众传播有各自的特点。

表1-2 教育传播与大众传播特点比较

项目＼类型	教育传播	大众传播
目的	培养合格公民,造就优秀人才	主要是通报消息,提供娱乐,宣传教育
对象	正在成长的年轻一代	社会上的一般大众,无论性别、年龄、社会地位、职业、文化层次有何差别
传者	教师、教育管理者和教材编制者等	报刊、电台、电视台、网站的编辑、记者和节目的制作者等
传播方式	教育传播既可以是通过媒体的间接的传播,又可以是面对面的直接的传播	一种间接的传播,是传者通过媒体(报刊、图书、电影、电视、广播、互联网等)向广大公众进行传播
反馈过程	较快地收到反馈信息,具有更多的双向交流特点	一般迂回缓慢,具有更多的单向传播特点
信息的选择	信息的选择有严格的规定性,要求高度的科学性	有很大的随意性

从教育传播与大众传播以及其他一般传播活动的比较研究中可以看到,教育传播的基本特点大致有以下几点:

(1)明确的目的性。教育传播是以培养人才为目的的一种传播活动。

(2)内容的严格规定性。教育传播内容是按照教学计划和教学大纲的要求严格选定的。

(3)受者的特定性。教育传播有特定的对象,大学的教材不能用作中学的课本。

(4)媒体和通道的多样性。在教育传播中,教育者既可以用口语和姿态做媒体,也可以用板书、模型、幻灯、电视、计算机等做媒体;既可以是面对面传播,又可以是远距离传播。

二、教育传播的构成要素

教育传播是一个系统。一般认为,系统是指由相互作用、相互联系的若干要素结成的具有特定功能的有机整体。由此可知系统具有如下特征:由一定的要素组成;要素相互作用构成一定的联系;要素相互联系而形成作为整体的功能。关于教育构成要素的多寡与具体内容,众说纷纭,莫衷一是,主要观点有:

二要素说:教育者和受教育者。

三要素说:教育者、受教育者和教材。

四要素说:教育者、教育信息、教育媒体和受教育者。

五要素说:教育者、教育信息、教育媒体、受教育者和教育效果。

六要素说:教育者、教育信息、教育媒体、受教育者、教育效果和教育环境。

在考察教育传播构成要素问题时,首先必须明确教育的本质。教育是一种影响人、培养人的活动。这里的教育是广义的,包括古今中外、校内校外一切教育在内。首先,教育活动必须要有施加影响、实施培养的人及对象,我们称之为教育者和学习者;其次,教育活动必须要有施加的"影响",即教育者和学习者之间交流的内容,我们称之为教育信息;最后,教育者和学习者之间交流教育信息必须要有一定的中介,我们称之为"教育媒体"。因而在本书中,我们采用四要素说,即教育者、教育信息、教育媒体及受教育者。

(一)教育者

教育者是这个系统的控制者、各种学习条件的安排者,也是教育信息的发送者,包括教师、教材编制者、教育管理者等。教学机器也可以是教育者。在教育传播系统中,教育者的工作主要是提供和变换信息,对受教育者进行教育,为受教育者创造良好的学习环境,他们是学习的组织者、引导者和帮助者。

具体地说,教育者在传播过程中具有以下功能:

(1)拥有可以向别人发送的信息(提供信息)。他闻道在先,他要把自己拥有的知识、技能、思想观念等传授给学生。

(2)控制传播过程。他按社会的要求和受教育者的身心发展规律把经过选择的知识、技能、思想观念等信息转换为信号(声音信号、电信号等)传送出去。

(二)教育信息

教育信息是教育传播的内容,主要指以知识形式构成的各种课程(也包括控制传播过程的控制信息)。而这些内容和事实不能凭空传送出去,它必须转换为某种符号,然后通过某种"媒体"才能传播出去。

(三)教育媒体

教育媒体是传递信息的工具,是连接教育者和受教育者双方的通道,包括传统教育媒体(非电子媒体)与现代教育媒体(电子媒体),其作用在于延伸人体器官的功能。统教育媒体也包括发出与接收信号的器官以及载送声、光、电信号的空间与线路等。各种传播媒体具有各自的特性与功能,传播者应根据信息的性质、传播的目的与对象去选择合适的传播媒体。

(四)受教育者

受教育者是教育信息的接受者,包括学生和其他学习人员。在教育传播系统中,受教育者的工作主要是接收、变换、反馈信息,完成学习任务。

受教育者在传播过程中起如下作用:

(1)把接收到的信号转换为自己所熟悉的符号,并按自己的经验译成意义信息。

(2)受教育者是信息的终端,他接收信息后,会产生一定效果,在知识、思想或行为上产生变化。这些变化部分会以某种方式再返送给教育者,就是反馈;或者受教育者再向别人传送他取得的信息,这时受教育者也成了教育者。

三、教育传播的各要素间的关系

教育传播系统四要素之间有着以下六种关系(如图1-4所示):教育者—受教育者;教育者—教育信息;教育者—教育媒体;受教育者—教育信息;受教育者—教育媒体;教育信息—教育媒体。

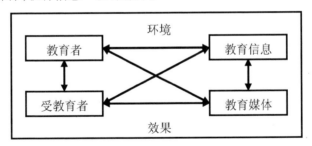

图1-4 教育传播系统各要素之间的关系

教育者、受教育者、教育信息、教育媒体是教育传播系统必不可少的成分,教育效果和教育环境并不是教育传播系统的要素。教育效果在于表明这个系统是否有效以及有效的程度。它是系统的产物,而非要素。

教育环境是教育传播系统的外部条件,不是要素。任何系统都不能忽视环境。系统有大小,环境也有大小。教育传播系统的大环境,指社会环境和自然环境。教育传播系统的小环境,指学校环境,主要是校园环境和教室环境。学校环境包括两个方面——校园内的社会生活和校园内的物质条件。前者指师生关系、生生关系、学习风气、价值标准、文明礼貌、闲暇时间的利用,等等;后者指校舍建筑设计、校园美化、教室内部布置、噪音控制等等。对于教育传播系统来说,社会生活环境的影响是主要的,但物质环境的影响也不容忽视,如教室环境的内部设计、色调、照明、家具摆设等,都能影响学生行为的各个方面。

(一)教育者与受教育者的关系(师生关系)

在教育传播过程的多种关系或矛盾中,教育者与受教育者的矛盾是主要矛盾之一。因为传播者与受传者都是人,传播者掌握信息,控制传播过程,受传者接收信息,是传播效果的体现者。所以,传播行为实际上主要发生在传播者与受传者之间,能否处理好这两者之间的关系,直接影响传播能否达到预期目的。

从教师的角度看,教育者闻道在先,明确教育目的与要求,掌握教育内容与方法,他要选择教育内容对受教育者施加影响,所以教育者是主体,教育信息与受教育者是客体。

从学生的角度看,受教育者是学习行为的主体,学习能否取得成效,关键在于其自身主体作用的发挥。学习者要向教育者学习,要学习教育内容,因此,教育者和教育信息又是学生认知的对象。

从哲学的角度看,传播者是外因,受传者是内因,外因必须通过内因才能发挥作用。

因此,正确处理教育者与受教育者之间的关系,关键是既要发挥教育者的主导作用,又要发挥受教育者的主体作用。在传统教育传播中,教育者发挥主导作用时,往往忽视了受教育者的主体地位。而且,教育者越是发挥主导作用,受教育者就越被动。杜威的儿童中心主义正好相反,只强调以学生为中心,往往忽视教师的主导作用。正确的教育应把这两者结合起来,既不是以教师为中心,也不是以学生为中心,而是教师主导与学生主体相结合。

(二)教育者、受教育者与教育媒体的关系(人机关系)

在教育传播过程中,人(教育者和受教育者)与教育媒体是一种人机关系,人是主体,媒体是我们应用的工具,不能本末倒置。教育媒体要由人来选择、控制,人有驾驭教育媒体的能力。如果教育者与受教育者善于有效地运用教育媒体,教育媒体就能充分发挥积极作用,反之,教育媒体只能是花架子,有时甚至会阻碍教育传播进程。当然,必须充分重视教育媒体对人的作用,它能促进教师和学生更新教育观念,改进教学和学习方法。例如,多媒体计算机网络的应用,使教师的教育方法和学生的学习方法都发生了深刻变化。

在教育传播中,人和教育媒体是协同发挥作用的,不能只追求教育媒体的花样翻新,而忽视师生应用教育媒体能力的提高,忽视各种媒体的组合与运用;同样,也不能对现代媒体漠不关心,忽视教育技术的改进与更新。只有既重视人的作用、提高人的能力,又重视教育媒体的改进,积极、正确地应用,并结合具体的教学情境,使人和工具合理地组合,才能提高传播效果。

(三)受教育者与教育信息的关系

教育信息(传播内容),在我国主要通过课程计划(教学计划)、课程标准(教学大纲)和教科书表现出来,它实际上代表了一个社会对受教育者的要求,也是受教育者身心发展所必需的。社会要求与受教育者现有知识经验水平之间的差距,是教育传播赖以存在的必要条件。教育信息(社会的要求)与受传者已有知识经验水平之间的矛盾,是教育传播得以开展的前提,传播者与受传者关系的处理也是围绕此矛盾的解决进行的。

要处理好教育信息与受传者之间的矛盾,关键是正确评估受传者的已有知识经验水平,使教育传播适合受传者的身心特点。

所谓受传者的已有知识经验水平是指,受传者在接受教育传播活动时已具有的整体智能系统水平,这种水平分为现实水平和潜在水平两个层次。

现实水平是接受一定水平层次的教育传播的必备前提和条件,认知心理学家皮亚杰称之为准备度,布鲁纳称之为已有的知识经验结构。它是产生有意义的学习的基础。

潜在水平是指受教育者在现实水平的基础上,通过适当内容的教育传播的助长与催化可以达成的可能的知识经验水平高度。

教育传播的成功条件之一,就在于能否正确评估受传者已有的现实水平,预测潜在水平,通过系统的传播策略,促使受传者的潜在水平转化为现实水平,并且形成高一层次的潜在水平。

教育传播目标若落后于受传者的知识经验水平,则不能激起其接受学习的动机与兴趣,产生不了学习需求;同样,目标要求过于超前,易使受传者产生过度焦虑或紧张的心理压力,阻碍学习产生。心理学家维果茨基针对教学活动滞后或超前过甚的现象,提出了"最近发展区"的理论,"所谓最近发展区是指介于学生现有的发展水平和潜在发展水平之间的正处于形成状态的心理机能"。最近发展区理论有助于我们正确评估学习者的知识经验水平,使传播活动达到预期的效果。

最近发展区的教学为学生提供了发展的可能性,教和学的相互作用刺激了发展,社会和教育对发展起主导作用,所以教学"创造着"学生的发展。维果茨基主张教学应当走在儿童现有发展水平的前面,教学可以带动发展。教育要引导学生发展。

教学的作用表现在两个方面,一方面可以决定儿童发展的内容、速度、水平等,另一方面也创造着最近发展区。两种水平之间的差距是动态的,它取决于教学如何帮助儿童掌握知识并促进其内化。教学不同于发展,也不可能立竿见影地决定发展。但是如果教学内容、方法等都能符合儿童最近发展区并在此基础上提出更高的发展,则能促进儿童更好更快地发展。

支架式教学是指在学习过程中给予儿童的帮助,就像婴儿学习走路,父母总要给予一定的搀扶,或者提供一个学步车。支架是一种帮助,借助这种帮助,儿童能够完成那些他们不能独立完成的任务。教育要以最近发展区作为接入的空间,为儿童的学习提供支架,促进儿童有效地学习。

四、教育传播的演进

语言的产生是真正意义上的人类传播的开端。从语言产生到今天的信息社会,人类传播本身也经历了一个漫长的发展过程。传播是通过一定的媒介、手段或工具来进行的。根据媒介产生和发展的历史脉络,我们可以把迄今为止的人类传播活动分为以下几个发展阶段:口语传播时代;文字传播时代;印刷传播时代;电子传播时代。不过,这个历史进程并不是各种媒介依次取代的过程,而是一个依次叠加的进程,如图1-5所示。

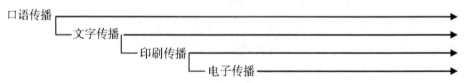

图1-5 人类传播发展的历史进程

教育传播源于人类从事社会生产和社会生活的需要。自从有了人类社会,就有了教育传播。教育传播随着人类传播活动的发展阶段而不断演进,并且各个阶段各有特点,如表1-3所示。

表 1-3　教育传播的演进

发展阶段	时间	特征			
		信息	媒体	方式	感觉器官
口语传播	约公元前 3000 年以前	量少、零散、无序	原始、简单	口耳相传	听觉为主
文字传播	约公元前 3000 年以后至 19 世纪末	日益增多,从零散到系统,从无序到有序	逐渐多样	另加读写训练	视觉为主
电子传播	19 世纪末以来至 20 世纪中期	迅速增多,系统化、科学化	多样化、多媒化	再加人机对话	视觉、听觉并用
网络传播	20 世纪 90 年代后期至今	海量增多,数字化	网络化	再加网上交流	视觉、听觉、触觉并用

（一）口语传播阶段

人类最早的传播工具是语言,即传者的口语。恩格斯指出:"语言是从劳动中并和劳动一起产生出来的。"语言的产生,使人类彼此之间的信息交流有了可能。语言是人类交往活动中最重要的一种传播工具。现在世界上大约有 3500种用于口头交流的语言。

从原始社会到氏族公社的漫长历史时期,就是口语传播阶段。在原始社会,教育还没有从社会生活中分化成为专门的事业,没有专门的教育机构和专职教育人员,人们的教育传播活动是在生产劳动和日常生活中进行的。年长者在带领年轻人狩猎、捕鱼、采集野果、制造工具等生产劳动过程中,或在举行宗教祭典等活动的时候,通过口头语言并辅以动作,向他们传授这些方面的经验和技术,使他们获得一定的参加社会生产和生活的能力。

口语传播阶段是传播的初级阶段,其主要特征是:信息较少,且零散、无序;传播媒体原始、简单;传播方式是口耳相传;使用的感官主要是听觉。

口语传播具有表达思想、交流信息、传情达意的功能,具有简单、快捷、通俗、及时反馈等优越性,但也有局限性。它只能在有限的距离内面对面地进行,且瞬间即逝,其内容难以保存。

（二）文字传播阶段

文字的产生和发展是在世界上许多民族地区各自进行的,时间也有先后。在中国,最初文字的出现,大约在原始社会末期。据传说,约在公元前 3000 年的黄帝时代,史官仓颉由图画整理出最初的文字。汉字的产生经过了结绳、刻木、图画、文字几个阶段。汉字产生之前,人们以结绳记事达意,"事大,大结其绳;事小,小结其绳";后来有了刻木,人们在木头上刻线条,以帮助记忆和交流彼此要说明的事情;之后,有了图画;最后,才出现了文字。

随着最初文字的出现,最初的学校和教师也出现了,从此,对年轻一代的教育有了专门的场所和专职人员。

随着文字体系的出现,出现了早期的书——简策、帛书、初期纸书等。

继文字和早期书之后,新出现的强有力的教育传播工具是印刷书。印刷书的出现和普遍使用,引发了教育上的巨大变革,它大大地扩大了教育的对象,使知识传播的速度与广度大大增加,使知识能够传播得更久更远。

文字传播阶段的主要特征是:信息量日益增大,并从零散逐渐到系统,从无序逐渐到有序;传播媒体逐渐多样,除了口语、印刷书外,普通教具也日益普遍使用;传播方式除了口耳相传,又有了读写训练;传播过程中感觉的重心从耳朵转到眼睛,从听觉转到视觉。

文字传播打破了时空限制,大大增加了教育传播的速度与广度,但也有局限性。文字是事物和意义的符号,抽象程度高,难以直接传达声音和形象,学习者需透过具体经验,才易理解。

(三)电子传播阶段

自19世纪末以来,随着科学技术的迅速发展,电子传播媒体陆续进入教育传播领域。

19世纪90年代,幻灯片开始进入教育传播领域。

20世纪20年代,无声电影和广播开始在教育中应用。

20世纪30年代,有声电影被用于教育。

20世纪40年代,新进入教育传播领域的电子媒体主要有录音,包括唱片录音、钢丝录音、磁带录音。

20世纪50年代后,越来越多的电子媒体被用到教育传播中:20世纪50年代,有电视、程序教学机等;20世纪60年代,有电子计算机等。

从20世纪70年代起,电子媒体进入系统发展阶段。进入教育传播领域的电子媒体有录像电视教学系统、计算机教学系统、卫星电视教学系统、多媒体教学系统等。

电子媒体的教育应用,为教育的全面改革开辟了一条广阔的新路。

电子传播阶段的主要特征是:信息量迅速增多,达到了系统化、科学化;传播媒体多样化、多媒化;传播方式,除口耳相传、读写训练外,有了人机对话;传播中使用的感官是视觉、听觉并用。

(四)网络传播阶段

20 世纪 90 年代后期,互联网进入教育领域,大大增进了人类的教育传播能力和效率,使人类的教育传播活动进入了一个全新的时代。

网络传播阶段的主要特征是:信息海量增多,并实现了数字化;传播媒体网络化;传播方式又增加了网上交流;传播中视觉、听觉、触觉等感官并用。

五、智能技术赋能教育传播变革

当前,人工智能、大数据、虚拟现实和物联网等智能技术快速发展,人类即将进入一个人机协同、跨界融合、共创共享的智能时代,社会生活正在经历深刻变化,知识、教育和人才的价值都将被重新定义。这也为教育改革和创新提供了新契机,并且正在引发教育理念、教学方式和学习方式、教育治理模式乃至教育形态的系统性变革。

(一)智能时代的人才观——塑造"智慧人才"

人才是衡量一个国家综合国力的重要指标。综合国力竞争说到底是人才竞争。智能技术赋能教育的根本目的是利用人工智能技术,变革传统教育,培养适合新时代发展的"智慧人才"。所谓"智慧人才"是指在人工智能时代会创造、会学习、会沟通、会研判、会协作、会解决复杂问题,且均衡发展知识、技能、能力、品格的新型人才,而不单是技术诱导下的机械产物,是集科学智慧和人文智慧于一体的人。简单讲,智慧人才包含两方面的智慧:做的智慧、思的智慧。

祝智庭教授提出了智慧人才生态观,如图 1－6 所示。

智慧人才具有四大属性——价值观、行动、思维、创造。其中价值观是对文化中的理念价值认知、吸纳、内省后形成的智慧品质,它是特定文化的理念价值在智慧人才中的具象表征,决定人才的行动、思维、创造方式;行动是完成事情或任务的基本能力,作为智慧人才的一大属性,也是实现较好的思维品质、较深的创造潜能的手段;思维是诸如批判思维、结构思维、发散思维、创新创造思维等的高阶复杂能力,是智慧人才的内在修养;创造是面对不同情境、不同任务,灵活利用各种有利条件和方法策略,把事情和任务完成或形成相应成果的能力,

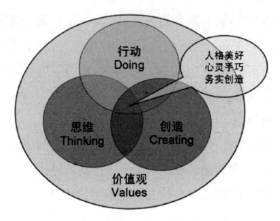

图1-6 智慧人才生态观

属于智慧人才的外在体现。创新人才的创新意识、创新思维、创新能力三方面素质与智慧人才的理念不谋而合,因此创新人才也是一种智慧人才。

综上所述,智慧人才是一种具有美好人格、心灵手巧、务实创造品质的人才,是知识、技能、能力、品性均衡发展的新型人才。

(二)智能时代的教学观——服务学习者

在智能时代背景下,核心素养导向的课堂变革应运而生,这种变革的关键是对教学目标的重新审视,更强调学生问题解决能力、反思能力、创新思维和能力的培养。

智能时代下的教学遵循以服务为中心、以学生为中心、以体验为中心的理念。

"以服务为中心"是对教学方法的要求,它将教学方法定位为为学生提供辅助、引导学习服务的教法。

"以学生为中心"是对教学者的要求,在教与学过程中,教学者的一切活动均以学生为中心,并担任导学者、助学者、促学者、评学者,以提升学生的学习能力。

"以体验为中心"是对学习方法的要求,智慧是解决前所未遇的问题的思维和能力,当学生把问题解决了,智慧就转变为经验或知识了。

(三)智能时代的教师——实现"智慧教育"

智慧教育是立足当前、面向未来、支撑新时代的教育,不仅要关注"物",更要关注"人",不仅要关注"教",更要关注"育"。祝智庭教授提出:"智慧教育的真谛就是通过构建技术融合的智能化、生态化学习环境,通过培植人机协同的数据智慧、教学智慧与文化智慧,本着'精准、个性、思维、创造'的原则,让教师能够施展高成效的教学方法,让学习者能够获得适宜的个性化学习服务和良好的发展体验,使其由不能变为可能,由小能变为大能,从而培养具有良好的价值取向、较强的行动能力、较好的思维品质、较深的创造潜能的人才。"

智能技术力量通过作用于教育者,即赋能教师来推动学校教育变革,帮助教育者更好地完成"教"与"育"的工作。

在学校场域中,智能技术力量主要表现为帮助或代替教师承担一部分教学任务和教育责任,与教师共享属于教育者的权利,"人工智能教师的出现,直接推进了人类教师与 AI 教师的职责和作用的再次分工"。

人工智能的典型应用场景包括智能辅导、自适应学习、沉浸学习、自动测评、课堂评价等。例如,智能辅导采用专家系统技术,人工智能在其中扮演着智能教师的角色,拥有专家型教师的知识和经验,可代替教师为学习者提供智能化辅导;在自适应学习中,人工智能可以基于学习者的知识、经验、认知水平、能力、偏好、个性等综合数据和信息,向学习者提供个性化学习资源、内容和适切的学习方法,从而有效增强学习者的学习兴趣、提高学习者的学习效率;沉浸学习通过虚拟现实技术,为学习者提供更加直观、多元且接近真实的学习环境和场景,人工智能可以对学习者在虚拟环境中参与互动和训练的全过程进行数据收集、分析,并提供积极反馈;在自动测评中,人工智能代替人类教师批改作业、试卷等。

总之,借助智能数据、机器人助教、区块链等技术能够实现智能诊断、个性化教学、智能评估等,将教学变为大数据分析和人工智能辅助个性化学习,为每个学生提供个性化、定制化的学习内容、方法,从而激发出学生深层次的学习欲望,促进学生个性化成长,真正实现智慧教育。

(四)智能时代的学生——进行"智慧学习"

智慧学习是一种培养人具备适应复杂环境学习能力的学习方式。智慧学习是关注能力与智慧的生成,在一种泛在的环境中,从人性和个性出发,通过对未知世界的探究和体验,使学习者对学习材料产生真正意义上的理解,进而真正感悟"人"的意义和价值的学习形态。

智慧学习的目标是培养"自主学习者",解决的核心问题是自适应的个性化教学,根据学生个人的目标、需求、兴趣和以往学习经历为他匹配最适应的学习内容。个性化学习通过支持学生进行精准的补偿性学习,增强学习与学生个人的相关性,从而激发学生高层次的学习动机和成就感。

从学习者的视角来看,"智慧学习"是一种学习者自我积极参与、以学习者为中心、具有完整学习体验的新型学习范式。它有助于学习者进行富有成效的社会协作,施展灵活多样的学习方法,定制个性化学习服务以及进行回溯反思的完整的学习历程。

从技术视角来看,"智慧学习"广泛应用智能设备、传感器等架构起新型的智能学习环境,能够支持学习过程记录、学习数据分析、学习服务维护、学习诊断与评价等诸多重要功能。

从人与技术环境的关系视角来看,"智慧学习"旨在充分利用智能设备无缝接入,自由订制人性化服务,鼓励学生参与学习活动,从而培养具有良好价值取向、较高思想品质和较强思维能力的人才。

智能技术为学习者的智慧学习构建了智能学习环境,包括学习资源、学习工具、服务平台和智能终端等完全体系,重在实现学生对资源、工具和服务的个性化订阅,实现资源、工具和服务向学生的推送。学习者可以借助无缝接入的任务智能终端,随时、随地、随需地访问相关资源,灵活选择和定制网络服务,主动参与问题定义、形成方案和实践体验等完整的学习过程,实现智慧学习。如通过对情境感知中获得的新数据、学习过程中生成的新数据以及系统数据库中原始数据信息进行科学分析和数据挖掘,能够识别学习者特征和学习情境,灵活生成最佳适配的学习任务和活动,引导和帮助学习者进行正确决策(如提供适当决策或决策选择方案),有效促进智慧能力发展和智慧行动。

(五)智能技术赋能教育传播方式的变革

教育传播方式由一对一或一对多的传播方式变成多对多的网络传播方式。在学校教学传播中,数字化学习和学生自主学习成为主流学习方式。

数字化学习,就是在现代信息技术环境下,利用多媒体软件和网上资源进行的学习活动。这是信息时代一种全新的重要的学习方式,但不是唯一的学习方式。信息时代,人们需要善于同时在三个世界采取多种方式进行学习:一是经验世界,在做中学习;二是语言文字世界,向书本学习;三是虚拟现实世界,进行数字化学习。数字化学习是新的主流学习方式,可适当强调,但我们不能忽视其他两种学习方式,应该实现三种学习方式的有机结合。

自主学习,是指学习者在学习活动中具有主体意识,发挥主动性和创造性的一种学习方式。互联网进入教育教学领域,为学生自主学习提供了良好环境,给予了有力的支持。

从教学过程和教学要素视角分析,目前比较成熟的自主学习主要包括以下五种方式。

一是教学时序改变,教学理念更新的翻转课堂。课前学生通过视频、导学案等初步识记新知;课中通过师生互动、同伴交流、合作探究等方式解决疑难,进行高层次的学习及思考,实现知识的内化和思维的发展,并形成自主学习能力。

二是以问题导向为核心的学习过程重构。问题导向学习设计的核心是问题情境、需要完成的任务及学习支架的设计。以问题为明线,以解决问题需要的知识、策略和方法等为暗线,让学生在经历构建问题、学习未知知识、合作探讨形成解决方案、观点聚敛、问题解决并进行表达的过程中,按照理解的方式组织知识、策略和方法,使学习内容从知识结构变为问题结构,逐步引导学生形成专家思维。

三是关注学生实践创新、科学精神等核心素养发展。以真实问题解决为抓手,通过"在做中学"的方式,提升学生认识世界规律、根据需求改造世界、使用与分析工具的能力。

四是培养学生核心素养的跨学科实践性课程。从学生的真实生活和发展需要出发,从生活情境中发现问题,将学习转化为活动主题,通过探究、服务、制作、体验等方式,培养学生综合能力。

五是人机协同开展教育教学活动。智能技术在教育教学中的深度应用使得技术本身的"工具"作用进一步彰显,赋能教师备、授、测、评、练等活动,如开展基于智能技术的学情分析、资源推荐、学习规划、智能答疑、作业批阅、教学管理等实践。同时教师本身所存在的重复机械工作倦怠、海量信息加工处理低速、学生群体兼顾不足、主观经验缺陷等问题,需要充分借助智能技术发挥海量信息存储、数据分析挖掘、高效重复工作等天然优势,开展人机协同教学。但教师在应用技术开展教学活动时,需重视协同互补,充分发挥机器智能和人类智能各自的优势,使二者潜能得到充分彰显。

第三节　教育传播学

教育传播学是综合运用传播学和教育学的理论和方法,去研究和揭示教育信息传播活动的过程与规律,以求得最优化的教学效果的学科。

一、教育传播学的性质与研究对象

(一)教育传播学的性质

现代科学技术体系所包含的学科有几千种,仅自然科学就有 2400 多种,这些学科大致可以分为两类:一类是单一学科,其内容只涉及一门科学的领域,如数学、物理学、化学、社会学、经济学等;另一类是交叉学科,其内容涉及两门或两门以上科学的领域。

交叉学科又可分为三种类型:

一是边缘学科。这是两门学科相互交叉的产物,即两门学科的基本理论、方法作用于同一个研究对象,其内容涉及两门科学的领域,如生物化学、社会心理学等。

二是综合学科。这是两门以上学科相互交叉的产物,即两门以上学科的基本理论、方法作用于同一个研究对象,其内容涉及两门以上科学的领域,如生物物理化学、环境科学等。

三是横断学科。这类学科具有两个特性:一是它是多种学科相互交叉的产物;二是它的概念、理论和方法具有很强的方法论功能,可以作用于多种其他学科,从横向上研究多个对象。如系统科学的三论(系统论、信息论、控制论),它们是哲学、人类学、生物学、数学、物理学、电子科学以及计算机科学等互相渗透、互相结合的产物,它们的概念、理论和方法都具有很强的方法论功能,具有向多个领域广泛渗透的可能性。

教育传播学属于交叉学科中的边缘学科。它是教育学和传播学相互交叉、相互渗透的产物。它是传播学的一个分支,也是教育学的一个分支,它属于社会科学。

传播学诞生于 20 世纪 40 年代。美国学者施拉姆综合新闻学、社会学、心理学、政治学、语言学等学科的研究成果,对信息传播做了深入研究,创立了传播学。传播学发展到今天,出现了不少分支,如传播原理、大众传播学、经济传播学、教育传播学等。教育学是一门源远流长的学科,具有悠久的历史。它发展到现在已形成许多分支,如普通教育学、学前教育学、高等教育学、特殊教育学、比较教育学、职业教育学、成人教育学、教学论、德育论等,并与其他学科交叉,形成了教育心理学、教育社会学、教育经济学、教育统计学、教育行政学、教育人类学、电化教育学、教育传播学、教育技术学、教育未来学等。

(二)教育传播学的研究对象

教育传播学的研究对象,是教育传播现象及其规律性。教育传播学就是通过对教育传播现象和问题的研究,揭示教育传播规律的一门科学。它的对象是整个传播系统和教育信息传播活动的全过程。

教育传播学的研究范围主要包括以下几个方面。

(1)教育传播本体的研究,包括对教育传播的概念、教育传播的构成要素及其相互关系、教育传播的演进等的研究。

(2)教育传播过程和模式的研究,包括对教育传播过程的阶段分析、教育传播过程的设计、教育传播的基本模式等的研究。

(3)教育传播内容的研究,包括对教育信息的本质、教育信息的运动规律、教育信息的开发与利用等的研究。

(4)教育传播符号的研究,包括对符号的类型与本质、教育中的语言符号与非语言符号等的研究。

(5)教育传播通道与媒体的研究,包括对教育传播通道及通道中的干扰因素,教育传播媒体的分类、特点和功能,教育传播媒体的应用等的研究。

(6)教育传播中传者与受者的研究,包括对教育传播中教师与学生的角色和所需具备的品质、教师与学生的传播心理和行为等的研究。

(7)教育传播环境的研究,包括对教育传播环境的概念与功能、教育传播环境的优化与调控等的研究。

(8)教育传播效果的研究,包括对教育传播效果的特点与表征、教育传播效果的优化、教育传播效果的测量与评估等的研究。

(9)教育传播的研究方法,包括对教育传播研究方法的类型,教育传播研究的一般程序和基本方法等的研究。

教育传播学是研究教师和学生通过传播行为来建立关系的学问。教师和学生怎样互相影响、怎样共享信息、怎样传授与接受,怎样教人与受教等,都是教育传播学研究的范围。

二、我国教育传播学的建立

20 世纪 80 年代初,我国自国外引进了教育传播的概念和理论,不少学者开展了这方面的研究,并为建立我国的教育传播学而努力。

以下是有关我国教育传播学建立的片段。

1982 年,华南师范大学在广州举办教育传播理论讲习班,邀请美国施拉姆博士和香港中文大学余也鲁教授担任主讲,参加讲习班的有来自全国的电教工作者 300 余人。

1983 年,华东师范大学教育科学研究所电教研究室译编了英国菲利普·希尔斯所著的《传播过程与教学》。

1984 年后,我国的教育刊物如《教育研究》,特别是电教刊物如《外语电化教学》、《电化教育》(现名《中国电化教育》)、《电化教育研究》等,陆续发表了一批探讨教育传播问题的文章,有的大学还试开了"教育传播理论专题讲座"。

1985 年,《教育传播学》被正式列入国家教委制定的"七五"教材建设规划中。全国电化教育课教材编审组也将《教育传播学》列入"七五"教材编写计划。

1987 年,国家教委师范司在天津召开高等师范院校本科专业目录讨论会,会议确定"教育传播学"为电化教育专业的必修课程。

1988 年,江西师范大学教育传播系在庐山举办教育传播学讲习研讨班。

1988 年后,不少设有电教专业的高等院校陆续开设了"教育传播学"课。各校教学内容不尽相同。

1992 年,国家教委高等师范院校教育技术(电化教育)专业教材委员会在广州召开会议,讨论制定了这门课程的教学大纲,形成了基本理论框架。

从以上的简要回顾可以略见我国教育传播学理论框架形成的轨迹。

在我国,教育传播学的研究尚处在初期阶段,离建立这门学科的完整体系还有一段不短的路程,尚需我国广大教育工作者继续努力。

第二章　教育传播的过程与模式

【学习目标】

学完本章后,应能做到:

1. 说明下列名词、概念的含义:教育传播过程、传播者、受传者、信息、媒体、编码、译码、噪声、反馈、效果、模式、教育传播模式。

2. 阐述教育传播过程的构成要素。

3. 阐述教育传播过程的六个阶段。

4. 阐释教育传播过程的设计。

5. 阐述亚里士多德、拉斯韦尔、香农—韦弗、奥斯古德—施拉姆、德弗勒、贝罗和加涅传播模式的基本内容,并能进行简要的评价。

6. 陈述教育传播模式及其构建的原则。

7. 阐述教育传播的基本模式和四个典型模式。

8. 陈述混合式教学模式、翻转课堂教学模式。

【知识导图】

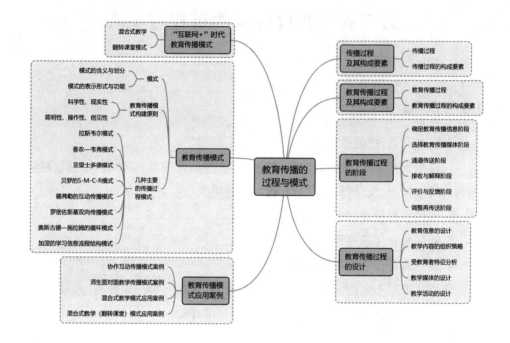

第一节　教育传播过程

　　人类社会的信息传播具有明显的过程性和系统性。当我们说传播是一个过程时,主要指的是传播具有动态性、序列性和结构性;当我们说传播是一个系统时,是在更加综合的层面上考虑问题,把传播看作一个由相互联系、相互作用的各个部分(或过程)构成并执行特定功能的有机整体,这个系统的运行不仅受到它的内部结构的制约,而且受到外部环境的影响,与环境保持着互动的关系。在教育传播中,当教育信息通过教育媒体在教育者与受教育者之间进行传递时,则产生了动态的过程,这就是教育传播过程。所谓教育传播过程是指,教育者借助教育媒体向受教育者传递与交换教育信息的过程。

一、传播过程及其构成要素

　　在传播学上,传播过程这个名词,指的是具备传播活动得以成立的基本要素的过程。研究它所用的最常见的视角分别是历时性考察和共时性考察。

（一）传播过程

传播是一个动态的过程,既无始无终,又无界限;传播过程是一个具有复杂结构的系统,而运动是传播过程中的材质,传播结构是各种关系相互变化的结果。传播过程的特点具体表现为动态性、序列性和结构性三个方面。

1.动态性

传播过程具有动态性。其运动特点在形式上体现为有意义的符号组合(讯息)在特定渠道中的流动,在实质上则是传播者与受传者的意义或精神内容的双向互动,即作用与反作用。

2.序列性

传播过程具有序列性。这种序列性表现在传播过程中各环节和因素的作用各有先后次序,按照讯息的流向依次执行功能。

3.结构性

传播过程具有结构性。传播过程的结构即该过程中各要素、各环节之间的相互关系的总体。时间上的先后次序、形态上的链式结构也是这个过程的结构特点。除了总体结构以外,传播过程中的各环节或要素本身还有各自的深层结构。

（二）传播过程的构成要素

一个基本的传播过程,是由各要素构成的:

1.传播者

传播者又称信源,指的是传播行为的引发者,即以发出讯息的方式主动作用于他人的人。在社会传播中,传播者既可以是个人,也可以是群体或组织。

2.受传者

受传者又称信宿,是讯息的接收者和反应者,也是传播者的作用对象。作用对象一词并不意味着受传者是一种完全被动的存在,相反,他可以通过反馈活动来影响传播者。同样,受传者可以是个人,也可以是群体或组织。受传者和传播者并不是固定不变的角色,在一般传播过程中,这两者能够发生角色的转换或交替。一个人在发出讯息时是传播者,而在接收讯息时又在扮演受传者的角色。

3.讯息

讯息指的是由一组相互关联的有意义的符号组成,能够表达某种完整意义的信息。讯息是传播者和受传者之间社会互动的介质,通过讯息,两者之间发生意义的交换,达到互动的目的。

4. 媒介

媒介又称传播渠道、信道、手段或工具。媒介是讯息的搬运者,也是将传播过程中的各种因素相互连接起来的纽带。现实生活中的媒介是多种多样的,邮政系统、大众传播系统、互联网络系统、有线和无线电话系统都是现代人常用的媒介。

5. 反馈

反馈指受传者对接收到的讯息的反应或回应,也是受传者对传播者的反作用。获得反馈讯息是传播者的意图和目的,发出反馈讯息是受传者能动性的体现。反馈是体现社会传播的双向性和互动性的重要机制,其速度和质量因媒介渠道的性质不同而有所不同,但它是传播过程中不可或缺的要素。

当然,构成与影响传播过程的因素是复杂多样的,绝不仅是以上几种。即便是在上述五种要素中,不少要素还可以做进一步分解,如讯息可以分解为"符号"与"意义",传播者可以分解为"发信者"和"符号化者",受传者可以分解为"收信者"和"符号解读者"等。

二、教育传播过程及其构成要素

教育传播过程是传播过程的特例。那么什么是教育传播过程呢?

(一)教育传播过程

教育传播过程是教育者借助教育媒体向受教育者传递与交换教育信息的过程。当通过信息控制各要素进行相互作用时,则产生了动态的过程,所以教育传播过程是教育传播系统的动态过程。

(二)教育传播过程的构成要素

教育传播过程中包含的基本要素有教育者(传播者)、受教育者(受传者)、教育信息(讯息)、教育媒体(媒介)、反馈与效果。在教育传播过程中,教育者要把信息传播给受教育者,需要进行编码,受教育者要获取信息内容,需要进行译码,而在整个传播过程中,会受到许多因素干扰,我们称之为噪声。这些都是教育传播过程中影响教育传播效果的必要的构成要素。

教育者、受教育者、教育信息和教育媒体在前面已有阐述,此处阐述其他几个构成要素。

1. 编码与译码

在传播过程中,信息不能直接传播,必须进行一些变换。在发送端将信息转换为可以发送的信号,这一过程称为"编码"。在接收端将接收到的信号转换为信息意义则称为"译码"。

编码过程(如图2-1)包括信源编码和信道编码,把信息转换为符号叫信源编码,把符号转换为信号叫信道编码。符号是具体的,但还不是物理性的,不能传送出去,不能成为受传者得以接收的刺激物,必须转换成信号才能传播出去,才能为受传者所接收。如传播者使用的语言符号,只有当他用口说出来成为声音信号,或者用文字写出来成为光的信号,这些声音、光线的信号被传送出去,才能成为刺激物,为受传者的耳朵和眼睛所感觉和接收。所以信号是具体的,是具有物理性的。

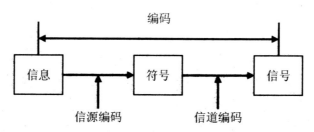

图2-1　编码过程

接收端的译码过程(如图2-2),包括信道译码和信宿译码。把接收到的信号转换为符号叫信道译码。这是传播媒体或受传者把接收到的刺激信号转换为符号的过程,如人们通过感官将听到、看到的声、光信号转换为相应的符号。将符号转换为信息意义的过程叫信宿译码。这一过程是在人们大脑中进行的,受传者按已有知识与经验把符号解释为信息。

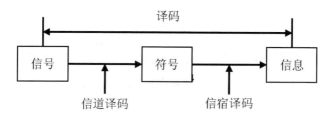

图2-2　译码过程

2. 噪声、效果和反馈

在传播过程中,除了传输有目的的信息外,还会出现各种干扰信号,这种干扰信号被称为噪声。噪声产生于传播过程的各环节之中。

传播在受教育者身上引起的变化,称为传播效果。传播效果可以表现为知识信息的增加、态度行为的改变和创造力的增强等多个方面。

将传播效果传递给传播者的过程称为反馈。反馈可以使传播者了解传播的效果,以便调整传播过程,取得更好的传播效果。发出反馈信息是受传者能动性的体现。反馈是体现传播的双向性和互动性的重要机制,是现代传播的重要特点。

由上述基本要素构成的教育传播过程,可以这样来表述:教育者把信息编码通过某种媒体传播出去;受教育者收到受噪声干扰的信号,经过译码了解信息的意义,并且产生一定的效果和反馈。

需要指出的是,教育传播过程不仅是一个传递与交换教育信息的过程,而且是一个促进受教育者全面发展的过程。一般传播活动的主要目的是实现信息共享,即受传者接收、理解信息就算达到了传播目的,而教育传播不限于此。教育传播要求受传者进行创造性的学习,通过教育传播,使受教育者在德、智、体、美等方面都得到发展,使创新精神与实践能力都得到提高。

三、教育传播过程的阶段

教育传播过程是由教育者、教育信息、教育媒体、受教育者以及编码、译码、噪声、反馈、效果等要素构成的连续的动态过程。这一过程可以分为确定信息、选择媒体、通道传送、接收解释、评价反馈和调整再传送六个阶段(如图2-3),下面对这六个阶段分别加以介绍。

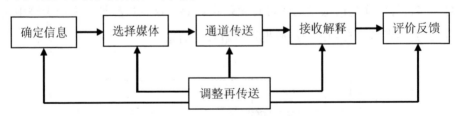

图2-3 教育传播过程的阶段

(一)确定教育传播信息阶段

教育传播过程的第一步是确定传送的教育信息。传送什么信息,要依据教育目的和课程的教学目标来确定。在我国,中小学的教育信息(教育内容)一般来说是通过课程计划、课程标准和教科书表现出来的。课程计划规定了某一学段(如小学、初中、高中等)设置的课程门类,课程标准规定了某一门课程应达到的要求、教学目标和内容要点,教科书则按课程标准的要求详细表述了某门课程的内容,通常都体现了教育目的和教学目标。因此,在这一传播阶段,教育者要认真钻研教科书,对每章节的教学内容进行分析,将内容分解为若干个知识点,并确定学习者要达到的每个知识点的学习要求。

(二)选择教育传播媒体阶段

选择教育传播媒体去呈现要传送的信息,实质上就是编码的过程。不同的媒体有不同的功能,不同的媒体也需要付出不同的代价,不同的教育信息、具有不同经验和接收水平的学习者也需要不同的媒体。所以,教育者应在分析媒体的功能、教育信息和教育对象特点的基础上,考虑主客观条件后进行选择——首先在现有的媒体中去选择合适的,其次是去购置,最后是自行设计和编制新的教育传播媒体。

(三)通道传送阶段

通道传送阶段也称施教阶段,在这一阶段,利用教育传播通道将信号传送出去。在这里首先要解决两个问题。一是信号要传至多远,多大范围。如课堂教学传播,教学对象是几十至几百人,范围是几十至几百平方米的空间;至于远程教育传播,则要将信号传至几百甚至几千公里之外,受教育的对象可以有千千万万之多。因此,要根据信号的传送要求,选好传送通道,保证信号的传送质量。二是信息内容传送的先后顺序问题。在课堂教学传播中,每一节课从开始至结束,教师都要设计好何时用传统教学媒体,何时用现代教育媒体。在远程教学传播中,无论用广播、电视媒体、互联网,还是其他媒体,都有一个传送的先后顺序。因此,在通道传送前,教育者必须做好每一次传送的结构设计,在通道传送时,有步骤地按照教学结构方案去传送信号。通道传送应尽量减少各种干扰,确保传送信号的质量。

(四)接收与解释阶段

在这一阶段,受教育者接收信号并将它解释为信息意义,也就是信息译码阶段。受教育者先通过视觉、听觉、触觉等接收传来的信号,信号对感官的刺激通过神经系统传至中枢神经,通过分析将它转换为相应的符号,然后受教育者依据自身的知识与经验,将符号解释为信息意义,并将它储存在大脑中,形成一定的知识结构。

(五)评价与反馈阶段

受教育者接收信号、解释信息意义之后,所形成的信息意义与教育者发送的信息含义是否一致,即是否达到了预定的教学目标,要进行评价。评价的方式方法很多,可以观察学生的行为变化,也可以通过课堂提问、课后作业,以及阶段性的考试等来评价。评价的结果是教育传播过程中非常重要的反馈信息。

(六)调整再传送阶段

这一阶段的目的是,通过掌握的反馈信息与预定的教学目标进行比较,发现教育传播过程中的不足,再次调整教育信息、教育媒体和教育传送通道,进行再次传播,以保证传受双方信息含义的一致性。如在课堂提问时发现问题,即时调整课堂传播;在课后学习、作业、考试中发现问题,可进行集体或个别辅导;在远程教学的作业中发现问题,可以补发辅导资料,或者进行在线辅导,甚至集中在一处进行面对面的辅导等。

四、教育传播过程的设计

教育传播过程,是教育者借助教育媒体向受教育者传递与交换教育信息的过程。设计教育传播过程就是设计好教育传播过程的各个要素和由它们构成的活动,主要包括:选择组织好教育信息,全面分析受教育者的特征,选用恰当的教育媒体,设计好教育者和受教育者的活动。

(一)教育信息的设计

教育信息即教育内容,在我国通常是由国家统一制定的课程标准(教学大纲)和根据课程标准编写的教科书所确定的,教育者的任务就是让学生掌握课程标准(教学大纲)和教科书中规定的教学内容,形成相应的能力和情感。因此,如何有效地将课程标准和教科书中规定的教育内容传递给学生,并使学生形成相应的品质,是教育传播过程设计的关键。为此,教育者要在分析教育内容和学习者特征的基础上,找出知识,组织内容,并且安排教学顺序。

(二)教学内容的组织策略

1.先行组织者策略

奥苏贝尔认为,能促进有意义学习的发生和保持的最有效策略是,利用适当的引导性材料对当前所学新内容加以定向与引导,以便建立新旧知识之间的联系。这种引导性材料就是"组织者"。由于这种组织者通常是在介绍当前学习内容之前呈现的,故又称为"先行组织者"。先行组织者的作用就是将学习者认知结构中的"原有观念"用适当的语言文字、媒体或两者相结合的方式表述或呈现出来,如图2-4。

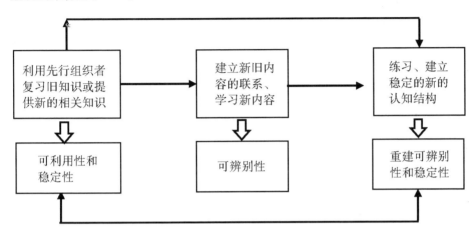

图2-4 先行组织者的作用

根据先行组织者类型(上位组织者、下位组织者、并列组织者)的不同,对教学内容的组织也相应地有三种不同的策略——"渐进分化策略""逐级归纳策略""整合协调策略"。所谓渐进分化策略是指,首先讲最一般的,即包容性最广、抽象概括程度最高的知识,然后根据包容性和抽象程度递减的次序逐渐将教学内容一步步分化,使之越来越具体、深入。所谓逐级归纳策略是指应先讲包容性最小、抽象概括程度最低的知识,再根据包容性和抽象程度递增的次序逐级将教学内容一步步归纳,每归纳一步,包容性和抽象程度即提高一级。"渐进分化"和"逐级归纳"正好是互逆的过程。当先行组织者和当前教学内容无上位或下位关系时,可通过整合协调策略的运用使学习者原有认知结构中的有关要素被重新组合,以便把当前所学的新概念纳入认知结构的某一层次之中,并类属于包容性更广、抽象程度更高的概念系统之下,从而得到新的稳定而协调的认知结构形式。

2. 五段教学策略

这种教学策略的主要步骤是:激发动机——复习旧课——讲授新课——运用巩固——检查效果。它来源于赫尔巴特学派的"五段教学法"(预备、提示、联系、统合、应用),后经凯洛夫的改造传入我国,是一种接受学习策略,也是我国目前比较流行的课堂教学策略。其优点是比较容易发挥教师的主导作用,提高课堂教学传授知识的效率,其主要缺点是不利于调动学生学习的积极性。

3. 九段教学策略

这是由美国教育心理学家加涅提出的。加涅认为,教学活动是一种旨在影响学习者内部心理过程的外部刺激,因此教学程序应当与学习者内部心理过程相吻合。根据这种观点,他把学习活动中学习者内部心理过程划分为九个阶段,教学程序也相应包括九个步骤,如图2-5。

教学事件	学习过程
引起注意	接受各种神经冲动
告知学生目标	激活执行控制过程
刺激回忆前提性的学习	把先前的学习提取到工作记忆中
呈现刺激材料	突出有助于选择性知觉的特征
提供学习指导	语义编码,提取线索
引出作业	激活反应组织
提供作业正确性的反馈	建立强化
评价作业	激活提取,使强化成为可能
促进保持和迁移	为提取提供线索和策略

图2-5 九段教学策略的步骤

(三)受教育者特征分析

受教育者是教育传播过程的主体,其所具有的认知的、情感的、社会的特征都将对学习的信息加工过程产生影响。教育传播过程的最终目的是为了有效促进受教育者的学习,因此,对受教育者进行分析,是教学系统设计的一个重要环节。

受生理的、心理的、社会文化等因素的影响,学习者个体之间既表现出一些共性的、稳定性的特征,又表现出多样化的差异。不同年龄学习者的认知发展成熟水平不同,同一年龄段的学习者在认知结构、学习风格、学习动力等方面又会表现出诸多的差异性。分析学习者特征时,既需要考虑学习者之间稳定的、相似的特征,又要分析学习者之间变化的、差异性的特征。学习者特征主要表现在学习准备和学习风格两个方面,具体如图2-6所示。

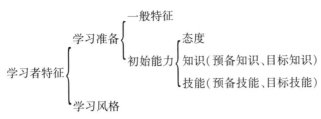

图 2-6 学习者特征分析的内容

1.学习准备

学习准备是指学习者在从事新的学习时,原有的知识水平或原有的心理发展水平对新的学习的适应性。学习者原有的学习准备状态是新的教学的出发点。学习准备包括认知、动作技能和情感三个方面。对学习者学习准备的分析包括两个方面:一是一般特征,二是初始能力。

(1)一般特征

学习者的一般特征指对学习者从事学习产生影响的心理、生理和社会的特点,包括学生的年龄、性别、年级水平、认知成熟度、智能、学习动机、个人对学习的期望、生活经验和经济、文化、社会背景等因素。它们与具体学科内容虽无直接联系,但影响教学设计者对学习内容的选择和组织,影响教学方法、教学媒体和教学组织形式的选择与运用。

(2)初始能力

初始能力是指学生在学习某一特定的学科内容时,已经具备的有关知识与技能的基础,以及他们对这些学习内容的认识和态度。态度是指通过学习形成的影响一个人对特定对象做出行为选择的有组织的内部准备状态。技能是掌握并能运用专门技术的能力。

初始能力分析的内容包括:

①预备技能的分析。即了解学习者是否具备了进行新的学习所必须掌握的知识与技能,这是从事新学习的基础。

②目标技能分析。在从事新的学习之前,了解学生对目标技能掌握情况的调查工作就是目标技能分析。

③学习态度分析。学习态度即学习者对所学内容的认知水平和态度,对教学传递系统的态度或喜好,这对选择教学内容、确定教学方法等都有重要的影响。

2.学习风格

学习风格是由美国学者哈伯特塞伦于1954年首次提出的。学习风格一经提出，便引起教育心理学、学习理论和教学论工作者的广泛关注，并成为一个重要的课题，被誉为"现代教学的真正基础"。学习风格的定义颇多，可谓"仁者见仁，智者见智"，但大家对学习风格的本质的解释基本上是相同的，即认为学习风格是学习者持续一贯的带有个性特征的学习方式和学习倾向，都强调学生喜欢的或经常使用的学习策略、学习方式或倾向在学习风格中的核心地位；都强调学习风格具有稳定性，很少因学习内容、学习情况等因素的改变而变化；都认为学习风格具有个别差异和独特性。

学者 Dun 将学习风格要素分为五大类：一是环境类，包括对学习环境静闹、光线强弱、温度高低、坐姿正规或随便等的选择；二是情绪类，包括动机、学习坚持性、学习责任性等；三是社会类，包括独立学习、结伴学习、喜欢与成人或各种不同的人一起学习等；四是生理类，包括对听觉、视觉等刺激的爱好，学习时吃零食、时间节律等；五是心理类，包括分析与综合、对大脑左右两半球的偏爱、沉思与冲动等。

学者凯夫把学习风格要素划分为三大类：一是认知风格，包括接受风格、概念化风格与保持风格等；二是情感风格，包括注意风格、期望与动机风格；三是生理风格，包括男性/女性行为、与健康有关的行为、时间节律、活动性、环境因素等。

我国学者谭顶良从生理、心理和社会三个层面提出了对风格要素的分类。 一是生理要素，包括个体对外界环境刺激（如声、光、温等）、对一天内时间节律以及在接受外界信息时对不同感觉通道的偏爱。二是心理要素，包括认知的、情感的和意动的三个方面。认知方面又包括辨别、归类、信息加工、分析与综合、记忆过程中的趋同与趋异、沉思与冲动；情感方面包括理性水平、学习兴趣与好奇、成就动机、控制点、抱负水准、焦虑水平等；意动方面包括坚持性、言语表达、冒险与谨慎、动手操作等。三是社会性要素，包括独立学习与结伴学习、竞争与合作。

比较各家的观点，我们倾向于接受谭顶良先生关于学习风格划分的观点，即把学习风格分为五个部分三个层面。这三个层面是心理层面、生理层面、社会层面。在心理层面中又包括认知部分、情感部分和意动部分。

(四)教学媒体的设计

教学活动离不开教学信息的传输,而信息传输的数量与质量在很大程度上取决于传播媒体,即教学媒体。

教学媒体以传递教学信息为最终目的,用于教学信息从信息源到学习者之间的传递,具有明确的教学目的、教学内容与教学对象。使用教学媒体辅助课堂教学,会对提高教学效果起到有力的促进作用。

教学媒体的设计目的是为学生创设学习情境,提高教学效率。在对教学媒体进行设计时,要综合考虑教学目标与学习内容、学习者的因素、教师的能力、教学形态、经济因素及媒体本身的特点。

(五)教学活动的设计

教学活动是指施教者(教师)按照一定的教学原则通过恰当的教学方法和教学内容,对受教者传授客观性知识、锻炼技能、启迪智慧、引导正确的价值实现和激发积极情感体验的教育活动,其形式多样。在教育实践中,应根据不同的教学内容、学生的特点等设计不同的教学活动形式。

1. 传授式教学设计

教师通过口头语言结合相应的传播媒体或示范操作,将学习的主要内容以定论的形式传授给学生,使学生接受、掌握系统知识与技术。

2. 自主学习策略的设计

自主学习策略的核心是要发挥学习者学习的主动性、积极性,充分体现学生的认知主体作用,着眼点是如何帮助学生"学"。策略设计的主线为自主探索、自主发展。自主学习策略的设计可以从以下几个方面进行:

(1)支架式教学策略

支架式教学应当为学习者建构一种对知识理解的概念框架,用于促进学习者对问题的进一步理解。因此,事先要把复杂的学习任务加以分解,以便于把学习者的理解逐步引向深入。它是根据维果茨基的最近发展区理论,对较复杂的问题通过建立"支架式"概念框架,使得学习者自己能沿着"支架"逐步攀升,从而完成对复杂概念意义建构的一种教学策略。

支架式教学策略设计步骤如图 2-7 所示:

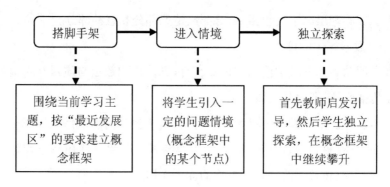

图2-7 支架式教学策略设计步骤

（2）抛锚式教学策略

抛锚式教学策略要求建立在有感染力的真实事件或真实问题的基础上，确定这类真实事件或问题被形象地比喻为"抛锚"。一旦问题被确定，整个教学内容和教学进程也就被确定了。教学中使用的"锚"一般是有情节的故事，这些故事的设计得有助于教师与学生进行探索。

抛锚式教学策略设计步骤如图2-8所示：

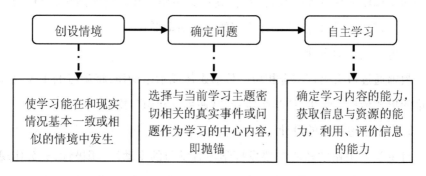

图2-8 抛锚式教学策略设计步骤

（3）随机进入式教学策略

学习者可以随意通过不同途径、不同方式进入同样教学内容的学习，从而获得对同一事物或同一问题的多方面的认识与理解。每次进入都有不同的学习目的及不同问题的侧重点。多次进入的结果不是对某一内容的简单重复和巩固，而是获得对事物的全貌的理解与认识上的飞跃。

随机进入式教学策略设计步骤如图2-9所示：

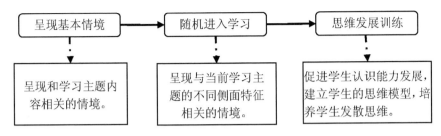

图2-9 随机进入式教学策略设计步骤

3.协作学习策略的设计

协作学习是通过小组或团队的形式组织学生进行学习的一种策略。小组成员的协同工作是实现班级学习目标的有机组成部分。小组协作活动中的个体(学生)可以将其在学习过程中探索、发现的信息和学习材料与小组中的其他成员共享,甚至可以同其他组或全班同学共享。

协作学习主要分为三个阶段,即分组、小组进行学习及评价。协作学习的基本模式主要有七种,分别是竞争、辩论、合作、问题解决、伙伴、设计和角色扮演。教师要根据教学内容的特点,采用一种或多种协作学习模式。

在设计协作学习策略及协作学习过程中,要注意以下几个方面:

一是建立合适的协作小组。协作学习是学习者组成一个群体,互相帮助,共同学习,通过协商与辩论,加深对问题的认识。因此,形成一个规模适当、层次相当的协作小组,对于协作学习的成功非常重要。如果规模不合适或协作者之间基础相差悬殊,则可能不能形成协作或导致协作不充分。

二是学习主题具有挑战性,问题具有可争论性。协作学习主题可以由教师指定,也可以由学生自行确定。学习者解决的问题可以是围绕主题的能引起争论的初始问题,可以是深化主题的问题,也可以是稍超前于学生水平的问题。这些问题是否具有可争论性关系到是否有必要组织协作学习。

三是重视教师的主导作用。协作学习的设计和学习过程都需要教师的组织和引导。教师要设计能够引起争论的问题,设计评价方式。在协作过程中,教师要关注每位学生的表现,对学生的表现做出及时反馈和鼓励;如果学生的讨论出现离题或纠缠枝节问题时,教师要及时加以正确引导,将其引回主题;对于学生在讨论过程中暴露出概念模糊或认识不正确的问题,教师要用适当的方式进行引导;对于整个协作学习的过程,教师要做出恰当的评价。

第二节　教育传播模式

在现代科学研究方法论中,模式方法是一种重要的研究方法。用模式方法分析问题,排除事物次要的、非本质的部分,抽出事物主要的、有特色的部分进行研究,使事物的重要因素、关系、状态、过程突出地显露出来,使问题简化,便于较好地认识问题、解决问题。人类的传播活动是一个极其复杂的过程,它是由许多要素构成的动态过程系统。模式方法的应用有助于人们对传播现象的认识,因此,用模式方法分析传播问题,也是传播学研究的重要特点之一。

一、模式

模式是结构主义用语,指用来说明事物结构的主观理性形式。法国人类学家莱维－施特劳斯认为,科学的研究方法可以分为还原主义的或结构主义的。还原主义的方法是把复杂的现象还原到以简单的现象来说明,如生命现象可以还原到以物理化学过程来说明。而复杂的现象只能用结构主义的模式法说明。

(一)模式的含义

关于什么是模式,目前尚无一个公认的定义。《现代汉语词典》中模式的定义是:"某种事物的标准形式或使人可以照着做的标准样式。"这种静态的界定,显然与我们现在对该词的理解运用有一定的差距。现在通常把模式定义为"再现现实的一种理论性的简化形式"。把模式看作是经验与科学之间、现实与理论之间转换的中介,能够用它简约性地表现事物和现象的各种关系和变化规则。

在传播学研究史上,不少学者采用建构模式的方法对传播过程的结构和性质做了各种各样的说明。所谓模式,是科学研究中以图形或程式的方式阐释对象事物的一种方法。这种方法具有双重性质:模式与现实事物具有对应关系,但又不是对现实事物的单纯描述,而具有某种程度的抽象化和定理化性质;模式与一定的理论相对应,又不等于理论本身,而是对理论的一种解释或素描,因此,一种理论可以有多种模式与之相对应。模式虽然具有不完全性,但它是人们理解事物、探讨理论的一种有效方法。正因为如此,在传播学研究中,模式的使用也是很普遍的。

把握模式的含义,需注意三点:

第一,模式是现实的再现。即模式是现实的抽象概括,来源于现实。

第二,模式是理论性的形式。模式是一种理论,而非工艺性方法、方案或计划。

第三,模式是简化的形式。它是经理性思考高度抽象概括后以简洁明了的方式表达出来的。

(二)模式的划分

一般而言,模式就其性质来说可以分成两种,一种是结构性模式,另一种是功能性模式。

结构性模式主要是用来描述某种事物或现象的结构,构成事物的主要因素的位置,是对复杂事物以简洁的方式予以复制。例如一个电路图、一个结构示意图等,它们具有相对静止的特征。

功能性模式则是对事物运动发展的过程、因素与结构的相互变动、作用的一种总体性的把握。通常来说,功能性模式总是以能量、力量及其方向性角度来描述各系统、各部分之间的关系和相互影响。它具有显著的动态性特征。教育传播学中的模式通常采用功能性的模式类型。

建立一个复杂事物、现象的模式,往往首先要把这种复杂事物、现象分解为若干个组成要素,然后分别研究出这些要素的性质、功能和它们之间的相互作用关系,最后用理想的、简化的形式表示出来,就成了一个复杂事物、现象的模式。比如,经过分析认识到传播的要素包括传播者、信息、媒体、受传者等,并且知道每个要素在传播过程中的地位、作用以及各个要素间的相互关系等,用一定形式表示出来,就构成了传播的模式。

(三)模式的表示形式

模式的表示可以有多种形式,通常有:

(1)语词的形式,它对事物现象用语言或文字进行叙述说明。

(2)图解的形式,它以图画、图解或流程图等方式来描述。

(3)数学的形式,它是以数学符号及数学公式来表示各要素的相互关系,去描述事物现象的规律。

研究社会现象或自然现象,建立一种模式是很重要的。模式可以为我们提供一种框架,我们可以据此来思考问题。

二、教育传播模式及其构建原则

教育传播系统各要素的不同的组合与联系方式,构成了不同的教育传播系统结构,不同的教育传播系统结构会有不同的功能。在教育传播实践中,人们总结出了一些非常有效的教育传播系统结构,即具有良好功能的教育传播系统结构,将这种结构用文字或图表等形式表达出来,就成为一种教育传播的模式。构建教育传播模式应遵循以下原则:

(一)科学性

这里的科学性是指构建教育传播模式所依据的理论是正确的,必须科学地反映教育传播的规律,揭示教育传播各要素的关系。比如,所构建的新模式的主题要符合教育学与传播学的有关理论,正确反映传播者与受传者的关系,突出双向互动等。

(二)现实性

模式来源现实,对现实的归纳不是凭空想象出来的,它要有一定的现实基础,能够反映现实情况。

(三)简明性

模式是对现实的一种简化,要突出事物的主要特征,而不是面面俱到。模式应让人一目了然,而不是眼花缭乱。

(四)操作性

构建教育传播模式除了帮助人们认识教育传播现象外,更重要的是提供一种操作的样式,让人能参照实施。当然,这里并不是说要机械地照搬模式。因此,构建的模式应思路清晰,符合逻辑,所需的条件应容易实现。

(五)创见性

这里的创见性包括两层含义:一方面,人们对事物的认识有一个过程,新建的模式应比原有的模式更能反映现实,发现事物新的联系;另一方面,一个好的模式不仅要反映现实,而且要高于现实,体现理论对实践的指导作用。

上述关于构建教育传播模式的原则,也可以看作是评价一个模式是否完善的依据。

三、几种主要的传播过程模式

作为人类传播活动中一种形式的教育传播,必然遵循人类传播活动的一般规律,因此,对历史上一些著名的传播模式进行研究,有助于正确理解和认识教育传播过程,帮助我们构建科学的教育传播模式。下面将介绍几种著名的传播模式。

(一)亚里士多德模式

亚里士多德的传播模式(图2-10),是最早阐述传播过程的一个模式。这个模式虽很简单,但扼要地列出了五个传播的要素:演讲者、演讲内容、听者、场合及效果。亚里士多德指出,演讲者为了取得不同的效果,要在不同的场合、为不同的听众构思其演讲的内容。这种模式被认为最适合用于公众演说这类传播过程。

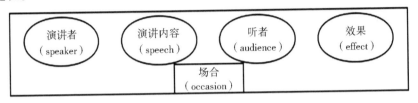

图2-10　亚里士多德的传播模式

亚里士多德的模式虽然列举出了传播的要素,但是对传播过程没有明确的说明。

(二)拉斯韦尔模式

在传播学史上,第一位提出传播过程模式的是美国学者 H. 拉斯韦尔。1948 年,他在一篇题为《传播在社会中的结构与功能》的论文中,首次提出了构成传播过程的五种基本要素,并按照一定的结构顺序将它们排列,形成了后来人们称之为"5W 模式"或"拉斯韦尔模式"的过程模式。这五个 W 分别是英语中五个疑问代词的第一个字母,如图2-11 所示:

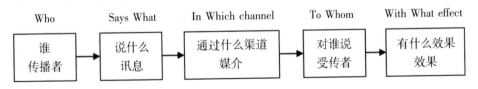

图2-11　拉斯韦尔的传播过程模式

拉斯韦尔"5W"模式的提出在传播学史上具有重要意义,这个模式第一次将人们每天从事却又阐述不清的传播活动明确表述为由五个环节和要素构成的过程,为人们理解传播过程的结构和特性提供了具体的出发点。实际上,后来大众传播学研究的五大领域,即"控制研究""内容分析""媒介分析""受众分析"和"效果分析",就是沿着"5W"模式的这条思路形成的。当然,作为早期的过程模式,这个模式还是不完全的,这主要表现在它属于一个单向直线模式。拉斯韦尔虽然考虑到了受传者的反应(效果),却没有提供一条反馈渠道,因而,这个模式没有揭示人类社会传播的双向和互动性质。

（三）香农—韦弗模式

大约与拉斯韦尔同时，美国的两位信息学者 C. 香农和 W. 韦弗在《传播的数学理论》一文中也提出了一个过程模式，称为"传播过程的数学模式"或"香农—韦弗模式"。香农—韦弗模式（如图 2－12）是描述电子通信过程的。它的第一个环节是信源，由信源发出讯息，再由发射器将讯息转为可传送的信号，经过传输，由接收器把接收到的信号还原为讯息，将之传递给信宿。在这个过程中，讯息可能受到噪音的干扰，产生某些衰减或失真，这对于社会传播过程来说也是一个不可忽略的重要因素。

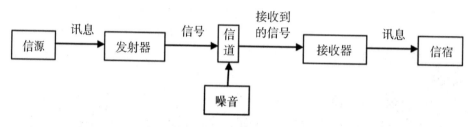

图 2－12　香农—韦弗模式

受传者收到信息后，必然在生理、心理上产生反应，并通过各种形式给传播者反馈信息。另外，传播过程中还存在干扰信号，干扰信号可以影响到信源、编码、信道、译码、信宿等部分。这里为了简化，只集中表示对信道的干扰。

香农—韦弗传播模式，虽然是从特殊的电报通信中发展起来的，但它能用来解释人类的一般传播过程，成为其他许多传播模式的基础。它系统考虑了"信息"与"信号"之间的转换关系，仿用数学模式测量信息量、信号与通道容量，同时还分析了传播中不可避免的障碍因素——噪音的问题。

香农—韦弗模式为传播过程研究进一步提供了重要的启发。这个模式导入了噪音的概念，表明了传播不是在封闭的真空中进行的，过程内外的各种障碍因素会形成对讯息的干扰，这对于社会传播过程来说也是一个不可忽略的重要因素。此外，香农—韦弗模式对设备环节的分析，提高了传播学者对信息科技在传播过程中的作用的认识，这种作用在现代信息社会中越来越明显了。这个模式为以文理结合的方法考察传播过程打下了基础。应该指出的是，由于香农—韦弗模式描述的是电子通信过程，而且是一个直线单向过程，缺少反馈的环节，如果把这个模式完全应用于人类的社会传播是不行的。

以上所述两个模式均为直线模式,直线模式在阐述人类的社会传播过程的时候具有明显的缺陷:

第一,它容易把传播者和受传者的角色、关系和作用固定化,一方只能是传播者,另一方只能是受传者,不能发生角色的转换;而在人类的传播活动中,这种转换是常见的,现实生活中我们每个人都既是传播者,又是受传者。

第二,直线模式缺乏反馈的要素或环节,不能体现人类传播的互动性质。

(四)奥斯古德—施拉姆的循环模式

奥斯古德在充分认识到香农—韦弗模式"非人类"的缺点后,采用了其中的合理内容,提出了双行为模式,如图 2-13 所示。他解释道:"每一个合适的模式至少要包括两个传播单位,一个是来源单位(说话的人),一个是目的地单位(听话的人)。连接两个单位的是讯息。在传播活动中,每个人既是发送者,又是接收者,既编码又译码,都具有双重行为。"这种双向互动的情形,"既可以是直接的,也可以是间接的。一般在面对面交谈中是直接的,在大众传播(音乐、录音、艺术等等)中则是间接的"。

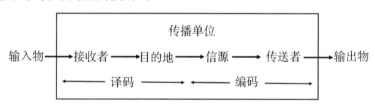

图 2-13 奥斯古德双行为模式

在奥斯古德双行为模式提出的同一年(1954 年),施拉姆在《传播是如何进行的》一文中提出了一系列的传播模式。其中一种是受奥斯古德双行为模式启发提出的循环模式,因此有人将其称为奥斯古德—施拉姆模式,如图 2-14 所示。

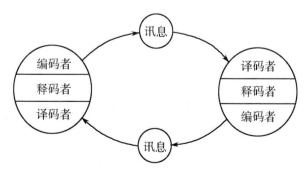

图 2-14 奥斯古德—施拉姆的循环模式

首先,循环模式已与单向传播划清了界限;其次,它强调在信源与信宿(目的地)之间,即传者与受者之间,只有在共同的经验范围内才能真正进行传播,因为只有这样信号才能被传受双方所共享;再次,传受双方在编码、解释、译码、传递和接收讯息时,是相互作用、相互影响的;最后,传播信息、分享信息和反馈信息的过程是循环往复、持续不断的。

虽然这种模式较好地反映了人际传播的情况,但不太适合大众传播模式所暗含的传受两者的平等、等量的传播观念。在现实社会中,由于传播双方在政治、经济和文化地位,传播资源以及传播能力等方面通常存在着差异,这种完全对等或平等的传播关系与其说具有普遍性,不如说是极少见的。

(五)德弗勒的互动传播模式

德弗勒的互动过程模式克服了单向直线的缺点,明确补充了反馈的要素、环节和渠道,使传播过程更符合人类传播互动的特点。与此同时,这个模式还拓展了噪音的概念,认为噪音不仅对讯息,而且对传达和反馈过程中的任何一个环节或要素都会发生影响,这一点加深了我们对噪音所起的作用的认识。不仅如此,这个模式的适用范围也比较普遍,包括大众传播在内的各种类型的社会传播过程,都可以通过这个模式得到一定程度的说明。此模式如图 2-15 所示。

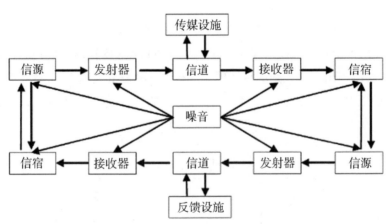

图 2-15　德弗勒的互动传播模式

在传播过程中,如果发出的信息与接收的信息在含义上是一致的,那么就是传通。相反,若两者的含义截然不同,就等于没有传通。含义的差异性是常见的,而完全一致却是罕见的。

该模式的主要优点是:首先,它克服了单项直线模式的缺点,明确补充了反馈的环节和渠道(大众媒介设施和反馈设施),使传播过程更符合人类传播互动的特点;其次,这个模式还拓展了噪音的概念,指出噪音不仅对信息而且对传达和反馈过程中的任何一个环节或要素都会发生影响,这一点加深了我们对噪音作用的认识;再次,该模式也显示了传者与受者产生含义不一致的一个重要原因,即噪音的干扰,反馈可以增加两者的一致性;最后,这个模式的适用范围也比较普遍,包括大众传播在内的各类社会传播过程,都可以通过这个模式得到一定程度的说明。

当然,德弗勒的模式同样是有其局限性的:一是对报纸、广播、电视等媒介为主的大众传播过程要素的众多性和复杂性反映不够,有简单化倾向;二是对人类传播的新媒介和新技术未能足够重视,甚至"往往有低估新的传播技术的效果的倾向"。

(六)罗密佐斯基双向传播模式

罗密佐斯基综合了工程学模式和心理学模式的优点,形成了一个比较适用于教育的双向传播模式,如图 2 - 16 所示。

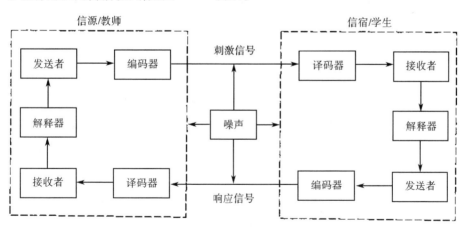

图 2 - 16 罗密佐斯基双向传播模式

罗密佐斯基的基本观点是:传播过程是一种双向的过程,传者和受者都是传播的主体。受者不仅接收信息,而且对信息做出积极反应。

罗密佐斯基双向传播模式对教育教学的启示:

1.揭示了教育传播系统的构成要素

信源/教师——教育者。罗密佐斯基双向传播模式中的"信源/教师",就是教育传播系统中的教育者。教育者一般包括教师、教材编制者、教育管理者和教学机器等。教育者是教育传播系统的控制者、教育信息的发送者,也是学生学习的组织者、引导者和帮助者。教育者主要通过提供和变换信息,对受教育者进行教育。

信宿/学生——受教育者。罗密佐斯基双向传播模式中的"信宿/学生",就是教育传播系统中的受教育者。受教育者一般包括学生和其他学习者,是教育信息的接受者。受教育者主要是通过接收、变换、反馈信息,完成学习任务。

"刺激信号"传递的信息——教育信息。罗密佐斯基双向传播模式中的"刺激信号",是教育传播的内容,即教育信息,主要指知识、技能、思想、观念等,也包括控制传播过程的控制信息。在教育传播过程中,教育信息不能直接传播,必须转换为某种或多种符号,然后通过"某种媒体"或"多种媒体"的优化组合才能传播出去。

编码器、刺激信号和响应信号所在通道、译码器——教育媒体。罗密佐斯基双向传播模式中的编码器、刺激信号和响应信号所在通道、译码器等技术手段工具,就是教育传播系统中的教育媒体。教育媒体是连接教育者和受教育者双方的通道,一般包括传统教育媒体与现代教育媒体,也包括发出与接收信号的器官以及载送声、光、电信号的空间与线路等。

"响应信号"传递的信息——教育效果。罗密佐斯基双向传播模式中的"响应信号"反映了教育传播的效果,可以把它理解为经过一定的教育传播过程之后,受教育者在知识、能力和行为等方面所发生的变化。从时间、规模效益和宏观的角度来看,教育传播效率、教育传播规模效益和教育的社会效益也属于教育传播效果的范畴。

"噪声"——教育环境。罗密佐斯基双向传播模式中的"噪声"反映出了环境因素。对教育传播影响较直接的环境因素主要有校园环境、教室环境、社会信息、人际关系、校风班风和电、光、声、色、空气、温度等。

2. 体现了教育传播系统的整体性

罗密佐斯基双向传播模式所揭示的教育传播系统的诸要素共存于系统之中,相互依存。教育者根据社会发展和学习者身心发展的需要选择教育信息和教育媒体,并通过媒体将教育信息传输给受教育者,受教育者主动接受教育媒体传来的信息并进行反馈,教育者根据反馈信息进一步调整教育信息与媒体。

因此,在教育传播过程中,既要重视教育者和受教育者的作用,又要重视教育信息的组织安排和教育媒体的积极正确应用,并结合具体的教育传播环境,使各要素合理地组合,才能提高教育传播效果。

3.揭示了教育传播过程的双向性

罗密佐斯基双向传播模式强调了传播过程是一种双向的互动过程,信源(教师)和信宿(学生)都是传播的主体。传受双方在编码、译码、解释、传递和接收信息时,是相互作用、相互影响的。信源(教师)明确教育目的与要求,决定教育内容的取舍及媒体的选择,控制教育传播的进程;信宿(学生)不仅接收信息、解释信息,还对信息做出积极的反应,通过反馈机制使传播过程能够不断循环进行。在现代信息社会中,学习者追求的是有意义的学习,它具有建构、交流、阐释和反思的特点,还可以直接参与到信息的生产和传播过程中去,成为信息的发送者。教育信息的传播就是通过教育者和受教育者双方的传播行为来实现的。

4.体现了教育传播过程的六个阶段

罗密佐斯基双向传播模式体现了教育传播过程的六个阶段:确定教育传播信息阶段、选择教育传播媒体阶段、通道传送阶段、接收与解释阶段、评价与反馈阶段、调整再传送阶段。

(七)贝罗的 S-M-C-R 模式

贝罗的传播模式(如图 2 – 17)综合了哲学、心理学、语言学、人类学、大众传播学、行为科学等新理论,去解释在传播过程中的各个不同要素。

这一模式把传播过程分解为四个基本要素:信源(Source)、信息(Message)、通道(Channel)和受传者(Receiver),所以简称 S-M-C-R 模式。每个要素又各含有几个因素,用此模式来解释传播过程,说明在传播过程中,影响传播效率和效果的因素是很多的、复杂的,各因素间又是相互制约的,要提高传播效果,必须综合研究和考虑各方面的因素。

1.信源和编码者

研究信源和编码者,需要考虑他们的传播技能(对信源部分是指说话和写作,对受传者部分是指收听和阅读)、态度、知识水平、所处的社会背景及文化背景等,现分述如下。

传播技能:信源与编码者不论以说话还是写作来传播,都要讲究传播的方式,

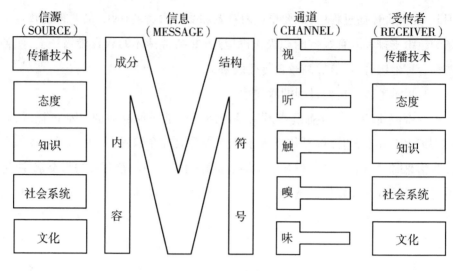

图 2 - 17　贝罗的传播模式

才能保持信息本身的真实性和趣味性。传播技能包括语言(如语言的清晰和说话的技巧)、文字(如写作的技巧)、思想(如思维周密)、手势(如动作自然)及表情(如逼真)等。

态度:传播者是否喜爱传播的主题? 是否有明确的传播目的? 对受传者是否有足够的了解?

知识水平:传播者对传播的内容是否彻底了解? 是否有丰富的知识?

社会背景:传播者在社会中的地位、影响与威信如何?

文化背景:传播者的学历、经历和文化背景怎样?

2. 受传者与译码者

信源、编码者与受传者、译码者,虽然在传播过程的两端,但是在传播过程中,信源——传播者可以变为受传者,受传者也可以变为传播者——信源,所以影响受传者与译码者的因素与传播者、编码者相同,也是传播技能、态度、知识水平、社会与文化背景等项。

3. 信息

影响信息的因素有如下几项:

内容:信息内容是"传播者"为达到其传播目的而选取的材料,它除了包括信息的成分之外,还包括信息的结构。

处理:处理是"传播者"对选择的内容进行安排,形成一定的结构,转变为符号传递出去,应注意选择恰当的处理方式。

符号:包括语言、文字、图像与音乐等。

4.通道

通道就是传播信息的各种工具,如各种感觉器官,载送信息的声、光、空气、电波,报纸、杂志、广播、电影、电视、电话、唱片、图画、图表等。在传播过程中,信息的内容、符号及处理,均能影响通道的选择。比如:何种信息该用语言传送? 何种信息应该用视觉的方式传送? 何种信息该用触觉、嗅觉、味觉方式传送? 总之,通道的选择会影响信息的传送与接收效果。

贝罗的传播模式,原本是一般传播的模式,由于其揭示了教育传播的规律,后来被人们认同为教育传播模式。这个模式把人们的注意力从"物"引向人,从信源引向受传者,是一个了不起的贡献。该模式是单向的和线性的,缺少反馈环节,后来,贝罗的解释者增加了反馈环节。另外,它对传播过程中存在的干扰因素也未考虑。

(八)加涅的学习信息流程结构模式

加涅利用信息加工理论模拟学习过程,提出了一个人的学习信息流程结构模式,如图 2 – 18 所示。这一模式说明,人类的所有学习过程都是通过内在的一系列心理操作,对外来信息或已存在于人类记忆中的信息进行不断的加工而完成的。这一过程包括下述五个环节。

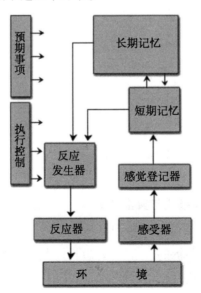

图 2 – 18　加涅的学习信息流程结构模式

1. 信息的输入

感受器、感觉寄存器从外部环境中获得刺激的过程是信息的输入过程。

2. 信息的存储

信息的存储分短时记忆和长时记忆。短时记忆的信息存储时间短,经过复述进入长时记忆,长时记忆则是信息的永久存储器。

3. 信息的加工处理

存储结构内部互相转换以及它们作用于反应发生器的过程,构成信息的加工处理过程。在这里短时记忆是信息加工的主要场所,它将来自感觉寄存器和从长时记忆中提取出来的信息进行加工。加工的结果,一方面送至长时记忆,另一方面送至反应发生器。

4. 信息的输出

反应发生器的作用是把经过加工处理的信息转化为学习者的行为,这个转化过程也就是信息的输出过程。

5. 信息的反馈

反应器的活动作用于环境的结果,又立即反馈于感受器,并产生新的信息加工活动。

图 2-18 中的"预期事项"和"执行控制"就是我们平时所说的学习得以发生和进行的主体因素,其中包括学习的需要和目的以及学习者的身心发展状况。环境是指学习者所处的学习环境,从环境作用开始,经过感受器—感觉寄存器—短时记忆—长时记忆—反应发生器—反应器—环境这一系列的过程,就是人类学习的过程。

虽然有关信息加工理论的研究取得了一定的成果,但人的信息加工的机制与过程,是一个非常复杂且至今尚未被人们彻底弄清的过程。当前,国内外的研究者,都致力于开展这一领域的研究。弄清这些机制与过程,能大大加快学习者掌握知识的进程,促进教育传播的现代化与科学化。

四、教育传播的基本模式与典型模式

教育传播模式是教育实践经验的概括和总结,而教育实践是不断发展的,教育传播模式也是不断发展的。所以,要想找一个适合于各种各样的教育传播活动的绝对权威的万能模式是不可能的。但我们也应看到,教育传播是有规律的,在掌握教育传播基本规律的前提下,构建一个教育传播模式的总体框架,以便人们能对教育传播过程有一个总体认识,这不仅是必需的,也是可行的。我们把这个教育传播模式的总框架,称为教育传播的基本模式,其他的教育传播模式就是在此框架的基础上,通过增加一些因素或改变各要素的联系方式而形成。下面先探讨教育传播的基本模式,再介绍几种典型的教育传播模式。

(一)教育传播的基本模式

要构建教育传播的基本模式,首先必须明确教育传播系统的构成要素。前面指出,教育传播系统是由传播者(教师)、受传者(学生)、教育信息和教育媒体四个要素构成,这四个要素缺一不可。同时,传播是在一定的环境中进行的,环境对传播的效果有重要影响。此外,要使传播能有效进行,还必须对传播的效果进行考察,即需要一个反馈环节,由此,我们可以构建如图 2 – 19 所示的教育传播基本模式或教育传播模式的总体框架。

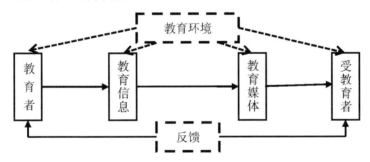

图 2 – 19 教育传播的基本模式

这一模式揭示了教育传播中,教师根据某种需要(如社会发展、年青一代身心发展需要等)选择教育信息和教育媒体,并通过媒体(这里的媒体包括教师的语言符号和体态等非语言符号)将教育信息传输给学生,学生主动地接受通过教育媒体传来的信息并进行反馈,教师根据反馈信息进一步调整教育信息与媒体,达到优化传播过程、提高传播效果的目的。传播环境对传播系统的各个要素都有一定的影响。反馈和传播环境虽然对传播效果有重要影响,但它们不是传播过程的构成要素,故在模式图中用虚线框表示。另外,环境对传播过程的影响,不是人为控制的主要信息流向,所以也用虚线表示。

施拉姆和余也鲁根据现代教育新秩序理论勾勒出的教育传播模式(如图 2 – 20),比较全面、具体地反映了教育传播的基本规律,可看作是上述基本模式的具体化。

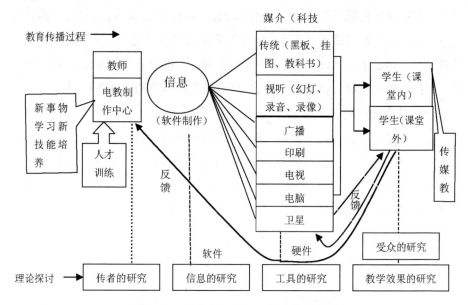

图 2 - 20　施拉姆—余也鲁教育传播模式

该模式全面系统地概括了教育传播系统构成的要素和传播过程的基本阶段,反映了教育传播系统各要素之间的关系,总结了面对面传播和远程传播的共同特点,直观清晰,可操作性强。

该模式指出教育传播必须全面关注传者、信息(软件)、工具(硬件)、受众、效果等方面的理论研究,这对深入研究传播规律具有重要意义。

该模式指出,要提高传播效果,传播者必须更新教育观念,注重对新事物的学习和新技能的培养,以利于科技与媒体在教育的应用;作为一个传播组织来说,还应注重人才的训练,以适应当代教育的要求;传播者不是单个人,更是集体,要发挥集体的合作精神,搞好分工协作。

(二)几个典型的教育传播模式

我们将复杂的教育传播现象归结为面对面、远程、自主和协作互动这四种典型的传播类型,其他任何具体教育传播模式都是从这四种模式演绎、分化或重组得来的,因此,研究这四种传播模式具有非常重要的意义。

1. 师生面对面教学传播模式

在学校课堂教学中,教师利用多种媒体进行教学活动,这种教育传播模式是一种典型的师生面对面、以教师为中心的传播模式,如图 2 - 21 所示。

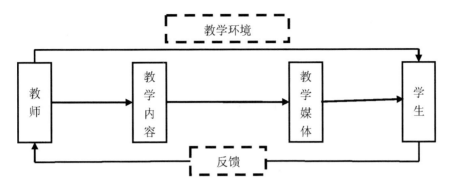

图 2 - 21 师生面对面传播模式

在课堂多媒体教学传播模式中,教师分析教学目标,选择教学内容,根据教学内容的性质和教学对象的特征去选定与编制所需的各种教学媒体,并把多种媒体进行有机组合形成最佳的课堂教学结构,进行施教。为突出面对面传播的特点,在教师与学生间连接一条信息传输线,这表示教师可直接向学生传输信息,学生也可直接向教师反馈信息。在传输活动中,教师还得根据学生接受情况的反馈信息去调整教学内容和教学媒体。整个过程体现一种以教师为中心的教学活动。因此,教师的水平、教师的教学准备、教师的教学技能与技巧,将对教学传播效果有重大影响。

在课堂多媒体教学模式中,教师可以在课堂上运用多种媒体传授教学内容。教师能面对面直接运用自身的语言与体态作为教学媒体去传递教育信息,缩短信息传送的通道,使学生有一种直接的亲近感。教师除了用自身的语言与体态为教学媒体外,还能直接采用板书、挂图、模型、标本等教具和演示实验等传统媒体去呈现教学内容,以及利用课堂上的光学投影媒体、电视媒体和计算机媒体等把教学内容用形象生动的方式呈现出来。教师还可以有机组合上述多种媒体,从不同角度、不同层次呈现与阐述教学内容,以获得比较理想的教学传播效果。

在课堂多媒体教学传播活动中,由于是在教师与学生面对面的情况下进行,因此容易即时获得学生学习的反馈信息,从而调整教学内容与教学媒体,使之更符合学生的学习程度,增强教学传播的效果。

2. 远程教学传播模式

远程教学传播模式是一种以教学媒体为中心的传播模式,如图 2 - 22 所示。在远程教学传播模式中,教师利用书本、广播、电视、互联网等能远距离传送教育信息的媒体去传送教育信息,学生主要通过这些媒体进行学习,因此,它基本上是一种以媒体为中心的教学传播方式,媒体编制的质量直接影响教学传播效果。

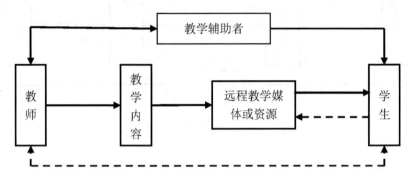

图 2 - 22　远程教学传播模式

在这一教学传播模式中,教师基本上不面对学生,教师的主要职责是根据培养目标确定教学内容进而编制远程传播的教学媒体,如教科书、录音教材、电视教材、录像教材、计算机课件、网络课程等。学生的学习方式,主要是通过媒体传送的教学内容进行学习。远程教育通常还设有教学辅助者,帮助组织学生,起到辅助学生学习、反馈教学信息的作用。另外,学生还可以通过网络反馈信息,进行少量的面授与教师交流,因为这种反馈还比较弱,所以用虚线表示。辅助性教育组织机构在远程教育中起到特殊作用,这些机构主要包括各类远程教育学校,他们在制订计划以及准备学习资源等方面起到重要作用。

远程传播的最大优点是可以容纳千千万万的教育对象同时学习。因此,它与课堂班级的教学相比,能大大扩大教学的规模。而它的缺点是教师不与学生直接见面,难以及时获得教学传播的反馈信息,不能及时去调整教学内容与教学方法,从而影响了教育传播的效果。随着信息技术的发展、新技术新媒体的应用,双向交互媒体已能进行双向的实时交流,因而交互与反馈问题得到了很大的改善。

3. 个人自主利用媒体自学的教育传播模式

图 2 - 23 所示的教育传播模式,是学生自主利用教学媒体学习的一种方式,学生无须教师作为中介就能直接向多种教学媒体学习。这时,控制学习过程的主体是学生一方。这是一种以受教育者为中心的教育传播模式,学生的学习有高度的独立性与主动性。教师的工作主要体现在间接为学生编制教学媒

体,或通过教学媒体的程序设计来间接控制教学过程。

图2-23 学生自主利用媒体学习的模式

要实现这种教学模式,目前有两种教学方式。一是学生充分利用学校和社会上的视听教材和文字教科书,按需要确定学习的目标,选定合适的教材进行自学。这种学习,要求学生有很高的独立性与自主性,但他们能充分享受到学习的欢乐。随着现代科技的发展,与文字教材配套的视听教材与资料越来越多,图书馆中视听资料越来越丰富,众多的视听器材与资料已进入家庭,为这种学习方式的实施提供了充分的条件,使自主利用媒体学习成为一种很有发展前途与生命力的教学模式。二是学生利用教师事先编制好的程序教材或网络课程进行学习。这类学习能使学生间接受教师编制好的程序的指导,同时能按学生的接受程度,提供最有效的内容去帮助其进行有效的学习,因此,有相当好的学习效果。这一学习模式的实施,同样要求程序教材或网络课程的质量要高。当然个人自主利用媒体自学也可以是这两种学习方式的结合。

4.协作互动传播模式

该模式(如图2-24)突出师生通过媒体互动、师生直接互动,生生通过媒体互动、生生直接互动等多向互动,是现代教育传播的突出特点,能达到共学的目的,极大地提高传播的质量。

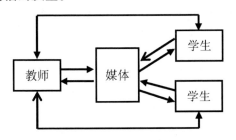

图2-24 协作互动传播模式

第三节 "互联网+"时代教育传播模式

自工业革命以来,人类社会的发展总是在技术与教育的角逐互动中前行。技术作为推动人类历史发展的核心推进力,与教育竞相成为推动经济社会发展的主力。智能技术已经引发了诸多领域与行业的深刻变革,对教育的系统性变革也产生了重要影响,为教育传播方式的变革提供了支持。

一、混合式教学

教育传播方式受环境影响不断革新,教师教学思路不断提升,学生学习能力也在不断完善。随着"互联网+"和智能技术应用于教育,能把在线教学和传统教学的优势结合起来,融"线上"和"线下"教学于一体,两种教学组织形式的有机结合,即为混合式教学。

(一)混合式教学概念的演变

尽管对混合式教学已有公认的、比较宽泛的定义——"在线学习与面授教学的混合",然而,自20世纪90年代末发展至今,混合式教学的概念经历了一个越来越清晰化的演变过程。混合式教学的概念包括物理特性和教学特性两个维度,其概念的演变可以划分为三个阶段(如表2-1所示)。

表2-1 混合式教学概念的演变

阶段 维度	技术应用阶段 (20世纪90年代末至2006年)	技术融合阶段 (2007至2013年)	"物联网+"阶段 (2013年以后至今)
物理维度	在线与面授结合	明确在线的比例	移动技术、在线、面授的结合
教学维度	技术的应用	教学策略与方法的混合	学习体验
关注重点	信息技术	交互	以学习者为中心
关注角度	技术视角	教师视角	学生视角

1.技术应用阶段

此阶段对混合式教学的定义主要强调其物理特性,最有代表性的为美国斯隆联盟的界定:"混合式教学是面对面教学与在线教学的结合,糅合了两种历史上各自独立的教学模式——传统的面对面教学与在线学习,即在教学内容上结合了一定比例的在线教学及面对面教学。"

在教学特性上,此阶段的混合式教学主要被理解为一种新的学习方式,重点强调技术在教与学中的核心作用。

2. 技术整合阶段

2007 年以后,随着研究与实践的发展,混合式教学定义逐渐清晰化。一方面,在物理维度开始尝试更加清晰的在线与面授的比例界定,从而把混合式教学真正与纯面授、纯在线教学分离开来,将其作为一种独立的教学模式。斯隆联盟首先更新了其对混合式教学的定义,明确只有"30%—79% 的教学内容采用在线教学"的才能被称为混合式教学。

在教学特性维度,学者们开始更多地从教学策略、教学方法的角度界定和关注混合式教学,关注在线与面授相结合的混合式学习环境下的教学设计。这个阶段混合式教学重点关注"交互",关注混合式学习环境给交互带来的变化,以及相应的教学设计改变。最具代表性的是 Bliuc 等人的界定:混合学习描述了一种新的学习方式,它实现了学生与学生、学生与教师、学生与资源之间面对面(现场)交互与在线交互的结合。

3. "互联网 +"阶段

2013 年以后,混合式教学的概念也有了新发展。在物理特性维度,移动技术的应用被正式纳入混合式教学的概念中。混合式教学的概念由"在线教学与面授教学的混合",正式演变为"基于移动通信设备、网络学习环境与课堂讨论相结合的教学情境"。

在教学维度,混合式教学被重新理解为一种新的"学习体验"。越来越多的学者指出,混合式教学并不是简单的技术混合,而是为学生创造一种真正高度参与性的、个性化的学习体验。学者 Goodyear 就强调:所谓混合,不仅仅是面对面教学与在线教学的混合,更是在"以学生为中心"的学习环境下教学与辅导方式的混合。

(二)混合式教学模式的分类

混合式教学的关键是通过对课程进行再设计,为学生创设积极的、协作的学习体验,帮助学生通过主动参与学习,积极建构自己对知识的理解。

从混合式教学的物理特性和教学特性两个维度对混合式教学模式进行分类,可分为以下几种不同的类型,见表 2-2。

表 2-2　混合式教学模式分类

按物理特性分	按教学特性分
线下主导型混合式教学	讲授式混合式教学
线上主导型混合式教学	自主式混合式教学
完全融合型混合式教学	交互/协作式混合式教学

1. 从物理特性维度分类

依据不同学习方式在混合式教学中所占的比重,混合式教学模式可分为三类:线下主导型混合式教学、线上主导型混合式教学、完全融合型混合式教学。

线下主导型混合式教学:此类混合式教学模式,以面授的现场教学、交流、讨论为主导,以基于在线和移动技术的教学为辅助。在此类模式中,在线教学和移动学习方式主要用于呈现、扩展教学资源,例如,教学视频等可以用于延伸课堂讨论。

线上主导型混合式教学:此类混合式教学模式,以基于在线教学和移动学习的自主学习为主,以面授的现场教学和讨论为辅。最典型的是目前常见的一类模块化混合式教学:面授(工作坊)+ 数周的在线学习和讨论 + 面授(工作坊)。

完全融合型混合式教学:此类混合式教学模式,打破了前两种模式明显的模块式痕迹,将线下现场的面授教学、基于网络的在线教学、移动学习三种方式完全融合、无缝连接。

2. 从教学特性维度分类

依据所采用的教学法,混合式教学模式可以分为三类:讲授式混合式教学、自主式混合式教学、交互/协作式混合式教学。

讲授式混合式教学:在此类混合式教学模式下,教师主要采用讲授式为主的教学法。教师主要通过讲授、讲座的形式传递知识,可以通过面授现场讲授,还可以通过在线的讲座视频讲授,或是通过移动终端的微课视频讲授。学生通过聆听教师讲座(视频)、完成作业的方式,被动地参与学习。

自主式混合式教学:在此类混合式教学模式下,学生主要通过自主学习的形式,学习在线或移动终端的学习资源,参与面授现场的教学和交流,参与在线论坛或移动终端的交流讨论等。学生根据自己的学习步调,基于混合式的学习环境,进行主动的自主学习。

交互/协作式混合式教学:在此类混合式教学模式下,教师为学生设定一定的学习活动和任务,创设恰当的学习情境,支持学生在与同伴的交流与协作过程中,共同形成对问题的理解或是形成对任务的解决方案。在此过程中,教师根据需要选择恰当的教学方式(如面授、在线教学、移动学习)来支持学生的交互与协同知识建构。

二、翻转课堂模式

翻转课堂将线上学习与线下讨论相结合,即学生先在网上学习教师预先录制或指定的视频资料,获得初步知识,再在课堂上与教师就不懂的问题或有疑惑的问题进行研讨学习,旨在最大限度地提高学生的学习效果。这也是一种交互/协作式混合式教学模式。

(一)翻转课堂模式的源起

翻转课堂最初起源于林地公园高中,这个学校位于美国科罗拉多州落基山的一个山区,学生经常错过正常的教学时间,并且学生大多距离学校较远,导致许多学生因缺课跟不上学习的进度。2007 年春天,该学校的化学教师 Jonathan Bergmann 和 Aaron Sams 利用屏幕录制软件录制 PPT 演示文稿的播放和讲解,以此帮助这些学生补课。这种教学模式逐渐受到学生和家长的广泛欢迎。翻转课堂的发展壮大是在 2011 年,归功于萨尔曼·可汗创立的可汗学院。2007 年,翻转课堂已经受到了许多学生的欢迎,但主要在科罗拉多州地区开展,未能在更大范围内进行推广。其中原因在于很多教师缺乏专业的训练,不能做出质量较高的教学视频,影响了翻转课堂的推广。可汗学院的出现解决了这一难题。

可汗学院于 2004 年由萨尔曼·可汗创立。萨尔曼·可汗帮侄女补习数学的时候,通过聊天软件、互动写字板以及电话等工具,成功解决了侄女的数学难题。此后,其他的侄子、侄女也陆续上门讨教。他将自己的数学讲解过程制作成了视频短片,并放到视频网站上面,以便更多人观看。由此,萨尔曼·可汗的可汗学院就诞生了。2011 年,萨尔曼·可汗在 TED(Technology Entertainment Design,美国一家私有非营利机构)发表了以"用视频重塑创新教育"为题的报告,正式提出了"翻转课堂"的概念。自此,翻转课堂的教学模式逐渐在世界各国流传开来。

(二)翻转课堂的含义

翻转课堂,也称颠倒课堂,是指重新调整课内外的时间,将学习的决定权从教师转移给学生。翻转课堂教学模式是一种新兴的教育传播模式,具体指由教师针对某一教学内容创建教学视频,学生在家或者利用空余时间观看教学视频进行学习,回到课堂时通过学生和老师或者学生和学生之间的探讨交流,解决学生的疑惑,共同分享学习成果和学习心得,从而完成教学任务的一种全新的教学形式。

(三)翻转课堂教学传播模式

翻转课堂将传统模式下"先教后学"的教育传播方式进行了翻转,变成了"先学后教"。这样的转变彻底颠覆了以往的教学顺序。课前教师将本节课中部分内容编辑成视频,发送给学生,让学生在家中依据视频内容完成初步学习。由于部分课堂内容已经移到课前学习,那些空出来的课堂时间就可以提供给师生进行深层次的交流。

教师有时间更加深入地了解学生的问题所在,提高学生对知识的理解水平,学生也有机会表达自己的观点和看法,直面教师进行解惑。具体传播模式如图 2-25。

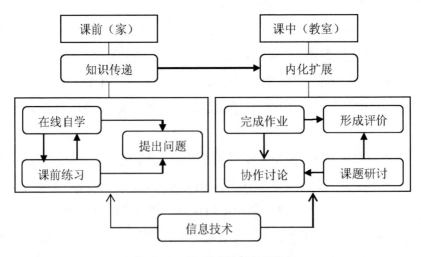

图 2-25　翻转课堂教学传播模式

为了更好地理解翻转课堂,可通过表 2-3 中传统课堂与翻转课堂的对比分析来了解其特点。

表 2 - 3　传统课堂与翻转课堂

模式\要素	传统课堂	翻转课堂
教师	知识传授者、课堂管理者	学习指导者、资源提供者、促进者
学生	被动接受者	主动研究者
教学形式	课堂讲解＋课后练习	课前学习＋课堂研究
课堂内容	知识讲解传授	问题研究
技术应用	内容展示	自主学习、交流反思、协作讨论工具
评价方式	传统纸质测试	多角度、多方式

（四）翻转课堂教学的优点

1. 自评步调的学习

学生在线自主学习教学内容时，能根据自身情况安排和控制自己的学习，无须担心课堂上教师集体传授时因知识背景、心理因素等原因造成的跟不上教学节奏的问题。

2. 注重学生的问题意识与主动学习意识的培养

翻转课堂的教学强制要求了学生课前学习，并且要求学生学习后能够主动发现问题。在这样的要求下，学生很容易养成自主学习的习惯。

3. 营造了一种新型的师生关系

翻转课堂将学习的主动权交还给了学生。课堂上，教师不再单纯扮演知识传授者的角色，而更像一个引导者。学生在老师的引导下自主开展学习，学会的不仅是知识，更是学习方式和学习能力。

4. 促进学生高阶思维的培养

根据布鲁姆的教学目标分类，教学目标分为低阶思维与高阶思维。其中低阶思维包括知道、领会、应用，而高阶思维包括分析、评价与创新。从图 2 - 26可知，传统课堂教学模式在课上主要培养的是学生的低阶思维，高阶思维的养成是在课后。由于受到学生的特点及时间、学习能力、交流互动等方面的影响，学生课后自主培养高阶思维的能力有限，因而不能够得到充分的发展。而翻转课堂使学生在课前已掌握了低阶目标，课上可以通过交流、研讨、协作等方式更好地培养学生的高阶思维。

传统课堂   翻转课堂

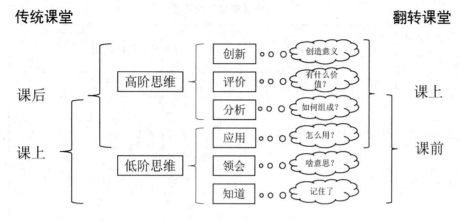

图 2 - 26 　传统课堂与翻转课堂高阶思维培养之比较

第四节　教育传播模式应用案例

教育传播模式是多样化的,在教学过程中,要根据不同的教学目标、教学内容、学习者特点及教学环境与条件等因素来确定相应的模式。以下是几种教育传播模式应用案例。

一、协作互动传播模式案例——《小小营养家》

初中生物课《小小营养家》教学模式设计如图 2 - 27 所示。此教学案例充分体现了在教学过程中,教师与学生、学生与学生之间的协作、交流与互动,他们共同完成学习任务。该课例先由老师提出问题:为什么北方人的身高一般要高于南方人? 然后让学生利用网上的资源进行探究学习。教师要求学生了解食物中的营养物质和各种营养物质对人体的作用;了解有关营养知识,培养良好的饮食习惯。通过操作电脑和上网搜索,学生要学会制订合理的营养计划,并通过使用相关软件,设计一份营养合理的食谱,从而培养他们通过互联网获取知识的能力和分析问题、解决问题的能力。该课例将网络自主学习、网络互动与教师的当面指导等结合起来,较好地解决了生生互动、师生互动等问题。

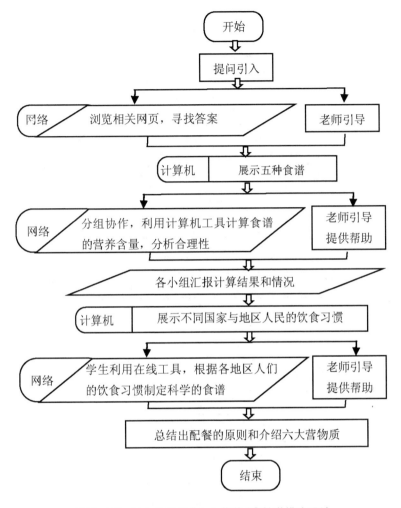

图2-27　初中生物课《小小营养家》教学模式设计

二、师生面对面教学传播模式案例——《趵突泉》

课堂多媒体教学活动是当前学校课堂教学的主要教学形式,教师认真分析教学内容、选择教学媒体、设计好课堂教学结构是成功采用这一模式进行教学的关键。

在《趵突泉》这一课的教学中,教师与学生面对面,借助现代教育媒体进行教学。如图2-28,教师综合运用录像、多媒体课件、实物投影、网络资源等多种手段完成教学任务。

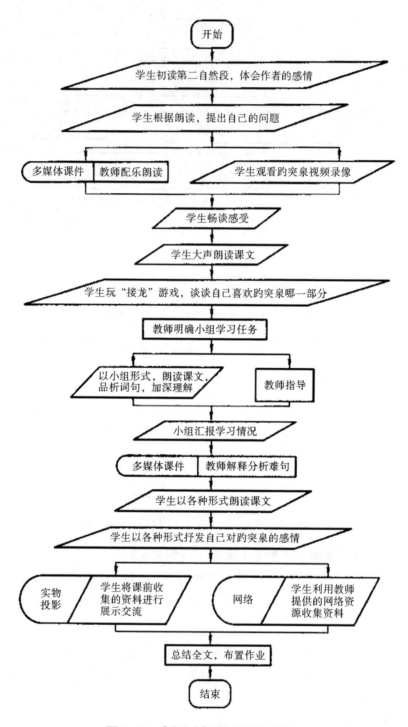

图 2-28 《趵突泉》课堂教学传播流程

三、混合式教学模式应用案例——《学术诚信与剽窃》

《学术诚信与剽窃》是通识课程"信息素养"中的一个专题,教学目标是培养学生的学术诚信与学术道德。其混合式教学传播过程如图 2 – 29 所示。

教学活动分为课前自学、课堂深化和课后巩固三个阶段:

1. 课前自学阶段:学生观看中国大学 MOOC(慕课)中的课程视频,完成单元测验并参与专题讨论,培养学生自主学习能力。

2. 课堂深化阶段:教师根据学生课前自学情况调整教学内容,包括延伸线上讨论、进阶讲授、组织小组研讨和探究练习等活动,促进深度学习。

3. 课后巩固阶段:根据课堂教学效果和教学内容的重要程度,选择性地布置课后练习、讨论,帮助学生巩固拓展所学内容。

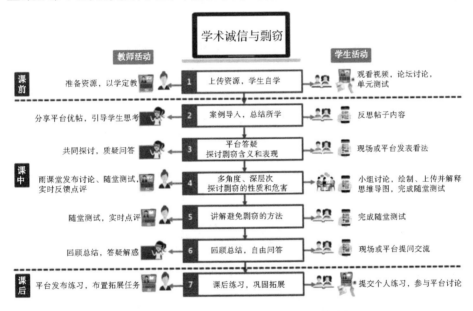

图 2 – 29　《学术诚信与剽窃》混合式教学过程

此教学案例的主要特点为:

1. 以问题为中心,互动讨论搭配师生探究,激发学生学习主动性

师生共同探讨学生学习中的剽窃表现,再过渡到学术研究中剽窃的性质与表现。为使学生认识到剽窃的危害,教师引导学生从学生、教师、学校、社会等不同群体的角度互动讨论其负面影响,从而转变学生认为学术诚信遥不可及的认识,吸引其主动参与学习。

2. 拓展延伸线上学员提问,促进校内学生深度思考和知识内化

学生在课上思考线上讨论区学员发出的疑问:"一稿能否多投?"基于剽窃的性质和表现引出自我剽窃的概念。学生通过自由讨论和提问,辨析自我剽窃的表现和危害,明晰遵守学术诚信的重要性,初具信息道德。

3. 注重过程性评价,将线上评价与线下评价有机结合

一是借助平台课堂课后测验帮助学生自测。借助雨课堂小测验及时评价,有助于及时反馈,帮助教师和学生了解学习者的知识掌握情况。二是开展课堂评价。学生小组讨论绘制思维导图并上传,教师展示小组作品并请小组代表介绍其所绘思维导图,学生参与点评。这既加深了学生对作业的认识,又提高了他们的自我评价与互相评价的能力。三是提供课后线上拓展练习,巩固强化所学。

四、混合式教学(翻转课堂)模式应用案例——《数字化学习》

华南理工大学的《数字化学习》是教育类通识课,其教学目标是通过本课程的学习,学生们能:

(1)识记基本的学习理论的主要理念,辨别出不同学习理论指导下的学习行为的特征;知道不同学习风格的优势和劣势,分析自己的学习风格倾向,并利用学习技术进行改善。

(2)在合适的学习理论的指导下掌握个人知识管理的方法及技术,能独立进行信息技术支持的知识获取、存储与优化、创造与应用、共享与发布。

(3)能通过互联网选择合适的工具与他们协同工作,在网络社交中具有恰当的网络礼仪、能够有效地进行跨文献的互联网沟通。

(4)能借助网络资源,开发终身学习。

由于该课程是公共课,为确保不同层次及不同特点学生都能获得成功,该课程采用翻转课堂教学模式来助力分层教学和个性化教学。具体教学流程如图 2-30 所示。

1. 课前自定步调学习,掌握基础知识,完成课前任务

课前,教师以任务驱动和问题导向为指导,把重点、难点等知识的讲授以微视频等网络学习资源和课前小测等线上活动形式放在课堂外,制订课前学习任务单,供学生在课前自定步调学习,理解新知识。教师根据学生的问卷反馈、视频观看率和任务完成度等统计数据收集学情,确定教学策略。

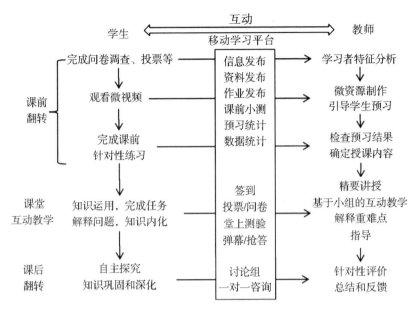

图 2-30　翻转课堂教学流程

2. 课中互动探究,内化知识,提升能力

课中,师生通过多种交互活动内化知识。教师走到学生当中,指导带着疑问走进教室的学生,借助手机、电脑等互动工具,组织和参与基于互动的释疑、讨论、探究、协作、对答和问题解决等活动,激发学生的主动学习和创造性学习。学生开放性问题的关键字被自动提取形成文字云图,实时展示到投影屏幕上,学生集体梳理问题的解决概要,实现大课堂中的协作学习。学生回答问题的准确率和反应时间等信息,即时反馈到教师手机或电脑上,帮助教师及时掌握教学动态信息,调整教学策略。课堂互动模型如图 2-31 所示。

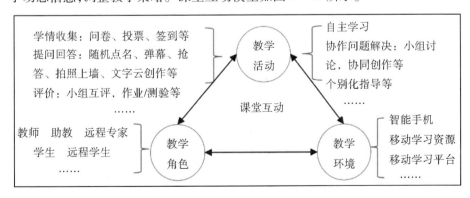

图 2-31　课堂互动模型

　　教学实践采用课堂小测、弹幕、签到、学习红包、问卷调查、投票、随机点名回答、小组讨论、投稿等课堂互动活动。

　　3.课后反思总结,巩固学习成果

　　课后,教师分析互动统计等数据,帮助学生反思和总结,制作和发布移动学习资源延伸课堂,进一步巩固学习。

第三章 教育传播信息和符号

【学习目标】

学完本章后,应能做到:

1. 说明信息的含义。

2. 阐释信息的特征、产生和形态。

3. 阐述狭义信息的度量方法。

4. 阐述狭义信息论的局限性和广义信息论的发展前景。

5. 阐释教育信息的含义、来源和特性。

6. 阐述各类教育信息资源开发与利用的现状。

7. 说明符号的定义和分类。

8. 说明传播符号的本质意义。

9. 阐释语言符号的特性。

10. 阐释象征性理论、经验性理论、使用性理论、普通语义学等语言符号的意义理论。

11. 陈述语言符号的误用现象。

12. 陈述教育传播中的符号体系。

13. 说明教育传播中语言符号的运用原则。

14. 说明专业符号语言与计算机语言的产生原因。

15. 说明非语言符号的类别、功能与特性。

16. 陈述教育传播中常见的非语言符号。

17. 阐释教育传播中非语言符号的运用原则。

18. 说明教育活动中的多符号传播系统及其特性。

【知识导图】

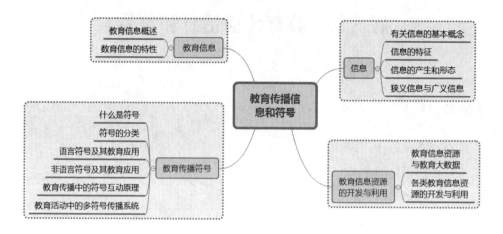

第一节　信息

在人类的社会传播活动中,信息是符号和意义的统一体,符号是信息的外在形式,而意义则是信息的精神内容。在社会传播中,符号与意义是密不可分的共生体。因此,考察符号与意义的性质和作用,对把握人类信息传播行为的特性具有重要意义。教育传播属于人类社会传播活动中的一种,因而需要掌握教育传播的信息与符号的含义及特点,并了解在教育传播过程中如何有效地选择信息及应用符号。

从信息科学的立场出发,传播无非是信息的传递或信息系统的运行。那么,究竟什么是信息?传播学中的信息概念指的是什么?教育传播信息又是什么呢?

一、信息的基本概念

在信息问题研究领域,一个关注的焦点也是最为混乱的点便是信息的定义问题,不同的学科对信息的定义也难见统一的意见。国内外学者对信息的定义已超过 200 种。

(一)信息的含义

总结各学者关于信息概念的界定,信息的概念大致可以分为三类:一是日常经验中所理解的信息的定义;二是科学的信息定义;三是哲学的信息定义。

1. 日常经验中的定义:信息是指消息、知识和情况

《牛津字典》的解释:"信息就是谈论的事情、新闻和知识。"《现代汉语词典》的解释:"音信;消息。"《韦伯斯特字典》的解释:"信息就是用来通信的事实,是在观察过程中获得的数据、新闻和知识。"《广辞苑》的解释:"信息就是所观察事物的知识。"这些是从日常生活的角度对信息含义的解释,即信息是指消息、知识和情况,可以从以下几个方面来理解。

(1)信息是一种可传播的消息,也就是人们在传播时所要告诉对方的内容。比如,朋友之间谈话,相互转告今天身边发生的事情;给远方朋友写信,告诉他关于你的学习、工作、生活的情况;广播电台预告今天的天气情况;卫星电视转播奥运会比赛盛况;互联网传送相关国际新闻等。总之,传播者所要告诉对方的消息,就是我们在日常生活中所说的"信息"。

(2)信息是可以被运算、加工处理的。人们可以采用多种方式对信息进行运算、加工和处理,并把处理的结果用数字、符号、数据、图表或曲线等形式表示出来,其目的是使加工和处理过的信息更具有使用价值。比如,温度表的读数告诉我们气温高低的信息;尺子上的数据显示物体大小、长短的信息;天平砝码的数字给出了物体重量的信息;曲线可显示出物体运动轨迹的信息;计算机可以代替人脑对复杂的数据进行快速处理,输出我们所需要的信息等。

(3)信息是一种认识世界、改造世界的知识。信息是可以被人类感知和利用的。人类总是在不断地从外部世界取得有用的信息,加以分析、归纳和处理,从而得到对外部世界的规律性认识,认识的不断积累与沉淀,便构成了"知识"。掌握了这些知识,人类便具有了认识世界和改造世界的强大武器。因此,信息为人类认识世界和改造世界提供了重要的条件。

以上从日常生活的角度对信息含义的解释不是信息的全部含义,更不是信息的本质含义,甚至这些解释还有一定的片面性。严格说来,日常生活中把信息和消息、知识甚至信号等混为一谈是不确切的。

2. 科学的定义:信息是减少或消除某种情况不确定性的东西

对信息进行科学定义始于信息论的创建者香农 20 世纪 40 年代在《通信的数学理论》中的提议:"能否定义一个量……作为信息、选择和不确定性的度量。"他把信息看作是消除事物的不确定性,从而获得确知的信息或关于该事物

的确定状态。

比如,你明天要到广州出差,不清楚广州的大气情况,这就是"某种不确定性"。如果你收听了天气预报,知道了广州明天的温度,这就减少了你对天气情况的"不确定性",于是天气预报就是一种信息。如果你已经非常了解广州明天的天气情况,天气预报没有减少你的任何"不确定性",此时可以说你没有得到什么信息。总之,只要是能减少或消除某种"不确定性"的东西,都是信息。

在此后陆续出现的种种信息的科学定义,基本上来源于两种理论。一种来自信息论,信息被定义为"消除了不确定性";另一种来自热力学中的熵理论,信息被看用是"负熵",被定义为"系统组织程度(或有序性的)标志"。

从 20 世纪 40 年代信息科学诞生以后,就有了信息的概念。信息科学认为,信息是物质的普遍属性,是一种客观存在的物质运动形式。信息既不是物质,也不是能量,它在物质运动过程中所起的作用是表述它所属的物质系统,在同其他任何物质系统相互作用(或联系)的过程中,以质、能波动的形式所呈现的结构、状态和历史。

这是广义的信息概念。在这个概念下,一切表述(或反映)事物的内部或外部互动状态或关系的东西都是信息。自然界的刮风下雨、电闪雷鸣,生物界的扬花授粉、鸡叫蛙鸣,人类社会的语言交流、书信往来,都属于信息传播的范畴。

3. 哲学的定义:信息是关于事物运动状态和规律的表征

1950 年,控制论的创立者、美国数学家诺伯特·维纳(Norbert Wiener, 1894—1964)认为,"信息是我们在适应外部世界和控制外部世界的过程中,同外部世界进行交换的内容的名称"。这一说法对信息的本源问题做了进一步的阐述,但维纳并没有明确指出人类与外部世界交换的内容是什么。人类在与外部世界发生联系的过程中,交换的内容是多种多样的。比如,人类可以把自然界的物质(粮食)转化为自身的物质(肌肉、体质),把自然界物质的能量(食物中的能量),转化为自身的能量(如体力、体温),但物质自身并不是信息,能量也不是信息。

维纳著名的信息宣言"信息就是信息,不是物质也不是能量"引发哲学家们从信息本质、本源的角度对信息的认识进行探讨。维纳的论断使信息与物质、能量划清了概念上的界限。比如,物质具有质量,占有一定的空间,而信息不具有质量,也不占有空间;能量可以相互转化,机械能、热能、电能之间可以相互转化,能量的转化遵循能量守恒定律,但信息的传送和转化不遵循守恒定律,老师将知识传授给学生,学生获得了知识,这并不意味着老师失去了知识。尽管维纳的观点表明了信息有其独立的科学范畴和研究领域,但并未说明信息的本质究竟是什么。

黎鸣先生在 1984 年发表的《论信息》一文中提出了自己对信息的定义:信息是物质的普遍属性,它表述它所属的物质系统,在同任何其他物质系统全面相互作用(或联系)的过程中,以质、能波动的形式所呈现的结构、状态和历史。

邹焜先生在 1984 年及 1994 年分别给信息下的哲学定义为:信息是标志物质间接存在性的哲学范畴,它是物质存在方式和状态的自身显示;信息是标志间接存在的哲学范畴,它是物质(直接存在)存在方式和状态的自身显示。

刘长林先生在 20 世纪 80 年代的信息哲学研究领域具有一定影响力。在《论信息的哲学本性》一文中,他提出了信息的定义:信息是反映出来的事物属性。

(二)信息的定义

根据以上对信息各个角度的阐述,我们把信息定义为:"信息是关于事物运动状态和规律的表征。"此种意义上的信息包括了一切物质运动的表征,例如前面提到的消息、知识、情况、事实、数据等,确实都是关于某种事物运动状态和规律的表征。

显然这个定义指出的是自然界与人类社会、物质世界与精神世界一切运动的信息共同构成了普遍意义上的信息,它揭示出了信息的本质。

1. 揭示了信息的普遍性

物质的运动是客观存在的,一切事物都在不断地运动与变化中,天体的运动、气候的变化、生物的生长与死亡、社会生产的发展、社会制度的变迁……所有这一切,都在变化发展中,因此作为表征这些变化状态与规律的信息在世界上是普遍存在的。世界上任何运动着的事物无时无刻不在生成信息,信息无处不在,无时不在。

2. 揭示了信息的重要性

人类的生存和发展,必须掌握事物的运动状态与规律,也就是说必须掌握与利用信息。人类发展的历史证明了,人类了解与掌握信息越多,人类社会的发展与进步也就越快,信息的封闭往往是一些落后的国家和地区发展缓慢的重要原因。在经济比较发达的国家,信息的流通与更新比较快,其科学技术与国民经济的发展也比较迅速。在当今这个高度信息化的社会里,信息的掌握和利用已成为决定一个国家命运的重要因素。

3. 揭示了信息对物质、能量的依赖性

信息来源于物质,来源于物质的运动,物质的运动需要消耗能量。没有物质,没有事物的运动,就没有运动状态和规律,也就不存在信息。

信息的传送与存储要以物质作为载体。比如,化石上面的花纹是了解古代动植物种类和分布的信息,化石是这一信息的载体;古代的烽火台、铁路上的信号灯是信息的载体;报纸、杂志、书籍、录像带、光盘等都是传送与存储信息的载体。

信息的处理与加工也离不开物质。信息的加工与处理,需要借助各种各样的物质,如人脑、电脑、各种仪器设备等。

信息的传递需要能量。信息在提取、传递、存储和处理的过程中都要消耗能量,说话要消耗能量,打电话要消耗能量,印刷、录音、录像以及计算机处理信息均需要消耗不同类型的能量。

信息可以控制能量的传递。信息可以有效地控制能量的传递、转换。人饿了就需要吃饭,人们用"饿"这一信息去控制"吃饭"而增加体能,否则人就会饿死。一台自动设备系统可以按照输入给它的信息去自动工作。人造地球卫星就是依靠接收人们在地球上发送给它的指令信息,才可以在遥远的太空为人类工作。

4. 揭示了信息对于物质、能量的独立性

信息是事物运动状态与规律的一种表征,它并不是事物本身,它可以脱离产生它的事物本身而独在存在。比如,一场世界杯足球比赛,比赛实况的信息可以通过卫星电视广播系统传向全世界的观众,人们可以从电视屏幕上观看到比赛现场的情景,而观众观看的只是这一场球赛的一种表征,不是真正的运动员与球赛本身。运动员与球赛本身并不能同时被分别送到亚洲、欧洲或美洲,但作为表征这一场球赛的信息,却能脱离物质本身而被人们摄取、传送、加工和利用。

5. 信息受到主观因素的影响

信息是关于事物运动状态和规律的表征,而表征的形式和方法是多种多样的。例如,对同一新闻事件,文字记者可以在报纸上采用文字的形式表征,摄影记者可以采用图片的形式表征,电视记者可以采用活动图像的形式表征,等等。决定采用何种方式将事物的运动状态和规律表征出来完全取决于人。此外,对信息的接收者而言,在理解表征形式方面也存在着显著的差异。比如,文化程度低的人对文字的理解显然比文化程度高的人要困难,专业音乐人士对乐曲内涵的理解比非专业人士要丰富。因此,对信息的理解与信息接收者的思想意识、立场观点、知识结构、社会背景等有密切关系。所以说,尽管信息是客观存在的,但它却受到主观因素的影响。

(三)信息与消息、信号、知识、数据的关系

信息与消息、信号、知识、数据之间确实有着密切的联系,比如信息是以消息的形式表达出来,信息的传递需要通过信号,信息的接受可以使人们获得知识,信息可以汇集成数据。但是信息、消息、信号、知识、数据毕竟是几个不同的概念,它们之间存在着严格的区别。

1. 信息与消息

人们常常错误地把信息等同于消息,认为得到了消息,就是得到了信息。这是对信息与消息之间关系的误解。

在通信系统中传输的是各种各样的消息,而这些被传送的消息有着各种不同的形式,如文字、符号、数据、语言、音符、图片、图像等等,即消息是由语言、文字、数据等符号组成的序列。从通信的观点出发,构成消息的各种形式要具有两个条件:一是能够被通信双方所理解;二是可以传递。通过消息的传递收信者知道了消息的具体内容,原先的"不知道""不确定""疑问"消除或部分消除了。因此,对收信者来说,消息的传递过程是一个从不知到知的过程,是从知之甚少到知之甚多的过程,也是从不确定到部分确定或全部确定的过程。

不确定性的消除,就获得了信息。原先的不确定性消除得越多,获得的信息就越多。如果原先的不确定性全部消除了,就获得了全部的信息;若消除了部分不确定性,就获得了部分信息;若原先不确定性没有任何消除,就没有获得任何信息。

由此,我们可以总结出:对信息与消息来说,信息是消息的内核,消息是信息的外壳。平时,我们常听人说"这则消息没有多少信息",或者说"这则消息包含很丰富的信息",实际上从一定程度上说明了信息与消息的区别与联系:

（1）消息是信息的携带者，但并非任何消息都携带了信息。

（2）任何一个文字或符号序列都是一个消息，但同样长的符号序列包含的信息可以不同，甚至许多符号序列不包含信息。

（3）一条消息是否包含信息，与消息接受者的知识状况有关。

2. 信息与信号

信号是一个物理词汇，信号是表示信息的物理量，如电信号可以通过幅度、频率、相位的变化来表示。换句话说，信号是对信息的表示，信号就是用自己的某种物理量的变化来表示相应信息的物理载体。

对信息与信号来说，同一个信息既可以用这种信号表示，也可以用别的信号表示，并且同一信号可用来传递各种不同的信息。例如，我国运动健儿在奥运会上获得金牌的消息，可以通过广播，用声音信号来传递信息，也可以采用报纸报道，用文字的光信号来传递信息，还可以通过电视，用图像与解说的声光信号来传递信息，或者是通过互联网，用图像、文字等多种声光信号来传递信息。这表明，信号是信息传送时的载体，信息是信号所表达的内容。

3. 信息与知识

对信息与知识来说，人们通过感知外界的事物现象可以得到一定的信息，再经过思维的加工处理便可以获得知识。在这个过程中，信息既不等同于事物现象，也不等同于知识。信息与事物现象的区别在于信息具有知识的秉性，因此不是所有的事物现象都具有信息，只有使人们获得新知的事物现象才具有信息。而信息与知识也是不同的，一般来说，从事物现象中获得的信息还只是知识的毛坯，只有经过大脑进行科学与系统地加工，才能成为科学的知识。

4. 信息与数据

数据是指对客观事件进行记录并可以鉴别的符号，是对客观事物的性质、状态以及相互关系等进行记载的物理符号或这些物理符号的组合。它是可识别的、抽象的符号。在计算机科学中，数据是指所有能输入到计算机并被计算机程序处理的符号的介质的总称，是用于输入电子计算机进行处理，具有一定意义的数字、字母、符号和模拟量等的通称。

信息是客观事物的反映。由此可见，数据是反映客观事物属性的记录，是信息的载体。数据是事物的表示形式，而信息则涉及这些数据所表示的内容；信息蕴含于数据之中，信息是数据的内涵。

二、信息的特征

从信息的本质出发,我们可以归纳出信息的一些特征。

(一)信息是一种可以共享的资源

信息是现代生产和生活中的一种重要资源。信息可以根据需要像产品或商品般进行交易,但信息的传递、交换、交流与实物交易是完全不同的。在一般的实物商品交易后,出售者就失去了实物,但信息出售后,出售信息的人并没有失去信息,而是形成了出售者和购买者共享信息的局面。因此,信息资源具有共享的特性。通过卫星电视转播的世界杯足球赛的信息,可以同时出售给世界上几十个国家和地区,使世界上几十亿人共享这一信息。

(二)信息具有知识的秉性

信息是关于事物运动状态与规律的表征,它是用于减少或消除人们认识上的不确定性的东西,这是信息的一个本质特征。知识蕴藏在信息中。一方面,人们可以把从外界获取的信息,经过思维的加工变成系统、科学的知识;另一方面,人们可以从所获取的信息中获得知识,消除认识上的不确定性,改变原来不知道或知之甚少的状态。例如,一个地质探矿队可以通过钻探所获得的信息,经过分析得到地下矿藏的种类、分布情况和排列规律等知识,也消除了原来对地质矿藏情况不确定的状况。所以我们说信息确实具有知识的秉性。

(三)信息可以被传输和存储

人们可以通过各种物质载体把信息从一个地方传输到另一个地方。信息是可以传输的这一特性,在古代就已被人们所认识和利用了。在生产和生活中,人类首先使用了自身的声音、体态、动作、表情来传递信息。在我国,古人为了把信息传得更远和更快,建立了驿站和烽火台,用以传送皇上的命令和敌人来犯的信息。随着科学技术的发展,传送信息的载体也越来越多、越来越复杂,书报、杂志、广播、电视、电话、互联网等的出现,都是为了能高质量、高效率地传送信息。

信息不仅可以被传输,而且还可以被存储。在古代,人们把信息存储在甲骨、竹简、岩石上,而现在存储信息的物质载体数量大大增加了,存储技术与形式也越来越先进。如录音磁带可以存储声音信息,电影胶片或录像磁带可以存储图像和声音信息,人们还可以把大量的信息存储在计算机的存储器里。

(四)信息可以被提取、加工和转换

存储在物质载体里的信息,我们可以随时提取出来。提取信息的手段有很

多种,如一般书本、报纸的文字信息,我们可以通过视觉器官去提取;存储在磁带里的信息,可以通过录音机、录像机、计算机等设备去提取。

对于尚未被人们存储的存在于自然界的大量自然信息,人们也可以根据不同的信息源采用不同的方式进行识别和提取,可以通过人的感官直接进行,也可以通过各种探测工具间接进行。

信息是可以被加工和处理的。人们收到各种信息以后,经过大脑或诸如计算机类设备的加工处理,可以使信息变得更加有利用价值。

信息也是可以被转换的。同样内容的信息,可以有不同的形态,也可以包含在不同的物质载体里。信息可以从一种形态转换成另外一种形态。比如,同一则新闻,我们可以把报纸上关于该事件报道的文字信息转换成我们自己的语言向学生进行讲述,还可以转换成电视、电影的电信号、光信号与声信号去呈现。在信息的转换过程中,信息的物质载体发生了变化。信息的这一特性,既为人们借助仪器间接识别与提取信号提供了基础,也为信息的传递、存储与加工处理提供了方便。

三、信息的产生和形态

根据信息系统和作用机制的不同,有的学者把信息分为两大类,即非人类信息和人类信息;也有的学者将其分成三类,即物理信息、生物信息和社会信息。那么,这些信息是如何产生的呢,其形态又是怎样的?

(一)信息的产生

信息是在物质相互作用中产生的。世界上的一切事物,都不是孤立的、静止的,而是处于相互联系、相互作用之中。某物与他物相互作用,在他物上留下某物存在方式(运动状态及其规律)的痕迹,这意味着他物携带有某物的信息。某物是产生信息的源,称为信息源;他物是信息的载体,称为信息体。

物体之间相互作用的方式有以下几种:

(1)物质直接作用方式。指物体之间通过直接接触而产生的相互作用。如,鱼与水直接接触产生的作用,阳光照射在植物上,雨水洒在大地上,我一拳打在桌子上等,都属于直接作用的方式。

(2)物质场的作用方式。物体之间没有直接接触,而是通过其产生的物质场作用于其他物体,如引力场、电磁场的作用。

(3)发射与接收方式。它是物质场作用的特殊形式。信源物发出一种特殊的信号,信息体通过特有的感官或接收器去感知与接收这一特殊信号。如物体的振动能产生机械波,不同的振动体所产生的波的频率与强度有差异,人的听觉器官能接收某一强度与频率范围的机械波,感知到信源物的存在方式与状态。又如广播电视,信源物的运动状态被摄像机摄取转换为电信号,经调制向广阔空间发射携带有信源物信息的电磁波,然后经电视机接收机调谐接收,将电信号转换为光信号在显示屏幕上呈现信源物的运动状态信息。

(二)信息的形态

物体相互作用的结果,导致信息体自己的内在结构与运动状态产生变化,在信息体上留下了信源物存在方式的痕迹——信息。比如,气候的变化作用于树木,影响树木的生长,使树木的结构与生长状态发生变化,树木的这种变化表现在所形成的年轮里,因此说在树木的年轮(痕迹)上留下了气候变化的信息;物体的反射光作用于照相机,在胶卷上感光,留下了物体的影像(信息);甲观看一场世界杯排球赛,在他的大脑中便留下了印象(排球赛的信息)。

信源物的刺激无论作用于自然界事物,还是作用于机器或人类,都能留下信源物的痕迹——信息。同一信源物作用于不同的信息体,会留下不同的痕迹,这就导致信息有不同的呈现状态。

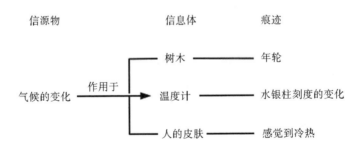

图 3-1　信源物作用于信息体留下的痕迹的示意图

从图 3-1 可见,同一信源物——气候的变化,作用于不同的信息体,会呈现出不同的信息形态:作用于树木,树木留下年轮的痕迹;作用于温度计,温度计呈现出水银柱刻度的变化;作用于人类,人类由感知器官传递至中枢神经感受到冷与热。因此,要研究信息形态,首先应对信息体的类型进行研究。

为了研究工作的方便,我们把信息体分为如图 3-2 所示的三大类、四小类信息。

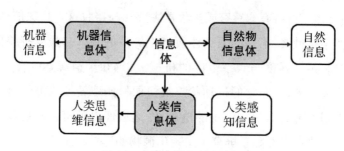

图 3 - 2　信息体与信息类型

自然物信息体。除人类和人类制造的机器外,所有自然界的事物,包括无机物和有机物,都属于自然物信息体。

机器信息体。这类信息体是人类设计与制造的仪表、仪器、设备等机器,特别是那些有信息呈现、储存与传送功能的机器。

人类信息体。人类是一种特殊的信息体,他不仅有接收感知信息的功能,而且具有对信息进行加工处理的能力。

信源物作用于不同类型的信息体,呈现出信息的几种不同形态。

1. 自然信息

即信源物作用在自然物信息体上留下信源物存在方式的痕迹。一般来说,这类痕迹难以明显呈现信源物存在方式的全部状态与特性。如树木的年轮就难以准确显示气候变化的具体状况。

2. 机器信息

即信源物作用在机器信息体上呈现出的痕迹。通过人工制造的机器可以把信源物的存在方式用形状符号或数量化的符号更加形象和准确地呈现出来。如照相机通过机械装置对信源物影像的摄取与冲洗能显示出信源物的静止图像。电影摄影与放映装置能记录与重现信源物存在方式的活动图像。电视摄、录、放设备也能记录与重现信源物存在方式的活动图像。静止图像与活动图像均是信源物的形状符号,它能形象地记录与重现信源物的存在方式与运动状态。又如,温度计能用数量化的刻度,去准确地表示天气温度的高低与变化;电流表、电压表的刻度能准确表示电流和电压的大小和高低。机器信息显示出来的形状符号和数量化符号能更全面、更准确地反映信源物的状态和属性。

3. 人类感知信息

即信源物被人类感知,在大脑留下信源物存在方式的痕迹。感知信息有两个层次:感觉信息和感知信息。例如,当我们的手不小心碰到正在燃烧的火柴,会马上产生条件反射缩回手,留下的是感觉信息,它是人对燃烧着的火柴所留下的个别特性的信息;而当我们通过分析大量事实总结出了"火能烧伤手"这一带有普遍性的规律时,便产生了感知信息,它是人类对诸多个别特性进行综合后所得到的对信源物的整体认识。

4.人类思维信息

即将感知信息在大脑中进行处理加工,转换成为的符号信息(如语言符号和非语言符号信息)。这种符号信息也称为人工信息或再生信息。例如新闻记者把所发生的新闻事件用文字、图片描述后在报纸上刊登出来。

人类的感知信息是一种只能储存在人脑中并在脑中留下某种痕迹的信息形态,只有经过思维加工、转换为符号信息才能传送出去。

第二节　教育信息

在对信息本质、信息与物质和能量的关系、信息度量等有了基本认识的基础上,我们可以进一步对教育信息进行研究。

一、教育信息概述

信息按照内容的不同,可以划分为自然信息和社会信息。教育信息同经济信息、科技信息、文化信息等一样,属于社会信息。那么什么是教育信息?

(一)教育信息的含义

教育信息是指在教育过程、教育系统中传递的信息。学者李康提出:"教育信息是指在教育系统传递、学习和交流的信息,也是教育者和学习者在教育传播活动中产生的中介内容。"

换言之,教育信息是按一定的系统,借助一定的物质载体,遵循一定的目标进入教育传播过程之中,供传受双方进行交换、控制的内容。对教育信息的理解主要存在两方面的认识:

从狭义的角度考虑,教育信息主要指教育内容,如知识、技能、思想、观念等。

从广义的角度分析,教育信息则还包括与传递教育内容有关的其他所有信息,如教育管理信息(上课铃声、学校规章制度等),评价性信息(学习成绩、教学评估等),干扰信息(电视图像抖动、教师语速过快等)等。

（二）教育信息的来源

人类是通过与客观世界的信息交流来感知世界、认识世界的。人们在认识客观世界的过程中逐渐形成自己的知识结构。人类社会的知识结构通过教育信息以及其他各种信息的传递而建立和发展起来,从而使人类长期形成的宝贵的物质文明与精神文明得以继承和发展。

人类获取信息的主要方式包括以下三种:

1. 直接与事物接触获取信息

直接接触信源物,能使事物的真正面貌和重要特征在人脑中留下深刻的印象,它是人类正确认识事物的重要渠道。直接接触事物的方式有:实践,包括参加社会生产劳动实践、社会调查实践、见习实践等;实验,主要指参与各种各样的科学实验、发明创造实验等;参观,包括观察自然界和社会活动的各种现象,参观各类展览会、陈列室、博物馆等。

2. 从自然信息体间接认识事物

自然信息体运载有事物的重要信息,但这些信息往往不容易显现出事物存在方式的特征,需要专门的研究者从中挖掘与分析,才可以进一步地认识事物。比如,考古学家对发掘出的古文物进行深入研究,这属于一种科学研究认识事物的范畴。

3. 从机器信息体中获得信息

机器信息体能形象准确地显现各种事物存在方式的特征,它是科研和教学活动的重要信息来源。

人类信息体所储存的感知信息,是个人的私有财产,但通过加工处理所形成的符号信息,可以成为社会财富。比如,人类积累的宝贵经验和历史遗留下来的科学、文化遗产,大部分都以文字的形式记载在了书本中,成为人们认识事物的重要信息来源。

一个人的知识绝大多数来自他人,而不是来自自身的创造。教育活动的目的首先是使学习者能获得前人已形成的知识和经验,其次才有可能使学习者形成知识结构和具备一定的能力。

美国视听教育家戴尔在他著名的"经验之塔"中将人类获取的信息分成了三个层次:一是直接接触客观事物获得信息;二是从机器信息体中获取信息;三是从符号信息体中获取信息。借鉴他的观点,我们把教育信息的来源归纳为以下三个方面。

1. 教师

教师是一个特殊的信息体,他不仅运载着前人已获取的知识与经验信息,要通过教学活动把这些教育信息有目的、有计划地传输给学生,而且他自身的语言、表情、手势、体态等也可以辅助教育信息的传递。另外,教师还要指导学生利用各种渠道去获取、处理和加工教育信息。

2. 客观事物

大自然和社会生活中的客观事物均是教育信息的重要来源,学生通过直接对这些事物的接触与感知,能获得真实的感知信息。因此,实践、实验、参观与观摩都是重要的学习方式。

3. 教学信息体

它不是事物本身,而是载有事物信息的物质载体。教学信息体大体上分成两类:一类主要以文字符号和静止的图形、图像符号为主要记载方式,如教科书、模型、挂图、专业杂志和报纸等;另一类主要以声音、静止与活动的图像、文字、动画等多种符号组合为主要记载方式,如电影胶片、录像带、计算机软件、网络课件等,这类信息体能真实地储存信源物的特征,不过必须借助相应的电子设备才能将所记载的信息形象地重现。

(三)教育信息的类别

顾明远在他的《教育大辞典》中就教育信息进行了分类:按效应,可分为有效信息和无效信息,前者是学生能够识别和理解的东西,后者是学生不能识别和理解的东西;按来源,可分为直接信息和间接信息,前者可由学生通过参观、实验、实习等途径获得,后者由学生从教师语言、书本文字、视听媒体中获得;按存在状态,可分为常定信息和时变信息,前者表现为教科书、视听资料等信息的储存状态,后者表现为视频信号、音频信号等信息的传输状态。

根据教育信息在教育信息传播系统中实现的功能,我们把教育信息分为三类:

1. 状态信息

状态信息反映教育传播系统各个要素及其相互关系在特定的时空中所处的状态。如学生听课时的注意力状态。

2. 内容信息

内容信息是指教育传播系统中传递的知识和经验等。

3. 控制信息

控制信息是指组织管理部门为了实现组织的整体目标而对组织活动的各个环节进行监督、调节所应有的信息。在教育传播活动中,控制信息是教师通过对教学活动中各个环节的信息的获得与分析,进而进行教学传播活动的调整,规定教育传播系统运动方式和方向,决定课堂的组织形式、进行方向。

课堂的教育传播活动是根据状态信息分析的结果确定控制信息,并按控制信息所规定的顺序和方式来传递内容信息的一系列过程。

三、教育信息的特性

教育信息具有信息的一切特性,但又区别于其他的科学研究信息,它具有如下特性:

(一)科学性

教育信息是已为前人所提取、处理并转化为人的科学认识的一部分的信息,它来自人类长期的实践积累,经历了一定历史阶段的检验,因此具有较强的科学性。教师在传递教育信息时应该准确无误。教育信息体在呈现教育信息时,可以用图像、声音、动画等多种符号进行表述,但不能违背科学性。

(二)目的性

教育传播活动是一项有目的、有计划地培养社会所需人才的活动。作为教育传播系统要素之一的教育信息,具有明显的目的性。它制约于特定的教育目的和教学目标,服务于特定的教学对象,所选择和利用的教育信息均服从培养人的需要。

(三)系统性

教育信息不是零碎、无序的,而是经过专家精心编制的具有一定层次结构的知识体系。教育信息组织严密,讲究知识排列的梯度,并符合学习者的认知规律,比如由浅入深、由易到难、由简到繁等,使学习者能循序渐进地掌握系统的知识与技能。

(四)共享性

教育信息不同于某些社会信息(如经济、科技、军事信息等),不存在保密性与限制性,可以为人类广泛地共享。教育信息共享的内容越深、层面越大,社会的文明程度也越高。教育传播活动的目标就是使教育信息能够实现最大范围内的共享。

（五）多样性

教育信息蕴藏在各种各样的载体中,如教科书、电视录像、计算机网络等。教育信息具有丰富的呈现方式,如优美的文字、精美的图片、逼真的动画等。教育信息可以使用多种传输通道,使学习者的多种感官共同参与传播活动,如在教学中所使用的互动式多媒体课件。

第三节　教育信息资源的开发与利用

伴随着教育实践,教育信息资源不断积累着、扩展着、丰富着自身精神的、物质的内涵,成为今天教育事业得以生存和发展的基础和土壤。教育史家认为,自有人生,便有教育。历朝历代的圣贤们,基于对各种各样的与教育有关的资源的认识、利用和积累,使得教育信息资源逐步形成了资源系统,成为源远流长的人类文明的精华和重要组成部分。

一、教育信息资源与教育大数据

（一）教育信息资源的含义

资源是一切可能被人类开发和利用的物质、能量和信息的总称。它广泛存在于自然界和人类社会中,是一种自然存在物或能够给人类带来财富的财富。或者说,资源是自然界和人类社会中一种可以创造物质财富和精神财富的、具有一定量的积累的客观存在形态,如土地资源、海洋资源、人力资源和信息资源等。

信息资源一词最早出现于沃罗尔科的《加拿大的信息资源》:信息资源是企业生产及管理过程中所涉及的一切文件、资料、图表和数据等信息的总称。它涉及企业生产和经营活动过程中所产生、获取、处理、存储、传输和使用的一切信息资源,贯穿于企业管理的全过程。所以,信息资源指的是信息本身或信息内容,经过加工处理,对决策有用的数据。这是狭义的信息资源的概念。广义的信息资源,指的是信息活动中各种要素的总称。这里的"要素"包括信息、信息技术以及相应的设备、资金和人等。

由此可知,教育信息资源从广义上来说是指教育传播活动中各要素的总称,包括教育信息、信息技术及教学环境、资金和人员等。狭义的教育信息资源是指对教育信息本身或教育信息内容进行加工处理,促进有效教学结果的数据。

(二)教育大数据

从教育信息资源狭义的定义来看,教育信息资源是教育数据的组合。那么,何为大数据和教育大数据呢?

1. 大数据

大数据(Big data)本身是一个抽象的概念,从字面意思上看,就是表明数据的庞大,表明海量的数据。"大数据"研究机构 Gartner 就大数据给出了这样的定义:"大数据"是需要新处理模式才能具有更强的决策力、洞察发现力和流程优化能力来适应海量、高增长率和多样化的信息资产。大数据是随着互联网、云计算、传感器,以及各种移动数字化终端设备等各类智能设备在各行各业的普及应用所不断产生和累积的数据,由于总量大,所以称为大数据。

2. 教育大数据

在教育过程中,无论是正式的还是非正式的教育,都会产生数据。"互联网 + 教育"时代,各种先进的信息技术应用于教育,更是产生了庞大教育数据。

目前,学术界对教育大数据的概念尚未有明确的界定。所谓的教育大数据是指教育领域的大数据,是在各个教育活动过程中产生的以及根据教育需要采集到的,一切用于教育发展的可创造巨大潜在价值的面向教育全过程时空的多种类型的全样本的数据集合。

教育大数据的定义包含三层含义:一是教育大数据是教育领域的大数据,是面向特定教育主题的多类型、多维度、多形态的数据集合;二是教育大数据是面向教育全过程的数据,通过数据挖掘和学习分析支持教育决策和个性化学习;三是教育大数据是一种分布式计算架构方式,通过数据共享的各种支持技术达到共建共享的目的。

教育大数据产生于涉及教育传播活动的各个要素及各个维度。从要素上看,可以是学校、教师、学生、管理者、后勤人员、家长、社会上与之相关的要素,及这些要素所产生的数据。从维度上,可以是从学前教育到终身教育,从正规教育到非正规教育,从学校教育到家庭教育,从非数字化教育到数字化教育,从非电子设备到电子设备及各类移动设备等各个维度产生的各类数据。

伴随着教育数据的持续累积,通过对教育数据的深度挖掘,可以构建新型的教学生态,助力教学改革,使教育发生革命性的变革。

(三)教育信息资源与教育大数据的关系

第一节中已阐述了信息与数据的关系与区别。数据是客观的,它来源于世界,是对于某一事物的客观描述。而信息则是人们对于数据加工后的结果,它取决于人们的主观需求,对于人们的决策产生实际影响。由此可见,教育信息资源来自教育大数据,是教育大数据进行挖掘而形成的。教师通过教育大数据的深度挖掘,进行科学的教学决策,而学生通过对自身各类学习数据的分析,制定科学的学习决策。

基于数据的决策是一个由数据向知识转变的过程。其核心要素为数据、信息和知识。转换过程分为收集—组织—总结—分析—综合五个步骤,如图3-3所示。

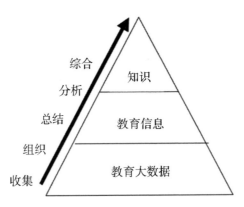

图3-3　数据转化为信息和知识的过程

数据本身没有意义,可以以任何形式存在,无论是否可用。数据是否成为信息取决于解释数据的个人的理解。

信息是指特定背景下由数据赋予的意义。它可以用来理解和揭示数据中存在的关系及来龙去脉。然而,仅仅从数据中掌握了信息对决策行动并没有任何影响,真正影响决策的是知识。

知识是被认为有用的信息的集合,并最终用来指导行动。知识是通过循序渐进的过程创造出来的。通过对信息进行不断测试,教师能够了解学生在不同项目技能分析上的成效与课堂教学之间的关系,并据此采取行动的能力即为知识。

为了让教师或管理者做出有关教学和学习的知识决策，他们必须首先能够确定数据源，并收集和组织这些数据；然后对数据进行分析和总结，当数据的含义与其他来源的各种数据一起被解释时，数据就变成了信息；最后，要将信息转化为知识，教育者必须综合所有可用的信息，并通过优先顺序对这些信息进行价值判断，这一过程需要确定信息的相对重要性，并考虑可行的解决方案。

数据、信息和知识形成了一个连续统一体，这是由原始数据转移成有用知识的一个逻辑进程。

二、各类教育信息资源的开发与利用

教育信息的来源有教师、客观事物和教学信息体，广义的教育信息资源包括教育信息、信息技术及教学环境、资金和人员等。研究教育传播，不仅要探讨教育信息的来源，还应重视现代教育信息资源的开发与利用，以促进人们掌握知识的进程，实现教育过程现代化。

（一）多媒体信息资源的开发与利用

人类利用自身器官感知客观事物获取信息的能力是有限的，开发与利用人工信息体特别是机器信息体，帮助人们去感知接收信息，甚至帮助人脑进行信息加工处理工作，是现代科学研究和社会生产的需要，也是实现教育现代化的关键。随着多媒体技术的教育应用，从教育的特点出发，现阶段对机器信息的开发与利用主要有以下几个方面。

1.声像信息的记录与重现

形状与声音是客观事物重要的特征，通过机器记录与重现事物的影像或声音信息，能使学习者打破时空的局限，间接获得关于事物形状与声音的信息。随着科技的发展，人们已研制了一系列具有声像记录和重放的机器信息体。如早期声音记录与重放的机器有的录音机、激光唱机、MP3 录放机等；影像记录与重放的有电影、电视、录像等。现代的数字磁盘录放系统、多媒体系统等一系列设备以及按教学特点开发的多媒体综合教室、智慧教室，对提高教学质量和教学效率起到了重大作用。

2.声像信息的远距离传送

人的感官只能感知接收有限距离内事物的刺激与信息，教师的口头讲授只能让教室内几十位学生听清楚。但机器信息体却能让信息传得既广又远。电话可以把语言传到千里乃至万里之外；卫星电视能把声像信息传到世界上卫星可以覆盖到的所有地区；互联网使信息迅速传遍全球。机器信息体的这些特性，为扩大教育规模、开展远程教育提供了有利条件。近年来，以网络技术为核心的远程教育的发展规模和水平，已成为衡量一个国家教育现代化水平的重要标志。

3. 事物特性的数量化显示和定置化研究

像测试仪器、仪表这类的机器信息体，可以将事物的重要属性经过处理后用数量大小、曲线表示出来，使我们能更加科学和准确地认识事物的运动状态和规律。随着教育现代化进程的不断推进，学校对高精密度、高准确度的各种教学仪器、设备的要求不断提高。学校利用这些仪器设备的水平不仅是教育现代化的标志，也代表了该学校在科学研究方面的水平。

通过互联网及各种智能技术与设备，采集学生各学段、全过程、全景式的教育大数据，利用数据分析与学习分析技术，可以掌握并应用量化数据表示出学习者心理、知识水平，对学习内容的感兴趣程度、理解程度，教师根据数值的变化可以对教学策略做出及时的调整。

4. 计算机辅助教育的研究

计算机是一种智能化的媒体，它具有一定的信息处理能力。应用计算机技术，按照科学的方法解决教育过程中的问题，称为基于计算机的教育（CBE，Computer Based Education）。目前，基于计算机的教育研究主要有以下两方面：

（1）计算机辅助教学（CAI，Computer Assisted Instruction）

指以计算机作为教学媒体，按照学习者的需要和水平而呈现学习材料的教学过程。它具有优越的教学功能：适宜个别化教学，可以做到因材施教；能充分调动学习者主动参与学习过程的积极性；能获得学习者即时的反馈信息，实现互动式教学；能为学习者提供反复多次的练习与即时的辅导等。

在计算机辅助教学中，计算机的使用方式非常灵活。比如，计算机可以模拟教师的行为，向学生讲授教学内容；也可以作为教学演示工具，再现难以用肉眼观察到的客观事物；可以模拟各种自然现象或社会环境，为学习者创设一个虚拟的学习环境。

（2）计算机管理教学（CMI，Computer Manned Instruction）

指运用计算机来监测、评价和指导教学过程，目的是为教师实施有效的教学决策和管理提供帮助。其应用方式主要有教学计划管理、监控学习过程管理、试题库测验管理、课堂信息决策管理等方面。

（二）实践教学信息资源的开发与利用

1. 实践教学的重要性

直接接触客观事物是人类获取信息的主要渠道之一。学习者直接接触客观事物，可以在头脑中留下事物的原始信息，这种信息是最直接、最可靠的信息。机器信息尽管也有形有声，但毕竟是事物的影像信息，而不是事物本身。我们都深有感触，到现场看一场足球比赛和在电视机前看比赛影像，确有不同的感受。因此，教学现代化需要充分开发和利用机器信息，但绝不能代替和排除学习者直接接触去获取客观事物的原始信息，仍要十分重视实践教学。

实践教学是非常重要的教学环节。在实践教学活动中，学习者能通过多种感官与客观事物直接接触而获得事物的信息（知识）和操纵利用事物的信息（能力），牢固建立大脑与各种运动器官的协调动作（技巧），因此实践教学对培养能力是至关重要的。各种各样的实践能扩展学习者的知识面，提高适应社会的能力。实践教学包括科学实验、生产实践与社会实践。

参观活动虽然只是利用视觉器官接收事物的信息，但在观摩演示实验、参观展览、参观博物馆及参观工厂、农村等的过程中，学习者可以把抽象的理论与眼前的实际结合起来，巩固所学知识，广开眼界去收集感知自然界与社会的信息，为全面认识事物打下基础，从而形成合理的知识结构和应变能力。

2. 开发实践教学资源

实践教学即通过引导学生有目的地参与一定形式的实践活动，在实践活动中理解体验学习内容，加深对教学内容的把握，进而提升能力，磨炼意志，优化思想。近年来，教育工作者们对实践教学进行了一系列的探索和尝试，比如"教学、科研、生产三结合"的实践教学模式，已取得了明显的成效，在此基础上总结出了开发实践教学资源时要遵循的一些原则。

（1）在思想上充分重视实践教学。在校学生适当参与各种实践活动是教学的重要内容，缺少这些实践锻炼，难以培养出适应现代社会需要的人才。

（2）实践教学的时间要恰当。这里的恰当一方面是指在整个教学计划中的安排，比如哪个学期、第几周；另一方面是指实践时间的长短——几天、几周，还是几个月。

（3）实践教学的内容要将专业课程与现代社会的生产及政治活动紧密结合

起来。

（4）各级学校和专业都应有具体的实践教学大纲、实践教学目标和实践指导书，以便对实践教学的效果进行评价。

（5）要有符合要求的、固定的实践教学基地。实践教学基地包括：按课程教学的需求建立的标准化实验室；师范院校的教育实习基地，如各级学校、各类教育行政部门；"教学、科研、生产三结合"的校内外实践基地，如实验工厂、与专业相关的企业等；与工厂、学校、企业横向联合的参观教学基地等。

（三）信息技术教育资源的开发与利用

信息技术教育资源是教育信息资源的一部分，主要指在以网络和计算机为主要特征的信息技术环境下的教育信息资源，包括经过数字化处理，可以在多媒体计算机或网络环境下运行的多媒体材料、教学支持系统软件和资源管理软件，如数字视频、数字音频、多媒体教学软件、网络课程、教育网站、在线学习管理系统、计算机模拟、在线讨论、文献资料、数据库等。该类信息资源具有多样性、便捷性、共享性、时效性、交互性、广泛性、创造性等特点，是现代教育教学过程中极具利用价值的资源。

教育信息资源的开发与利用是一个引起世界各国广泛关注的国际性研究课题。为了更有效地建立与利用各级各类教育资源库，促进各资源库系统之间的数据共享，提高教育资源检索的效率与准确度，保证教育资源的质量和使用，世界上很多标准化（学术）组织正致力于教育信息资源标准化的研究。我国教育部教育信息化技术标准委员会确定了《教育资源建设技术规范》，该规范不仅对教育信息资源开发者的行为做了具体的约束，而且为教育信息资源的建设提供了重要的指导和方法。由于我国教育信息资源建设的研究刚刚与国际接轨，因此在制定、开发标准方面还在不断地探索。

第四节　教育传播符号

在人类的社会传播活动中，信息是符号和意义的统一体，符号是信息的外在形式或物质载体，而意义则是信息的精神内容。在社会传播中，符号与意义是密不可分的共生体。

一、什么是符号

信息传播离不开符号。那么，什么是符号？符号在人类信息传播活动中发挥着什么功能和作用?

(一)符号的定义

英语用来指称符号的词语有 Sign 和 Symbol。Sign 在字典当中有多种解释，如《韦氏大字典》的解释:指代表观念的通用记号或标志，如文字、字母;表达思想的动作、行动或姿势;指悬挂在建筑物、店铺前的招牌;用来代表名称或概念的抽象图画、人物或标记;用来表示事物存在的东西;等等。Symbol 是以具体象征指代抽象的符号，具有象征性意义，如用火光象征光明。

在汉语中，符号又称记号、指号、符码、代码等，通常指代表事物的标记。例如《现代汉语词典》中对"符号"的解释:记号、标记;佩戴在身上表明职别、身份等的标志。

关于什么是符号，目前学界的看法很不一致。语言学家、心理学家、社会学家、艺术家，甚至数学家、政治家等不同学科领域的学者，都会从自己的研究角度给符号下定义，如:在数学中，我们一般把"1,2,3,4"等称为数字，把"a,b,c,d"等称为字母，把"$+$,$-$,$\times$,$\div$"等称为运算符号，即表示运算关系和运算规则的符号。在这里，符号的含义是十分狭窄的。

美国人类学家莱斯利·A. 怀特认为，"符号是事物，因为符号可能具有各种物质形式:物体、颜色、声音、气味、物体运动等都可充当符号的形式"。

苏联学者连尼科夫则认为，"符号是物质被感知的对象(现象、作用)，它是在认识和交往过程中充当另一个对象(或一些对象)的代表(代替者)，并为获得、存储、改变和传递关于这一对象的信息而使用的"。

美国哲学家、符号学先驱皮尔士解释说:"一个符号，或者说象征，是某人用来从某一方面或关系上代表某物的某种东西。"

从传播学研究角度出发，施拉姆对符号的界定是:符号是人类传播活动的要素，符号代表事物，它能脱离参加传播活动的双方而独立存在;符号是负载或传递信息的基元，表现为有意义的代码及代码系统，如声音、图形、姿态、表情等。

(二)符号的本质

在传播学中，符号具有极为广泛的含义。日本学者永井成男认为，只要在事物 X 和事物 Y 之间存在着某种指代或表述关系，"X 能够指代或表述 Y"，那么事物 X 便是事物 Y 的符号，Y 便是 X 指代的事物或表述的意义。

这个关系,结构主义语言学奠基人索绪尔在他的《普通语言学教程》中界定为能指(signifier)和所指(signified)。所谓能指也叫意符,通常表现为声音或图像,能够引发人们对特定对象事物的概念联想;所指也称为意指,即意符所指代或表述的对象事物的概念(意义)。举例来说,一个国家的国歌是由歌词和乐曲组成的,歌词和乐曲构成了国歌的能指(意符),而它们所代表的国家历史和民族精神,则构成了国歌的概念意义(意指)。

对符号及其相关要素做了最全面概括的是英国学者特伦斯·霍克斯。他认为,任何事物只要它独立存在,并和另一事物有联系,而且可以被"解释",那么它的功能就是符号。

在这里,符号及其相关要素主要体现为三个特征:一是代表事物的形式;二是被符号指涉的对象;三是对符号的意义解释。我们可以从以下几个方面的认识来探讨符号的本质问题。

1. 符号代表事物

意大利符号学家艾柯在其《符号学原理》里写道:符号乃是一切用以在意义上替代他物的东西。因此,不管是语言符号还是非语言符号,归根结底都不是真实事物的本身,它只是某种事物的代表。例如,地图并不代表土地;"桌子""书本"等符号,都只是代表某类事物,并非事物本身。在20世纪四五十年代兴起了一门专门研究符号、事物和意义之间关系的学问——语义学,它使人们的认识更加明确:符号并不等于事物,一种符号只是一种事物状态和规律的代表。

2. 符号的意义来自经验

意义活动属于人的精神活动的范畴,但它与人的社会存在和社会实践密切相关。所谓意义,就是人对自然事物或社会事物的认识,是人为对象事物赋予的含义,是人类以符号形式传递和交流的精神内容。人类在传播活动中交流的一切精神内容,包括意向、意思、意图、认识、知识、价值、观念等,都包括在意义的范畴之中。施拉姆这样解释符号的意义:"对任何人来说,符号的意义就是这个符号所引起的一套情景、感情、腺和神经的活动。"那么,符号是怎样得到它的意义的呢?

施拉姆指出:"符号的意义来自经验。"意义活动属于人的精神活动的范畴,但它与人的社会存在和社会实践密切相关。在与自然和社会打交道的过程中,人们不断地认识和把握对象事物的性质和规律,并从中抽象出意义。

人从有生命开始,便有把感官接触过的东西留在大脑中的能力。自然界的光、影、色、物体的形状等刺激着我们的感官,我们可以把它们一一地保存在脑海中。随着外界刺激的不断积累,我们开始寻找这些经验的相似性和关联性,并逐渐发现可以用某一个符号来称呼它们。于是这个符号便与我们的经验联系在了一起,长此以往,这个符号就具有了我们赋予它的某种意义。符号与意义之间的结合还受到了社会约定俗成的影响,人们在赋予符号某种意义的时候首先考虑的是被大多数人接受的并已习惯了的意义。

例如,对一个小孩来说,"椅子"这样一个词的意义是怎样得来的呢? 这个词的意义是从他的经验中获得的。在他刚开始对周围的事物感兴趣的时候,大人就按照约定俗成的习惯指着一把椅子告诉他:"这是一把椅子。"等他稍大一点的时候,大人吩咐他:"坐到那把椅子上去。"在幼儿园,老师又会叫他:"把椅子放整齐。"尽管每一次所看见的椅子的形状各不相同,但他已经开始把"椅子"这个符号与一种"有四条腿又有靠背、人们可以坐在上面"的东西联系了起来。以后,只要他看见"椅子"这个词,便唤起他曾有过的经历,这个词开始在他的脑海里形成了一定的抽象意义。

假如他的一生中并没有见过椅子这种东西的经验,甚至连椅子的照片或图画都没有见过,那么,他看到"椅子"这个词的时候便不会有任何联想,也就是说这个符号在他的脑海中没有形成意义。

符号的意义因人而异。受传者的意义既不等于传播者的意义,也不等于符号本身的意义。由于经验不一样,每个人对符号意义的理解也不一样。每个传播者和受传者都是根据自己的经验、经历以及与对象事物的利益关系等社会背景来处理、理解和解释符号的意义的,这些因素不同,每个人从同一文本中得到的意义也就会存在差异。比如,对"雪"字的理解,在北方冰天雪地长大的人和在南方只从电影或电视上见过雪的人,由于对雪有着不同经验,他们的理解显然存在着差异。正如施拉姆所言,在传播中人们所分享的只是符号,而不是意义,意义总是属于个人的。

3. 符号的意义因环境而异,因时间而异

著名语言学家罗曼·雅各布森曾经指出,语言符号不提供也不可能提供传播活动的全部意义,交流的所得有相当一部分来自语境。所谓语境,在传播学中叫作传播情境。传播情境指的是对特定的传播行为直接或间接产生影响的外部事物、条件或因素的总称,它包括具体的传播活动(如二人对话)进行的场景,如什么时间、什么地点、有无他人在场等。在广义上,传播情境也包括传播行为的参与人所处的群体、组织、制度、规范、语言、文化等较大的环境。在很多情况下,传播情境会形成符号文本自身所不具有的新意义,并对符号文本的意义产生制约。符号的意义也会随着时间的推移而改变。

例如人们对于"美"的理解随着时代的不同而不同;像"传播""信息"这样的一些词,其含义也在变化与发展。人们在赋予符号以新含义的同时也在不断地创造新符号,从而不断地丰富与发展着人类的文化。例如,网络符号的迅速发展和广泛传播,促使一种新的人类文化——网络文化的诞生。

4.符号具有外延意义和内涵意义

符号的意义包括外延意义和内涵意义两个方面。

符号的外延意义表示符号与事物之间的代表性关系,是客观性的,也是在字典上所标明出来的、能为大家共同认可的意义。每个社会必须要有一定数量的符号意义为社会共同认可,这样人类才可能利用符号进行传播。如"人"的外延意义是"能够制造和使用工具,具有抽象思维能力的高等动物",这是对人的本质属性的界定。

符号的内涵意义则是指符号与概念之间的评价关系,它常常带有情感上的爱憎与评价上的高低等因素,是主观性的。比如,符号"狗"的外延意义是"一种家畜,听、嗅觉很敏锐,性机警,能看门或帮忙打猎等"。这是在字典上标明的、被大家共同认可的意义,是客观的。但一些人看到"狗"这个符号,马上在脑海中呈现出"凶恶的怪物"或"忠实的朋友"的概念,这便是符号的内涵意义,也就是说人们根据自己过去的经验对"狗"这个符号做出了自己的评价。因此,符号的外延意义是它的客观定义,符号的内涵意义是它在人们主观上或情感上的意义,可以说符号的内涵意义比符号的外延意义要丰富得多。

二、符号的分类

人类拥有最完整的符号体系,人类的符号体系中既包括信号,也包括象征符。由于语言(包括再现语言的文字)是人类最基本的符号体系,因此,传播学一般也将人类使用的符号分为语言符号和非语言符号两大类,如图3-4所示。

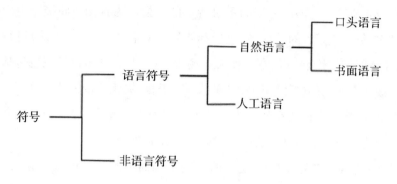

图 3-4 符号的分类

（一）语言符号

广义的语言符号包括自然语言和人工语言两种。

1. 自然语言

自然语言是指在人类历史发展中,在社会成员的长期生活交际中逐渐形成的各种民族语言。它有口头语言和书面语言两种表现形式。

口头语言。这就是我们日常所说出来的话的一种表现形式。语言学家认为,语言的诞生,首先是有声的语言,而不是用"手势"的语言。语言是在劳动中产生的。劳动促进了人的思想交流,劳动使人的发声器官得到改善,因而产生了口头语言。由于语言只是人们共同约定的一种符号,这种约定只能在人们集居的一定范围内有效,因此,不同的地方和不同的民族都有他们各自约定的语言,由此产生了世界上多种多样的民族语言。口头语言是最基本、最主要的,正是由于口头语言的存在,其他的符号才成为符号,才成为有意义的代码。

书面语言。为了适应越来越复杂的社会生活和越来越大的环境空间,人类不断地发明和采用一些早期的体外化媒介,如用约定的实物来传递和交流信息,利用结绳或图形符号来记录重要的事件或生产和交易情况,利用擂鼓或燃放烟火以及这些信号的接力传送等保持远距离联络等。这些原始媒介的传播功能已经接近于文字,它们把信息传得更加广远,更加长久。英国历史学家巴勒克拉夫在《泰晤士世界历史地图集》中指出,公元前3000年左右的文字发明,产生了语言的文字符号。这是文明发展中的根本性的重大事件。

巴勒克拉夫概括了文字发明的重要意义。第一,文字克服了音声语言的转瞬即逝性,它能够把信息长久保存下来,使人类的知识与经验的积累和储存不再单纯地依赖人脑的有限记忆力;第二,文字能够把信息传递到遥远的地方,打破了音声语言的距离限制,扩展了人类交流和社会活动的空间;第三,文字的出现使人类文化的传承不再依赖容易变形的神话或传说,而有了确切可靠的资料和文献依据。

总而言之,文字的产生使人类传播在时间和空间两个领域都发生了重大变革。它使人们能够把文献保存下来,把消息传递到遥远的地方,也就使政府能够把大量的人口组织起来,它还提供了记载知识并使之世代相传的手段。所以,文字符号拉开了人类文明的历史帷幕。对所表达的事物而言,口头语言是直接符号,文字则是间接符号,或者说是代表符号的符号,它是属于自然语言的一种文字表达形式。世界上,每一个民族都有它本身的口头语言,但有少数的民族没有自己民族的文字。我国有些少数民族,在中华人民共和国成立后,在政府的支持与帮助下,才建立起自己的文字符号系统。

2.人工语言

人工语言是根据科学技术发展的需要而人为编制的符号系统。如专业符号语言、计算机程序语言等,就是属于人为编制的人工语言符号系统,它们同样具有词汇形式、语法规则、语句结构和语义内容。

(二)非语言符号

在人类的传播活动中,除了语言符号外,人们还使用大量的非语言符号传递信息,用施拉姆的话说:"传播不是全部(甚至大部分不是)通过言辞进行的。一个姿势、一种面部表情、声调类型、响亮程度、一个强调语气、一次接吻、把手搭在肩上、理发或不理发、八角星的停车标志牌,这一切都携带着信息。"据研究体态传播现象并将此类研究称为"身势学"的伯德惠斯特的估计,在两人会话的情景中,有65%的"社会意义"是通过非语言符号传播的。人类祖先在使用自然语言之前很久就进行着非语言传播。时至今日,非语言传播不但未被语言传播所代替,反而成了语言传播的助手和补充。人类发展的历史证明,非语言符号在传播活动中有着重要的地位和作用,语言传播代替不了非语言传播。

三、语言符号及其教育应用

人类社会最重要的符号系统便是语言,它是人们用来进行传播和思维活动的最主要的工具。口头语言和书面语言是自然语言的两种形式,人工语言是人类根据科学技术发展的需要而设计出来的。

(一)语言的特性

语言是伴随着人类社会的产生而形成的,是人们在长期的社会交往中约定俗成的,以语音和字形为物质外壳,以词汇为建筑材料,以语法为结构规律的符号系统。世界上的语言千差万别,但它们都具有普遍的特征。

1.语言是一种符号系统

语言指的不是单个的符号,也不是很多互不干扰的符号,而是由很多单个的符号按一定规则组织起来的一种符号系统。

一种语言的语法就是一种规则,根据语法把单个的词汇按照规则排列起来就组成了句子。这个新构成的句子,就是一种语言符号系统,它表达了一种新的意义。比如,"这是一本谈人类传播的新书。"这个句子就是按语法规则把单个符号组织起来的符号系统,表达了一个较为复杂的意义。

语言符号另一个规则就是约定俗成。构成语言符号系统的每个符号单元都是由声音和意义两个方面构成的,前者为语言符号的形式,即语音,后者为语言符号的内容,即语义。语音与语义结合起来,才能构成语言符号。例如,现代汉语中的"书"这个语言符号,"shū"是它的语音,"装订成册的著作"是它的语义;大自然的各种声音,如风声、雨声,没有任何意义,不构成语言符号;在汉语中出现"沙发"这个语言符号之前,虽然我们偶尔也发"shā fā"这样的声音,但没有任何意义,只有我们认识了沙发这种家具,把"沙发"与"shā fā"这个读音及"内有弹簧衬垫的软靠背椅"这个意义联系在一起后,汉语中才出现了"沙发"这个语言符号。语音与语义之间本来没有任何必然的联系,是人类在长期的使用中,将它们之间建立了一定的关系,这就是语言符号的随意性。但这种关系一旦固定,并且成为社会的约定俗成,它们的意义就相对稳定了,也不能任意改变。例如,"书"这个符号所代表的意义已是约定俗成的东西,除非得到全社会的同意,否则它的意义是不能任意改变的。

2.语言具有多层次的结构

关于语言符号系统的多层次结构,各个语言学派有不同的见解。法国语言学家马丁内认为,语言符号系统可以分解为语素和音素(音位)两个层次:语素是从语言的单位句子里分解出的语音和语义的最小结合单位,是语言符号最小的有意义的片段,音素(音位)是语素不能再分解的语音单位。

美国语言学家布龙菲德这样解释他的语言分层模型:

有声语言系统的底层是一套音位,一种语言的音位数目只有几十个。例如:英语有48个音位;日语有50音图;普通话有23个声母、24个韵母和4个声调。这些音位都能按规则构成许多不同的组合,成为语言的基本声音。书面语言系统的底层是一套字母或基本笔画,例如:英文、法文、德文、印尼文、西班牙文等大多数语言采用 26 个罗马字母;俄文采用 32 个斯拉夫字母;伊斯兰地区采用阿拉伯字母;中文则采用方块字笔画。

语言系统的上层是音义结合的符号及其序列,它又分为若干层次。第一层次是"语素",即语言系统中音义结合的最小单位,在传播过程中能重复使用。汉语中的"语素"基本上就是所用的汉字。第二层次是由一个或多个语素构成的词,它是语言系统中能够独立使用的单位。第三层次是由词构成的句子。如果细分,在词和句子之间还可以分出"短语"(或"词组")以及"小句"(或"分句")。

语言符号的分层结构,与物质的分层结构非常相似。音素和音位好比是具有某种化合价的原子;语素和词好比是由单个原子或若干不同原子构成的分子;词组(短语)和句子好比是有机物的大分子。物质结构的基本粒子或基本元素的数量是有限的,但由它们沿各层次一级一级组合起来所产生的化学物质却是无限的。因此,尽管音素和音位的数量是有限的,但由它们派生构成的句子是无限的。

3. 语言是线性的

说话总是一个字一个字地说,没法把几个字一块讲出来,这就是语言符号的线性特点。也就是说,语言符号只能一个跟一个地依次出现,在时间的线条上延续,而不能在空间上展开。我们的认识和思维可以是多维的,可以同时从各个方面去认识并感知客观事物,但语言符号只能形成单向的一维的线性排列符号。对桌子上一个又大又红、又圆又香的苹果,人们用多种感官一下子就全部认识了它,但要把这种认识告诉别人,由于语言符号的线性特点,就没办法一下子把印象全部告诉对方,而需要通过语言符号把这种整体的认识分解排列出线性组合,才能传递给对方。

语言符号的线性特点使语言符号能够一个接一个地进行组合,构成不同的结构,但语言符号的组合是有规律的、有条件的。语言学家索绪尔认为,语言符号之间最主要的两种关系是组合关系和聚合关系。组合关系是语言符号在线性序列中互相组合的关系,不管是完整的句子还是更小的语言片段,只要两个或两个以上的语言符号,就有组合关系,但并不是任何一个语言符号都可以和另外任何一个语言符号组合,这就是语言符号的组合关系。如"走得太快"可以,"走得太绿"就不行。所谓聚合关系是指,在语言符号线性组合的任何一个位置,并不是只能出现一个特定的语符号,而是可以出现一类语言符号,这类符号在这个位置可以互相替换,它们具有某种共同的特点,这就是聚合关系。比如,"我在读书"这个句子中,在"我"的位置上具有共同特点的符号可以是"你、他、我们、你们"等,这些符号都可以替换"我"这个符号。

4. 语言的社会性

语言是一种社会现象,语言是由于人类传播的需要而产生的,它是人们认识客观事物、进行社会互动的中介,是人类社会最重要的传播工具,也是社会成员关系维系的纽带。依靠语言,人们才得以进行信息交流和相互了解,建立关系,组成社会。在人类的传播活动中,语言符号是其他一切符号的基础,是不依赖其他传播符号而独立存在于社会的传播符号系统。

语言随着社会的发展而发展。语言在不同的社会,或同一社会的不同发展阶段,会表现出不同的特征,因此语言的发展大体上总是和社会的发展保持一致。原始社会的生活比较简单,人类思维的内容也贫乏,思维水平不高,因此当时的语汇比较贫乏,表达方式也单调、不精确。随着社会的发展,社会生活越来越复杂,人类思维的内容和方式也随之复杂起来,所创造的语汇也更丰富,表达方式也日趋精确。

语言随着社会的分化而分化,随着社会的统一而统一。人类社会分化后,一些原始民族分散到了世界各地,他们的语言也就分化为各种不同的语言。如罗马帝国分化为现代的西方各国,随之出现了拉丁语分化为现代法语、西班牙语、意大利语和葡萄牙语等。同样,社会统一后,有些原始民族被更强大有力的民族征服甚至消灭了,他们的语言也就被同化或者从地球上消失了。

(二)语言符号与意义沟通

运用语言符号来传播信息的主要目标是传播语言与符号的意义,而不是传播语言符号本身,因此,对语言符号意义的研究是传播学里一个焦点问题。

专门研究语言符号意义的学科称为语义学。在语义学里,语言学家列举了一些对"语言意义"概念的解释:一是语言意义的参照面(即字典上标明的,能为大家所认可的);二是语言意义的经验取向;三是语言意义的使用取向。这三种解释形成了语义学研究的三大流派,由此也形成了诸多关于语言意义的理论。

1.语言意义的象征性理论

英国语言学家奥格登和理查兹在 1923 年出版的名著《意义之意义》一书中指出,与建立语言意义有关的三个要素是符号、指示物和人。他们使用了一个有名的语义三角形来阐述上述三者之间的关系,如图 3 - 5 所示。

图 3 - 5 建立语言意义有关的三个要素

语义三角形强调了语言意义的三个含义:(1)符号的意义——字词本身的意义;(2)指示物的意义——事物所具有的意义;(3)在个人心目中的意义——个人所理解的意义。符号与人的思维或指示物与人的思维之间有直接的因果关系,而符号与指示物之间却没有直接的因果关系,是间接的转嫁关系,即它们之间本无关系,是由于约定俗成而建立起来的关系,这种关系不是必然的。该理论的主要观点是:语言的意义不是语言符号所固有的,而是使用这些语言符号的人赋予它们的,只有当人们把语言符号与特定的对象联系起来的时候语言符号才有意义。让我们以"猫"这个字为例,其三个要素分别是动物猫本身(指示物)、符号"猫"这个字和当我们听到或看到这个字时在个人心中所产生的影像或思维。本来符号"猫"和动物本身之间没有直接的必然关系,只有当人们把"猫"这个字与在心中所产生的这个动物的影像建立起关系的时候,符号与指示物之间的连接才会发生,符号也才具有了指示物的象征性意义。

这一学派的另一学者兰泽把符号叫作"思想的工具",他认为符号可以让人对某事物加以思考,或离开眼前出现的事物或物体来想象。他还认为,符号的意义包括逻辑的和心理的两层含义,逻辑的含义是指符号与指示物的关系,而心理含义是指符号与个人之间的关系。从这点来看,符号的象征性理论与经验性理论的基本出发点是一致的。

2.语言意义的经验性理论

语言意义的经验性理论强调语言与经验之间的关系,认为语言会强烈地影响人们的生活与经验,同时人们的生活与经验也反过来影响语言的形式。语言的经验性理论与象征性理论从本质上来说属于同一流派,只不过经验性理论更注重研究语言符号对人们感知和思维的影响。

语言哲学家卡西乐认为,人类主要是通过符号来认识整个世界的,因此人类感知客观事物的过程主要就是对各种符号进行加工和处理的过程。同时,人们不断地创造与发展着自己的语言以适应不断发展变化着的客观世界。所以,语言符号影响着我们的感知,同时我们在感知的过程中也影响着语言符号的内容和形式。

沃夫和萨丕尔进一步认为,人类是沿着他们本民族的语言所奠定的方向来感知外部世界的,因而语言不仅作为学习的途径,而且可以储存我们从感官经验中抽绎出来的意义。

沃夫举例指出,因纽特人用了很多不同的字来代表正在下降中的雪、半溶的雪等,但墨西哥有个阿兰克族的原始民族,却只用一个字来代表冷、冰与雪;阿拉伯人有几千个与"骆驼"有关的字,这些字的大部分是其他少见骆驼的文化所没有的。这些都充分说明,人们对"雪""骆驼"的经验不同,表现在语言符号上也不同。因纽特人需要较多的字词来表示雪,阿拉伯人需要大量的字词来表示与骆驼有关的东西,这样他们才能充分处理与雪或骆驼有关的信息。英语中没有像因纽特语中那么多的字眼来表示雪,决不等于使用英语的人分辨不出雪的各种形态,只不过英国人没有像因纽特人对雪的经验那么丰富;同样,美国人不是经常看到骆驼,所以,他们根本不需要几千个与骆驼有关的词汇,若美国人有这种需要,他们也会创造出这类语言符号。因此,任何特定的经验都会影响语言形式的发展,反过来,语言符号在使用时也会影响把信息抽绎为符号的规范。

3.语言意义的使用性理论

语言意义的使用性理论源于哲学家维特根斯坦的语言意义用法论。他认为,语言的生命在于也只在于它在社会实践的交流活动中所起的作用,词语的意义只在于它的实际用法,把语言当成固定的、静止的、逻辑严密的、一丝不苟的东西,就会产生哲学上的问题。他的理论后来发展为语言意义的行为论,该理论从人们的日常生活和日常语言出发,不把语言当作静态的逻辑符号,而是把语言视为人类传播和社会交往的工具,强调语言意义与行为的关联,具有鲜明的实践性和生活性。

例如,"您真是位好人"这句话的意义是什么呢? 根据意义的使用性理论,要理解它的意义,必须要看看这一句话怎样用,要对说话者的行为进行分析——是处于困境中的人出于对施救者的感激而发自内心的一句话呢,还是围观者对做好事的人的一句嘲讽? 很显然,要对这句话的意思做出判断首先要分析说话者使用这句话时的行为。

(三)普通语义学

从学科背景上看,普通语义学是语言哲学的一个流派,着重研究语词及语义对人类行为的影响;而从理论的适用与影响范围看,普通语义学又主要同传播活动和传播问题相关联,特别是在对符号、意义、理解、反应等课题的研究方面。普通语义学的创始人是美国哲学家柯日布斯基。该理论的宗旨是把语言哲学的某些原理运用到社会政治与实际生活层面,以帮助人们树立正确思维,增强人们相互理解,甚至医治精神疾病,从而缓解社会矛盾,消除社会弊端,解决社会问题。从这点来看,普通语义学实际上更像语用学。针对语言同它所表达的实际事物的关系,普通语义学分析了以下几种情况:

1. 语言是静态的,实际是动态的

世间的万事万物,无时无刻不处在运动变化之中,而人们用以表现现实的语言却总是相对静止的,也就是说,人们在用静态的语言表现动态的事物。例如,人们常常只用"树"这个语言符号来表示任意一棵树,无论它是一株幼苗还是一棵参天大树;从牙牙学语到血气方刚,再到年逾古稀,人尽管在一生的不同阶段,外貌和思想都发生了巨大的变化,但从"人"这个语言符号上并不能看出这种变化。

2. 语言是有限的,而事物的特征是无限的

学者詹森指出,英文有 50 万到 60 万单词,但常用单词仅有 3 万到 4 万个,日常用语就更少,而人们需要表达的事实、经验和关系却有几百万种之多,因此,要想丝毫不差地反映事物的特征是非常困难的。我们常感到"只可意会,不可言传",这正是语言贫乏的真实写照。由于语言的有限性,普通语义学建议人们在叙述一桩事情、说明一件东西之后加上"等等"字样,以表明还可以补充说明。

3.语言是抽象的,而事实是具体的

抽象性是语言的一个重要而实用的特征。假如语言不具有抽象性,那么最简单的事情就算絮叨半天,也未必说得清楚。由于语言有不同的抽象层次,使得不同背景的人可以谈论同样的话题。然而,语言越是抽象,同实际事物的距离就越远,其中所反映的事实图像就越模糊,因而也就越容易产生歧义和误解。柯日布斯基的大弟子早川一荣曾设计过一个"语言的抽象阶梯"来说明这个问题。他举了一头名叫"贝茜"的奶牛为例:

第一级——科学上分析出一头奶牛的各种构成成分;

第二级——我们所看到的奶牛;

第三级——"贝茜"这头特定的奶牛;

第四级——奶牛,我们用这个符号代表包括贝茜在内的、我们所看到或听到的、具有共同属性特征的所有奶牛;

第五级——牲畜,这是一个更抽象的符号,代表了奶牛与猪、马、羊等的共同特点;

第六级——农场财产,这个符号代表了牲畜以及农场中其他可出售的东西所共有的特点;

第七级——财富,它包括了农场财产以及其他方面的所有资产。

很显然,在抽象阶梯上爬得越高,奶牛贝茜的具体特征就被舍弃得越多,它的实际面貌也就变得越模糊不清,等到爬到最高一级"财富"的时候,奶牛"贝茜"的影子已消失得无影无踪了。高度的语言抽象,可以帮助我们快速地处理信息。比如用"全世界"一词就代表了地球上所有的国家和地区。但语言的抽象层次越高,可能引起的误解就越多,能理解接受的人便越少。我们前面对"信息"的讨论便是一个典型的例子。

正是由于语言在认识现实、反映现实上存在着局限性,导致了语言在传播信息时出现了种种语言运用的失当现象。

死线抽象。此语出自温德尔·约翰逊,它是指人们只在固定的一个抽象层次线上使用语言,可能是在抽象层次较高的线,也可能是在抽象层次较低的线。例如,哲学语言都在抽象较高的层次,小学生使用语言的抽象层次较低。普通语义学认为,有效的传播应该沿着抽象阶梯有上有下,既有高抽象层次的概括,又有低抽象层次的细节。

忽视差异。这是指人们在使用语言表达事物时只考虑整体的一致性而不顾个体的差异。例如,"天下乌鸦一般黑""无商不奸"等说法在我们日常生活中经常会出现,这类话都属于忽视差异的语言失当。普通语义学建议在使用类名词时可以用数字表明每一部分,如学生1,学生2等,以便不将学生混为一谈,即便不加数字,也要在思想上有这种意思。

非此即彼。这是在描述事物时的一种极端化思想倾向。它排斥了中间层次的存在,如好与坏、积极与消极、聪明与愚笨、富裕与贫穷、成功与失败等都是两极对立的字眼。事实上在这些非此即彼的字眼所描述的事物之间,还存在着大片的中间过渡区。因此,普通语义学提醒人们,对某一事物的认识要多方面地加以考虑。

主观倾向。指人们在使用语言时,会不由自主地流露出倾向性,即表述自己对事物的看法、态度等,并且这种倾向性的表述常常是不自觉、无意识的。比如,"今天天气真热""这间房很小""这场演出真精彩"等,表面上看说的是事物本身,实际上是说话者在表达着一种主观印象,这些感受都是他自己的,别人的感受也许并不是这样。普通语义学对此现象提出的对策是,在每句话前加一个短语"对我来说",当然,并不一定要说出口,心里想到就行了。

普通语义学的研究表明,自然语言或日常语言包含许多含糊不清的成分,很容易产生歧义,不利于传播。所以,尽管普通语义学由于无限制地夸张语言对人的影响力及具有主观唯心主义的思想体系而遭到后人的批驳,但并不能否认普通语义学对传播理论,尤其是对传播符号和意义的研究所提供的有益启发。

(四)教育传播活动中的语言符号及其作用

在教育传播活动中,语言符号是最重要的信息传播工具,语言的使用直接影响着教育传播的效果。教育传播中常用的语言符号有以下几类。

1.教科书(文字教材)中的语言符号

教科书,也称文字教材,是根据教学大纲的要求用文字语言符号系统表述学科内容的教学用书。教科书在教传播中有重要的地位和作用。在教科书尚未出现前,教师只能采用口头语言对学生进行面对面的教学,教科书出现后,学生既可以从教师的口头传授中获取信息,也可以从教科书上获取知识。教科书不仅是学生理解教师的讲授内容,预习、复习和作业的重要工具,更是学生认知水平发展的工具,学生不断地从文字符号的学习中获得了更复杂的认知能力。

教科书也是教师进行教学的依据。它为教师备课、上课、布置作业、检查学生的知识提供了基本材料。

2. 教师语言

教师的语言有三大类:教学语言、教育语言、交际语言。教学语言是指教师传授知识时使用的语言;教育语言是指课堂教学以外的教师工作语,主要用来组织、维持学校的日常活动和教育秩序;教师的交际语言主要指教师在工作中与家长、领导、同事交往时的语言。教师的工作主要是教学,教学语言是教师职业语言中最重要的部分,下面我们就主要探讨教学语言。

(1)教学语言的特点

教学语言是教师在教学中向学生传授系统的学科知识、提高学生的知识水平和各种能力、培养学生智力活动的话语。教学语言的内容必须是科学、严谨的,因为授课语言负载着学科的概念、定义、定理、原理、现象等知识,授课语言无论是说明、叙述、描摹或议论,都必须科学、准确、有根有据。教学语言要符合教师职业语言的要求,即国家宪法规定的"全国通用普通话",在语音、语义、语法上都要清晰、明确、准确、有逻辑性。另外,教学语言要具有生动形象、富有感染力等艺术性,以便吸引学生的注意力,提高学生的学习兴趣,使教学内容通俗易懂、教学过程轻松自然。

(2)提问与讨论语

提问语是教师依据教材和学生的实际而提出询问,促使学生思考、钻研以加深理解的教学语言。提问语能起到激发学生主动思维、帮助学生集中注意力、锻炼学生的信息加工能力和语言表达能力的作用,同时还帮助教师控制和调节教学过程。提问效果的好坏,往往是一堂课成败的关键。

讨论是在教师指导下,由全班或小组围绕某一中心问题,发表自己的看法,从而相互学习的过程。在讨论过程中,师生、生生之间可以通过语言的交流集思广益、相互启发、加深理解、共同提高,这也激发了学生的钻研精神和语言表达能力。

（3）评价语

评价语是教师对学生的学习成果做出评点的教学语言。在教育传播过程中，态度鲜明、观点明确、客观准确、方法得当的评价语可以沟通教学过程、提高教学效率，也可以调动学生的学习情绪、激发学习热情。

根据研究的需要，教学语言还可以再细分出导入语、总结语、应变语等，它们在教学传播过程中起着不同的作用。

3. 校园广播语

学校广播是现代教育传播的重要手段之一，它既可以用于教学，也可以丰富校园生活。学校的有线广播系统，声音覆盖学校的每一个角落，主要在课外时间播放全校性的教育新闻、娱乐信息或转播其他电台的节目；学校范围内还有无线广播网，学生戴上有接收装置的耳机，就能收听教学内容，如在外国语言教学中，可以用它来训练学生的听力。校园广播，主要使用口语符号，听众是无法看到说话人的表情和姿态的，因此要求语言的表达要清晰、准确、标准、通俗易懂、生动形象。

（五）语言符号在教育传播中运用的原则

在教育传播中运用语言应注意以下几个原则。

1. 要有明确的教育教学目的

教学语言必须要为准确传达教育教学信息、实现教学目的服务，不能偏离特定的教学目标，也不能片面追求教学语言的形式。例如，当教学语言主要用来传达科学知识时，教学语言就要尽量选用科学的词语，选用能够精确、简洁、明白地表达学科知识的修辞方式，而不要有太多的感情色彩或使用反语、双关、夸张等修辞手法，要尽量让学生一听或一看便知，不需要进行猜测或产生不必要的误解。

2. 要有针对性

教育传播的对象有不同的个性特征，如年龄、文化层次、社会背景等，因此在使用语言时应考虑选择与传播对象的个性特征相吻合的语言抽象层次范围，并且在该范围内上下移动。比如教科书的语言，不仅要科学、准确，还要在篇幅、难易程度等方面符合教学对象的认知水平。

3. 要有适当的强化

对一些重要的信息，需要引起学习者重视的，我们可以采用适当重复多次的方法去反复强调它,也可以利用身体语言或其他传播媒体的辅助来强化它,比如在文字的表达中配以形象的插图等。强化的方法和手段可以多样,但必须适度,否则会适得其反。

4. 要进行不断地调整

语言使用的目的在于意义的沟通。教师与学生只有在不断地调整与适应对方的过程中才可能做到有意义地沟通。教师需要根据学生的反馈不断地调整所运用的语言,使其适合学生的经验范围,这是使教育传播活动能持续下去并最终达到教育目的的重要原则之一。

5. 要有整体性

一段支离破碎、断断续续的语言是无法准确表达传者的意图的,因此,教师必须要考虑语言运用的逻辑性问题。从整体意义上考虑不仅仅是考虑每句话的意思。学生在理解上也要有整体意识,不能断章取义,只见树木不见森林。语言本身存在着的局限性,更要求师生双方能多从语言的整体性方面考虑对方的传播意图。

(六)专业符号语言与计算机语言

上面我们所谈的语言符号是指自然语言。自然语言作为一种传播工具有许多优点,但它作为一种科学的语言使用时,存在着一些不可克服的局限性:语词的多义性,同一语词有多种不同的语音或相同语音也具有多种不同的意义;语法不够严格,自然语言的语法结构比较松散,形式复杂多样,逻辑关系不甚明显,含义理解也较为费劲;缺乏模式化,自然语言难以简明地表达科学中某些精密而又复杂的内容。为了克服自然语言的这些局限性,人们发展和建立了专业符号语言。

1. 专业符号语言

专业符号语言是为了解决专门化的科学任务和适应于描述一定的对象(逻辑、数学、物理、化学、医学等特定的科学领域)而建立起来的一门人工语言,它是为了某种特定的目的而专门设计的一套专业术语符号或公式。这种符号或公式只运用在特定的科学研究领域里。

专业符号语言的表达形式和含义内容之间,只存在唯一的确定关系,不存在语义模糊和多义性的问题。如在自然语言中,从"硫酸"与"亚硫酸"这两个符号中,并不能区别其含义,但专业符号"H_2SO_4"和"H_2SO_3"就明确了硫酸、亚硫酸分别是由什么元素构成的,其区别显而易见。

专业符号语言能通过表达式将研究对象之间的复杂关系用简明的形式表达出来,如数学上的加法结合律可表述为$(a+b)+c=a+(b+c)$,用自然语言表述为:"三个数相加,可以把前面两个数结合起来先加,也可以把后两个数结合起来先加,它们的和不变。"两种表述对比,后者的描述显然复杂而令人费解。由此可见,专业符号语言的运用,可以使科学知识的表达更严谨、更准确、更清晰。

2.计算机与程序语言

语言的演变和发展是与科学技术发展的水平相适应的。每当科学技术的发展进入重要的变革时期,都需要相应的语言形式,而新的语言工具的出现,又反过来促进了科学技术的发展。化学元素符号的应用促进了化学的发展,遗传密码符号的使用促进了遗传工程研究的发展,程序语言的改进推进了计算机的更新。反过来,正是因为化学的发展才促使化学专业符号语言的出现,计算机科学的发展促使了计算机语言的不断发展与完善。

人们为控制电子计算机操作和进行"人机"对话,必须编制一套计算机能够理解的语言系统,因此人们设计了多种计算机语言,能为计算机本身所直接理解的符号语言是"机器指令语言"。它由两个最基本的二进制符号"0"和"1"编码组成。但机器指令语言容易弄错,难以改正,不便于人们记忆,于是后来产生了"汇编语言",由二进制的拉丁字母和阿拉伯数字及标点符号组成。

随着计算机科学的进步,研究者们设计出了越来越优秀的计算机语言,如FORTRAN(公式转写语言)、ALGOL(算法语言)、COBOL(商务语言)等。这些语言接近人的自然语言,有字母表、词汇表、语法结构和词义解析。例如,用FORTRAN中的一些词来编写程序时,和用英文句子差不多,程序编好后,由事先建立好的计算机本身的一套翻译程序再把它变为机器指令语言,这就大大方便了"人机"对话。

计算机科学的发展,一方面发展了新的语言工具,另一方面开启了对自然语言进行定量研究、进行语言信息处理的新时代。

我们知道,自然语言是多义的、不精确的、模糊的,因此人类使用的语言信息是模糊的,模糊语言学曾对这种模糊性进行了深入的研究。例如,语言变量的值的度量问题。语言变量的"值"不是数字,而是自然语言变成人工语言中的词或句子。"年纪"这个变量,如果它的值是词语而不是数字,如"非常年轻、十分年轻、老、不老、不老也不年轻"等,那么"年纪"就是一个语言变量。如何对某个语言变量的值(比如"很年轻")进行度量呢?显然用传统的精密数学是无法度量的。

美国计算机科学家扎德在1965年发表的"模糊集合论"中提出了用"隶属度"度量模糊语义的方法。用"1"表示属于某个集合,而"0"表示不属于这个集合,0和1之间的小数表示接近集合的不同程度。在例子中,对于"年纪"的基础数据(岁数),"很年轻"这个模糊集合有如表3-1的隶属关系。

表3-1 "很年轻"的隶属度

"年纪"的数值	16	18	20	22	24	26	28	30	32	34	36	38	40
"很年轻"的隶属度	1	1	1	1	0.9	0.8	0.7	0.6	0.5	0.4	0.2	0.1	0

这一关系也可以由图3-6的曲线来表示。

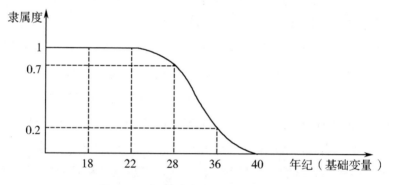

图3-6 "很年轻"的隶属度函数曲线

由此可见,模糊理论的发展与应用,可以对日常语言进行数学描写,这就为计算机接受模糊语言提供了可能性,也使计算机处理模糊信息的研究进入了新的阶段。比如开发具有语义分析能力的人工智能翻译机,使计算机能用自然语言"交谈"的人工智能系统等。

四、非语言符号及其教育应用

在教育传播活动中,除了使用语言符号外,还常配合或单独使用非语言符号。非语言符号是指除语言符号之外的其他所有传播信息的符号,如表情、图像、手势、标志、鼓声、气味等。语言符号同人们清醒的、自觉的意识相关联,而非语言符号通常与不自觉的潜意识相关联。

（一）非语言符号的类型

人类传播活动中使用的非语言符号非常多，通常我们把它分为三大类：视觉性非语言符号、听觉性非语言符号、其他的非语言符号。具体细分如图3－7所示。

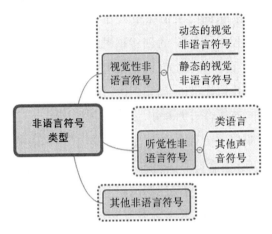

图3－7　非语言符号的类型

1. 视觉性非语言符号

视觉性非语言符号有动态的视觉非语言符号和静态的视觉非语言符号两类。

（1）动态的视觉非语言符号

动态的视觉非语言符号包括体语、运动画面、人际距离等。

①体语。体语是以人的身体动作表示意义的符号系统，一般包括姿态、眼神、面部表情、物件等。

姿态，包括动态的"动作"和静态的"姿势"。如挥手告别，鼓掌欢迎，说"是"时点头，说"不"时摇头，拍拍对方的肩膀，描述圆形时用手比画个圆，西方人表示无奈或遗憾时喜欢耸耸肩；聋哑人由于生理的限制，而不得不使用的手势语；交通警察、球场裁判、航空调度员等的手势，更是在特定的情形中所使用的唯一传播符号。这些属于动作。而像呆若木鸡、垂头沉思、歪歪斜斜地靠着、端端正正地坐着等属于静态的姿势。舞蹈语言就是用手、臂、脚、头、躯干等部位的动作和各种姿态的造型去表达相应的意思。动作和姿势可以传递信息，这在日常生活中已司空见惯。

眼神是人体动作中最富表现力的身势语，所谓"眉目传情""暗送秋波""眼睛是心灵的窗户"等,说的都是眼神的传播功能。我们用眼睛看人,看到的首先也是眼睛。社会学家和心理学家通过大量的实验证明,在人体的各种器官中,眼睛能够传达的无声信息最多。人们往往通过"使眼色"来进行心灵的沟通。

面部表情是与眼神关系密切并仅次于眼神的身势语。达尔文在《人类与动物的表情》一书中曾指出,面部表情在很大程度上是普遍的、先天的,它是人类非语言传播的重要手段。体语学的创者伯德惠斯特在 1970 年说过:"光人的脸,就能做出大约 25 万种不同的表情。"人的内心是喜悦或悲伤,是平静还是恐惧,是喜欢还是讨厌,我们都可以通过诸如大惊失色、面红耳赤、脸色铁青、面面相觑等所流露出来的面部表情去判断。

体语还包括了附属于人体的各种物体或装扮,比如衣服、帽子、手套、饰物以及香水、口红等。由于这类非语言符号会显现出个人的职业、情趣、品位、性情、个性、爱好、文化背景、时代背景等,因此在初次见面时,人们常常会"以貌取人"。对每一个人来说,穿着打扮其实就是一种无声的语言,在向他人讲述着自己,展示着自己。

②运动画面。电影、电视的画面是运动的画面,它能利用光、色、构图、镜头变焦、画面组接等多种元素具体、真实地反映事物的运动状态和规律。运动的画面能为人们建立起许多间接的直观经验,例如很多人没有直接见过南极的企鹅,但很多人都在影视画面上欣赏过它们一摇一摆行走的可爱形象。这些经验是难以从语言符号的描述中获得的。动画是另一种运动的画面,它是经过人为加工的近似实际事物形象的一种运动画面,它突出事物某方面的特征,甚至加以夸张和渲染,在传播信息时富有影响力。

③人际距离。人际距离的概念是由美国人类学家霍尔提出的。他认为人际距离与人际关系有联系,距离的远近反映了关系的亲疏,比如,当两人促膝并肩地在谈话,说明他们是熟人或朋友,如果两人始终刻意保持着一定的谈话距离,说明他们的关系不亲密。在自主选座位的课堂上,坐得比较靠近老师的学生,说明他对老师讲课的内容有兴趣,想认真听课,而坐得离老师比较远的学生则示意对内容不感兴趣或思想开小差。总之,"空间也会说话"。

此外,时间也能传递信息。每个人的性格不同,他的时间观念与行为就不一样。上课经常迟到的人会被老师认为是懒散的学生;参加开会的人很早就动身,第一个到达会场,说明他很重视这次会;早睡早起或晚睡晚起,表明了一个人的生活规律等等。我们经常会从个人对时间的把握上来了解这个人的特点。

（2）静态的视觉非语言符号

静态的视觉非语言符号主要指象征符号、实义符号乃至衣着、摆设、环境、图片等。

象征符号代表某个抽象的意义，它往往是特定文化的结晶和标志，如产品的商标、地图、曲线等。

实义符号表达某个确定的意义，它简洁明了、形象直观，如烽火、路标、交通信号灯、信号旗等。

环境也能传递信息。比如，干裂的土地和火一样的骄阳告诉我们，这里已经有一段时间没有下雨了；墙上挂着活泼可爱的卡通图片、桌子上摆放着色彩斑斓的玩具，我们可以猜测这是幼儿园的教室。科学实验已证明，环境所传递的信息对人有明显的心理暗示。

静态图片能反映出事物静态的信息内容，如事物的外观状态或某方面的特性。比如，我们从一个人的正面头部照片上可以看到这个人的长相，从一张人体解剖图上可以了解人体各器官的位置等。

2.听觉性非语言符号

听觉性非语言符号可分为类语言和其他声音符号两类。

（1）类语言

类语言是指人类发出的没有固定意义的声音，它是一种类似语言的符号，包括声音要素和功能性发声两大部分。声音要素涉及音调、音量、音素、音质，功能性发声包括哭、笑、哼、哈、呻吟、口头语等。

类语言是口头语言的附加或补充，它可以使同一句话产生不同的意思。比如，"他是领导"这句话，可以用来介绍某人的身份，也可以用来挖苦和嘲笑某人，这两者不同的含义就是靠声调等类语言符号的不同而表达出来的。

类语言有时能达到语言所不能达到的表达效果。例如，笑可以有200多种，开怀大笑、干笑、苦笑、皮笑肉不笑等，语言是无法表达出这种复杂的感情的。

（2）其他声音符号

除类语言外，凡是作用于人的听觉器官的非语言符号，都可以视为听觉性非语言符号。自然界的风声、雨声、海浪声，小鸟的叽叽喳喳、老虎的咆哮，火车开动的轰鸣、轮船的汽笛声,人的脚步声等,都携带有某种信息,我们可以从这些声音中判断事物的类型和他们的运动状态。

人们用一个特定的声音信号去代表特定的意义。如上课和下课的铃声、救护车的叫声、火警的警报声等等。在非洲和大洋洲的一些原始部落里,至今还沿用击鼓传讯的方式,当然鼓点的含义只有当地的土著才能明白。

音乐是一门高度抽象化的艺术形式,具有深广的精神意蕴,它是一种非常独特的非语言传播符号。音乐可以引发人们变化万千的感情与情绪。有人从气势磅礴的音乐中找到战胜困难的决心,也有人从音乐中听到催人泪下的悲哀,还有人从音乐中寻找到了生命的真谛。音乐所传递的信息有时比音乐本身还要丰富,比如享誉全球的《茉莉花》,世界各国的人们不仅喜欢它优美的旋律,更把它当作了解中国文化的桥梁。

(二)非语言符号的功能

1. 传播态度与情绪

语言符号擅长于表现抽象的意义,而非语言符号则擅长于传播态度和情绪。

一个人对人、对物的态度往往表现在他的脸上,表现在他的体语上。比如,从谈话双方的坐姿很容易看出他们各自的态度,一个人身体前倾、双膝并拢、双手紧握放在腿上,而另一个人则跷着二郎腿,靠在沙发背上,双手抱于胸前,两人的态度已通过这些非语言符号表现出来了。

情绪也很容易通过非语言符号表现出来。一个手舞足蹈的人心情一定不错,一个垂头丧气的人心里一定有不顺心的事,一个怒发冲冠的人则一定非常生气。

一些更加微妙的情感,用语言是没有办法表达的,但借助非语言符号却可以取得意想不到的传播效果。一件意义非同寻常的纪念品可以使敌对的双方化干戈为玉帛,一束玫瑰花可以让情人重归于好,一把珍藏的泥土表达了游子对故土的思念。

2. 补充与强化语词

谈话时比比画画,眉飞色舞;演讲者在激昂之时用力挥舞着拳头;教师表扬学生时伸出大拇指……非语言符号在这里都起到补充与强化语词表达的辅助作用。非语言符号的辅助功能,使语言符号的表达更加丰富,也更加准确。

3.代替词语

在一些特殊的传播环境中,非语言符号可代替语言符号传播信息。在电视节目录制现场,导演只能使用特定的手势指挥摄制人员的工作;舞蹈演员借助舞蹈语言传递情感;十字路口的红绿灯,上下课的铃声以及聋哑人的手语,这些非语言符号可以代替词语参与传播活动。

(三)非语言符号的特性

1.普遍性

非语言符号广泛地存在于人类的传播活动中。专门研究非语言符号的学者艾伯特·梅热比提出了这样一个公式:

沟通双方相互理解 = 语言(7%) + 语调(38%) + 表情(55%)

该公式表明传受双方的沟通绝大部分是依靠非语言符号完成的。这个公式主要是指人际传播。其实无论是人际传播还是大众传播,无论是教育传播还是艺术传播,非语言符号随处可见,并且扮演着重要的角色。比如,语言符号难以将一个人的内心世界全部表达出来,但我们可以借助非语言符号去觉察这个人的真实想法;以文字符号为主的报纸,会穿插很多的照片、插图、漫画等非语言符号来增强传播的效果;电影、电视如果没有了图像、音乐、音效等非语言符号便会失去它存在的魅力。

尽管与语言符号相比,非语言符号传播的范围受到一定的限制,但这并不影响人们对非语言符号的广泛使用。

2.形象性

语言符号比较抽象,而非语言符号则形象、生动、富于表现力和感染力,它能与语言符号配合将抽象的概念形象化、具体化,也能通过形象与情境去诱发人们的感情。"电力线""电磁场"是一些比较抽象的概念,但电脑动画能运用较具体的形象去阐明这些概念;人们听到雄壮的进行曲时会精神焕发,听到恐怖的声音时会情绪紧张;教师在讲到"桂林山水甲天下"时可以借助电影、电视营造优美的意境来调动学生的学习兴趣。

3.多维性

语言符号是线性的,或者是一维的,讲话是一个一个字说,看书也是一字一句地看。讲清楚一件事情,要一个问题一个问题地讲。但非语言符号则是多维的,它可以在同一时空内同时刺激人的多种感官。例如,我们在挑选西瓜的时候,可以通过观其色、听其声、尝其味、摸其软硬等多种感觉获得对西瓜的信息。非语言符号的这种多维空间特性大大提高了人们感知信息的效率,使人们可以在短时间内对事物的了解"一目了然"。

4.整体性

非语言符号一般都不是单一而孤立地发挥作用的,它是一个综合的、整体性的符号系统。一种非语言符号往往伴随着其他类型的非语言符号整体出现。如微笑不但表现在嘴巴上,还表现在眼睛上。"测谎仪"就是心理学家根据人们对非语言符号的整体表现设计的。意大利心理学家贝纳西在实验中发现,说谎者在说谎时呼吸加快,并且可能使呼吸受到抑制;也有学者发现说谎者在说谎时会伴随着手指不随意地运动等。另外,由于多种符号组合的功能要远远地大于单独的符号所具有的功能,因此人们常常利用非语言符号的整体性来增强传播的效果。比如在编制电影、电视片时,为表现一个明确的意义,人们会同时采用多种符号组合的方式,形成一个最佳的符号传播系统。

(四)教育传播中的非语言符号分类

非语言符号在教育传播中占有重要地位和作用。我们根据教育传播中非语言符号的特点,可对非语言符号进行分类。教育传播中的非语言符号可以归纳为以下两大类。

1.教师的非语言符号

非语言符号是教师与学生进行信息交流的特殊手段,教师的非语言符号不仅影响着教育传播的效果,而且影响着学生的智力和心灵。教师的非语言符号有以下七种。

(1)象征性非语言符号

象征性非语言符号是教师用来传递明确信息并能为学生所理解、有固定含义的体态语。如要求学生回答问题时,老师用手一指,被指的学生就明白那是要自己回答问题了;答问过程中,老师轻轻摇头,学生则知道自己的回答有误;对学生的精彩回答,教师鼓掌,学生则明白老师在鼓励和赞赏;答问完毕,老师手掌心向下轻轻一按,学生明白那是要自己坐下;当课堂嘈杂时,教师把食指放在嘴唇上,并发出"嘘"的声音,学生便安静下来。象征性非语言符号主要被用来调控教学活动。

（2）说明性非语言符号

说明性非语言符号是教师在解释、说明、描述教学内容或事物时用于辅助语言表述的体态语。如教师在讲解"大"字的含义时，伸直双臂、叉开两腿，呈"大"字状；讲到"飞流直下三千尺"时，手快速地从上往下挥等。说明性非语言符号没有固定的含义，它的含义仅在特定的语境中，在别的情境中意义就不同了。

（3）表露性非语言符号

表露性非语言符号指表现教师内心情绪和情感倾向的表情、眼神等体态语。教师的面部表情、眼神是教师心灵的屏幕，直接显示着教师的各种情绪变化。无论是在课堂教学中还是在课后的交谈中，教师的面部表情和眼神始终是学生捕捉信息的第一观察点。面对亲切微笑的教师，学生会敞开心扉；冷若冰霜的表情只会让学生紧张、胆怯地拒老师于千里之外。有经验的老师是非常擅长用眼神的。比如，上课铃声已过，学生还不肯安静下来，他会站在讲台上，用眼神示意而不是大声地呵斥；教室安静下来后，他不急于上课，而是用严肃的眼神批评学生刚才的行为，并迅速环视教室，似乎在问："你们准备好了吗？"学生会抬头挺胸，用目光回答："准备好了！"

（4）体调性非语言符号

教师的体调性非语言符号与教学的具体内容没有直接的关系，只是身体的一部分对另一部分，或身体的一部分对其他物体的动作。如不自觉地搔头皮、扯衣服、玩弄粉笔、触摸鼻子、抖脚等。体调性非语言符号是教师在尴尬不自在或紧张状态下的身体反应，并没有任何意义，是教育传播活动中的干扰信息，它会分散学生的注意力、影响学生的情绪。

有一些体调性动作是教师在较长时间内形成的习惯性动作，比如背着手、双臂抱在胸前、把手插在裤兜中等，这些动作对教学没有任何辅助作用，也会产生消极影响。

（5）空间的非语言符号

教师与学生是处在一定的空间里进行交流的，如教室、校园、办公室等。教师的空间语言包括教师的个人空间、师生之间的人际距离、教师的身体指向等。教师对空间语言的把握对师生关系有明显的影响。例如，整堂课都站在讲台上的老师和经常走到学生中间的老师给学生留下的印象是不同的；年龄较小的学生对教师进入自己的亲密区(如拍拍头、按肩膀),他们会感到关心、爱护和温暖,而年龄较大的学生则会对教师这种行为感到不安和窘迫;教室中,传统的直排座位,后排学生看到的是前排学生的后背,造成了一种无法交流的空间距离等等。

(6)类语言符号

每一位教师都有自己特殊的类语言符号,老师在讲课时语言的节奏、音量、音调、语气、语速、习惯性用语等会影响传播的效果。比如学生对表述言简意赅、条理清楚的老师更有好感,学习的兴趣也比较大,而对拖泥带水,"哼""哈"不离口的老师则明显反感,提不起学习的劲头。类语言符号常常会影响课堂气氛,比如教师的音量、音调、语速单一,没有起伏,没有抑扬顿挫,会使整堂课都非常沉闷。

(7)副体态语言

副体态语言主要指教师的相貌、身材、衣着、发型、服饰、字体、随身物品等非语言符号。例如,初次见面,学生会觉得胖胖的老师随和、亲切,面容消瘦的老师严肃、难以亲近;学生比较容易喜欢清丽俊美的老师,而与戴黑方框眼镜的老师保持一定的距离;教师的字体不仅反映了他的性格,也反映了他的工作态度,学生会从潦潦草草、马马虎虎的板书或批语中感受到老师的不负责任,从规范工整的字体中看出教师对自己的尊重。对于副体态语言,我们不能刻意地追求,但要有一定的职业规范要求,加强这方面的修养是非常必要的。

2.教材的非语言符号

(1)标本、模型与演示实验

课堂教学由于受到时间、空间的限制,无法直接接触与观察到真实的事物与现象,因而采用标本、模型与演示实验等教具来呈现事物现象的信息。标本是用实物制成的,如动物、植物、矿物的标本,尽管已不是活生生的实物,但仍能直观形象地反映出事物形态的真实信息。模型是将实物缩小和简化制造出来的教具,如地球仪、人体骨骼模型、发电机模型等,它们能呈现出原来事物的主要构造或主体特征。借助仪器设备所做的演示实验,如自由落体运动、摩擦生电、化学反应等,能形象地呈现事物的运动状态和规律。

(2)插图、挂图与简笔画

为把一些抽象的知识讲解清楚,教科书中会配相应的插图,教师会展示给全班同学看挂图,也会在黑板或投影上画简笔画,这些插图、挂图和简笔画都是通过静态的图像符号呈现事物的信息,它们是对语言符号的补充或辅助性说明。插图、挂图可用事物的照片来展示事物的样子,也可用图画去勾勒出事物的重要特征;简笔画一般是用最简练的线条去刻画事物的特征,简笔画能边讲边画,从简到繁,从局部到整体,可以引导学生的思维。

(3)电子教材中的非语言符号

幻灯、投影、电影、电视、多媒体课件、网络课程中都有大量非语言符号,如运动的画面、静态的图像、图标、象征符号、实义符号、配乐、色彩等,它们需要口头语言或文字的配合,才能准确和全面地传递客观事物的信息。

3. 教育传播环境

围绕教育传播活动四周的一切事物构成了教育传播环境,如校园建筑、校园绿化、教室布置、学术气氛、校风班风、家庭关系、社会物质、精神生活与法律道德等。来自环境的有益信息对教育传播活动有积极的作用,而有害的信息则是教育传播活动中的干扰因素。因此,教育传播是全社会的综合活动,仅仅靠学校教育是远远不够的。

(五)教育传播中非语言符号的运用原则

教育传播中非语言符号的运用要遵循以下几个原则:

1. 辅助性

非语言符号在教育传播中只是一种重要的辅助手段,虽然它也能在特定的情境下独立地向学生传递信息,但其作用的发挥主要体现在与语言符号的配合上,因此它不能喧宾夺主,只能少而精。如果教师在课堂上频繁地运用体态语或频繁地更换视听设备,学生必然会眼花缭乱,最终会影响教学效果。

2. 准确性

在教育传播中,非语言符号的价值就体现在能准确地表达出确定的意义。比如象征性动作应该与口头语言所表达的意思吻合,学生回答错了问题,教师却讽刺般地鼓掌,这种做法会给学生留下阴影,是不可取的。动态或静态的图像应力求清晰、准确、恰当,以免给学生留下错误的记忆。

3. 适宜性

应根据不同的教育对象、不同的教学内容、不同的教学情境等选择不同的非语言符号。比如幼儿喜欢老师用夸张的表情和动作讲故事,而高中生却不大接受;小学生对描述九寨沟的"鸟在水中飞,鱼在山中游"这句话并不理解,选用一段优美的电视录像便能解释得一清二楚;批评学生时要根据他的年龄来确定说话的口气和音调。

4.稳定性

教育传播中的一些基本非语言行为应当是相对稳定的。例如,教师的表情如果不稳定,一会儿和蔼可亲,一会儿凛然可畏,势必让学生莫名其妙,妨碍师生间的沟通。

5.情感性

"身教重于言教",非语言符号在沟通师生的情感、激发学生的学习热情方面确实有明显的独特之处,因此在教育传播中应充分发挥它的长处。比如,教师在与学习较差的学生交流时多用真诚、关切的目光,他们会受到鼓励;可以利用电视图像营造教学情境、吸引学生的注意力;可以利用动画课件激发学生的学习兴趣;等等。

五、教育传播中的符号互动原理

(一)编码、译码与符号互动

1954年,施拉姆曾提出过一个有名的传播模式,如图3-8所示。

信源　　　编码　　　　信号　　　　译码　　　目的地

图3-8　施拉姆提出的传播模式

对比香农的信息论模式,施拉姆的这个模式其实是对香农模式稍加变换而来的,其中编码和译码两道程序更是原封不动,这表明了编码与译码的原理在揭示传播规律上具有普遍的科学意义。

教育传播过程实质上是教育者与学习者之间不断进行编码与译码的过程。在前面的学习中,我们知道了编码与译码的原理,教师编码,学生译码,同时学生也在编码,教师也在译码,这个过程是符号互动的过程。例如,教师把教学信息转换成可供传播的符号(语言、图像等),学生则从符号中提取出教学信息;同时学生也在把自己要传递的信息(理解了、有问题等)转换成符号(点头、举手等),教师又从这些符号中解读信息……教育传播活动就这样持续不断地进行着。

编码和译码是存在于人的大脑中的一种主观认识活动,编码作用于传者的大脑,译码作用于受者的大脑。这种主观认识活动表现为人的认知行为。教师讲课前,必须首先对教学信息进行分析和认识,然后将其转化为符号,学生则通过符号对教学信息进行间接地认识。由于认知行为会受到一系列主观因素的制约或干扰,致使在编码与译码的过程中发生信息的失真与变形现象,因此提高教育传播的质量从根本上说是提高编码与译码的质量,即在传播符号的互动中保持信息的准确性传播。

(二)共同经验与符号互动

施拉姆曾说过,"所有参与传播的人都带有一个装得满满的生活空间——固定的和储存起来的经验——他们根据这些经验来解释他们得到的信号和决定怎样来回答"。他同时指出,要想进行有效的传播,传者与受者需要在一种相通或相似的经验范围内。这里说的经验范围是指人们由于各自的性格、成长与生活环境、生活阅历、教养、文化与社会背景而形成的对人生、对现实的独特感受和积累,它包括生活阅历和知识构成两个方面。人们只能在自己的经验背景上编码译码,超出了他的经验范围,编码与译码都会出现困难。

在教育传播活动中,要使信息准确传播,除了师生双方必须具备编码与译码的能力,即听、说、读、写的能力外,还必须使符号互动保持在师生双方共同的经验范围内进行。教师与学生有着不同经验的范围,教师要善于发现、培养或创设与学生的共同经验,使双方的经验范围彼此重叠,例如一同参加社会实践、增加知识背景的介绍、用电视画面创设问题情境等。经验范围重叠得越多,编码与译码过程中对信息的损耗就越小,信息的准确性就越高。

六、教育活动中的多符号传播系统

(一)教育传播的多符号系统的特性

教育传播活动是在符号互动的基础上进行的。教育传播中所使用的语言符号、非语言符号有两大类几十种具体符号,它们共同构成了教育传播所必须依赖的多符号传播系统。该系统有如下特性:

1. 多符号性

任何一个教育传播活动都是在种种符号组成的多符号系统中进行的,无论是课堂教学还是课后交流,抑或是实验实践,教师与学生都会通过多种符号传递和接收信息。由于各种符号组合的方式不同,该系统所表达的意思也不同。

2. 整体性

组成多符号系统的每种符号都有各自的属性和功能。该系统注重的不是单一符号功能的发挥,而是整体功能的发挥,其整体功能必须为特定的教学目标服务。

3. 互补性

在这个系统中,符号之间的互动是相互制约、相互影响的,该系统强调符号的相互补充、相互渗透、相辅相成等内部互补性。例如,在以动画为主的课件中,文字会起到画龙点睛的作用;在演示静电放电的电视教学片中,"啪啪"的音效声,会给学生留下深刻的印象。在不同的学科中,数种符号的恰当配合有助于学习,不当组合就会彼此抵御,干扰或影响学习。

教育传播的多符号系统特性,要求教师善于使用和开发多种符号的组合系统,有效地与学生沟通和交流。

(二)多符号教育传播系统的应用

1. 电子教材系统

电影、电视教材,多媒体教学软件,网络课程等都是多符号传播教材系统,它们使用语言、图像、声音等多种符号的重叠、交互与相互配合,使教学信息的表达更加丰满、完整,使学生的理解更为准确、全面,记忆也更为牢固,这对发展受众的思维水平是非常有利的。

2. 课堂多媒体组合教学系统

在课堂教学中,教师经常会根据教学的目标和内容选用多种教学媒体,并把它们与口头语言、体态语有机地组合起来运用,构成了课堂多媒体组合教学系统。各种教学媒体传递着不同类型的符号,听觉媒体传递的是听觉符号,视觉媒体传递的是图像符号,视听媒体传递的是声像符号。因此,课堂多媒体组合教学系统实质上是由教师控制的多符号传播系统。随着各种教学媒体在教学中的广泛应用,人们设计和建立了多媒体综合教室,为教师有效地控制多符号传播提供了便利。

3. 多媒体计算机教学系统

多媒体计算机教学系统是把视频、音频等媒体与计算机系统融合起来,并由计算机系统对各种媒体进行数字化处理的一个复杂的硬件、软件有机结合的综合教学系统。该系统主要是由计算机对各种传播符号进行综合、加工、储存与显示,然后由学习者对显示出来的符号进行解析与判断。因此,该系统也可称作多符号计算机教学系统。

4.网络教学系统

网络教学系统为学习者提供了大量图文并茂的信息资源和由此组成的大规模信息知识库,这些都是网络资源的开发者根据学习者的思维特点和记忆规律而把各种符号组合起来的符号系统。由于网络教学系统为学习者提供了超越地理位置限制的学习资源,因此在这些符号中,有些是学习者已经认识的,而有的符号则是陌生的。比如对于英语水平不高的学习者,面对剑桥大学的图书资源,他们就会感到困难;如果学习者不懂在网络交流中所使用的网络符号,就会出现沟通障碍。

第四章　教育传播的媒体与通道

【学习目标】

学完本章后,应能做到:

1. 说明媒体的含义、分类。

2. 阐述麦克卢汉关于媒体的几个观点与评价。

3. 说明多媒体、数字媒体、新媒体、互动多媒体的概念、特点。

4. 说明传播通道的含义与构成要素。

5. 阐述教育传播通道的干扰因素。

6. 说明保持教育传播通道畅通的关键。

7. 阐述戴尔"经验之塔"理论的内容并说明对教育的作用。

8. 阐述教育传播媒体分类及各自特性。

9. 阐述教育传播媒体在促进教育变革和发展中的作用。

10. 阐述各类教育传播媒体的作用。

11. 阐述教育传播媒体选择利用的原理与观点。

12. 阐释施拉姆关于媒体选择运用的几个原则。

13. 阐述教育传播媒体利用的选择模型。

14. 阐释教育传播媒体利用的教学策略。

【知识导图】

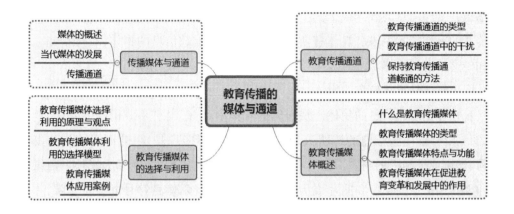

第一节 传播媒体与通道

媒体作为信息传递、交流的工具和手段,在人类传播中起着极为重要的作用。没有语言和文字作为中介,人类传播就不能摆脱原始的动物传播状态;没有机械印刷和电子传输等大量复制信息的科技手段的出现,就不可能有近现代的大众传播,也不可能有今天的信息社会。媒体技术发展与社会的演化变革密切结合在一起。在教育传播中,媒体是促进教育传播有效进行并实现教育传播方式改革的助力。

一、媒体的概述

媒体是传播学的核心概念之一,源于拉丁语"Medium",英语为"medium"或"media",中文里有的译为"媒体",有的译为"媒介"。媒体又称传媒,即传播媒体或传播媒介。例如波斯帝国里的远距离通信系统 Chapar Khaneh 及 Angarium,以及罗马帝国中的邮件系统,这些可被视为是早期的传播媒体。美国作家霍华德·瑞格德将早期人类沟通的形式也视为一种媒体,例如拉斯科洞窟壁画以及早期的文字。还有人认为媒体是从肖维岩洞绘画开始的,之后继续配合其他方式来达到人类沟通的目的,而且距离比人声直接传播的距离要远,这些方式包括烽火、山径记号及雕塑等。

（一）媒体的概念

媒体是传播信息的媒介。它是指信息在传递过程中，从信源到受传者之间承载并传递信息的载体或工具。媒体也可以看作是实现信息从信源传递到受传者的一切技术手段。媒体有两层含义，一是指承载信息的物体，二是指储存和传递信息的实体。

1.媒体是承载信息的物体

媒体是承载信息的物体。从媒体的含义中可知，没有承载信息的物体，例如一张白纸，一张空白的透明胶片或录像带，都不能说是媒体，而只能说是书写、印刷或录制用的材料。载有信息的纸张、胶片、磁盘，才能称为媒体。白纸印上新闻消息的文字和图片成为报纸，磁带录上音乐信息符号成为音乐带，才能称为媒体。

2.媒体是储存和传递信息的实体

媒体也可以看作是实现信息从信源传递到受传者的一切技术手段。从这一层含义上，媒体作为一种中介物，从信源到受传者（信宿）中间的一切技术手段，均为广义的媒体。从信源获取的信息符号要通过编码变换为信号，然后经译码将信号转换为符号，最后由受传者将符号解释为信息意义。因此，信息从信源传递至受传者，中间通过的编码器、信道和译码器等一切技术手段工具，均被称为媒体。

（二）媒体的分类

我们习惯上把媒体分为硬件和软件两大类：硬件是指那些储存、传递信息的机器和设备，如照相机、幻灯机、投影机、录音机、录像机、电视机和计算机等；软件是指那些能储存与传递信息的材料，如记录有信息的书本、光学投影片、幻灯片、录音带、录像带、光盘和计算机软件等。硬件与软件是不可分的统一体，只有配套使用，才能发挥储存与传递信息的功能。

（三）麦克卢汉的媒介理论

关于媒介技术或手段在社会发展史上的地位和作用，许多学者从不同角度进行过考察。在这个领域，较有影响的是加拿大学者 M. 麦克卢汉的学说。

1.媒介即讯息

媒介本身才是真正有意义的讯息。换个容易理解的说法，即人类有了某种媒介才有可能从事与之相适应的传播和其他社会活动，因此，从漫长的人类社会发展过程来看,真正有意义、有价值的"讯息"不是各个时代的传播内容,而是这个时代所使用的传播工具的性质、它所开创的可能性以及带来的社会变革。麦克卢汉说:"正是传播媒介在形式上的特性——它在多种多样的物质条件下一再重现——而不是特定的讯息内容,构成了传播媒介的历史行为功效。"

麦克卢汉认为,传播工具的"内容"就像是夜行盗用来引诱看门狗的诱饵一样。传播工具的影响力之所以如此强大猛烈,就是因为随着媒体而来的"内容"又是另外一种媒体。电影的内容可能是一部小说、一出戏剧或是一出歌剧,而小说、戏剧、歌剧都展现于媒体。不要把媒体只看成是工具,它也是信息。

麦克卢汉的媒介概念是广义的,它不仅指语言、文字、印刷物、电信和广播电视,而且包括各种交通运输工具,甚至服装、住宅、货币等任何能够延伸人体功能的事物,都在他的媒介范畴之内。麦克卢汉认为,媒介是社会发展的基本动力,每一种新的媒介的产生,都开创了人类感知和认识世界的方式,传播中的变革改变了人类的感觉,也改变了人与人之间的关系,并创造出新的社会行为类型。因此,媒介又是区分不同社会形态的标志。在麦克卢汉看来,人类由"部落社会"到"脱部落社会"再到"地球村",无不归功于媒介及其技术的发展。

2. 媒介:人的延伸

麦克卢汉认为,任何媒介都不外乎是人的感觉和感官的扩展或延伸:文字和印刷媒介是人的视觉能力的延伸,广播是人的听觉能力的延伸,电视则是人的视觉、听觉和触觉能力的综合延伸。麦克卢汉的这个观点是为了说明传播媒介对人类感觉中枢的影响,因此,在他的眼里,媒介和社会的发展史同时也是人的感官能力由"统合"到"分化"到"再统合"的历史。

史前人的听觉文化在感觉上是具有统合性的,在这个时代,虽然感觉主要由耳朵来把握,但同时也牵动着全部感觉的相互作用和相互影响,因此,部落人的感觉能力大体上是平衡的,他们的行为与他们所处的环境是浑然一体的。从口语转向文字和印刷,实际上扩张的只是从人类感觉的集束中分离出的一种感觉。人类对环境具有巨大的能动作用,因为它可以推动人们对事物的抽象的、深层的认识,但与此同时,疏远其他感觉只重视视觉也会产生情感的分离,使人的总体感觉能力失衡或下降。不过,现代电子媒介不仅扩张了人类的视觉和听觉,而且因其强烈的现场感和接触感而扩展了人类的触觉,因此,现代人正在找回长期失落的"感觉总体",重新回到一种感觉平衡状态。

麦克卢汉的"媒介即人的延伸"的观点具有重要的启发意义,但它并不是严密的科学考察的结论,而是建立在"洞察"基础上的一种思辨性的推论。

3."热媒介"与"冷媒介"

"热媒介"与"冷媒介"是麦克卢汉就媒介分类提出的两个著名概念。对这两种概念的分类标准,麦克卢汉本人未进行明确地界定,一种解释是:"热媒介"传递的信息比较清晰明确,接受者不需要动用更多的感官和联想活动就能够理解,它本身是"热"的,人们在进行信息处理之际不必进行"热身运动";而"冷媒介"则相反,它传达的信息含量少而模糊,在理解时需要动员多种感官的配合和丰富的想象力。

例如,一张照片是清晰的,一目了然;而一幅漫画中的形象比较模糊,需要人进行联想和思考。前者属于"热媒介",后者属于"冷媒介"。麦克卢汉认为书籍、报刊、广播、无声电影、照片等是"热媒介",因为它们都作用于一种感官而且不需要更多的联想;而漫画、有声电影、电视等属于"冷媒介",因为它们作用于多种感官且需要丰富的联想和参与。

4.媒体是导致社会变动的最强大动力

麦克卢汉把媒体看成是促进社会改变的决定力量。他说,媒体影响并改变着人们的生活方式、工作方式和思维方式,改变着人与人、人与世界的关系。由于当今世界媒体技术的先进,信息的传递迅速、及时,已使地球极大地缩小,变成了一个"地球村",使分散的人们又重聚在一起,使各种文化又融合在一起,互相渗透。媒体是导致社会变动的最强大动力。

麦克卢汉的媒体理论,有许多合理的部分,也有不足之处。他提出的"媒体是人体的延伸""媒体就是信息"等观点,被人们引用最多,影响甚大,多数人对此都持肯定的态度。他强调媒体本身的重要性,主张研究媒体时,把它与人的感官、心理联系起来考虑,把它置于广阔的社会、历史、文化背景中去考察。他的这些看法,对于我们研究和认识媒体是有积极意义的。

麦克卢汉媒体理论带有极端性和片面性。这主要表现在:

第一,麦克卢汉把媒介技术视为社会发展和变革的唯一决定因素,而忽略了生产关系和社会关系等各种复杂的社会因素的作用。

第二,在麦克卢汉的理论中,我们看不到人的主体性和能动性,人似乎成了完全受到自己所发明的媒介技术或工具主宰的对象。

第三,麦克卢汉理论的全部依据都集中在媒介工具对中枢感觉系统的影响上,并由此出发解释人类的全部行为也是片面的。

感觉是重要的,但人并不是完全受感觉支配的低等动物。人之所以为人,更重要的是人具有人的理性活动,这种理性活动反过来会对感觉以及作为它们的延伸形式的媒介产生能动的制约作用。麦克卢汉理论的缺点在于过分强调了媒体的作用,把它看成是促进社会改变的决定力量,从而使自己走进了"技术决定论"者的队伍。"热媒介"和"冷媒介"的分类本身并没有多少科学和实用价值,重要的是它给我们的启示:不同媒介作用于人的方式不同,引起的心理和行为反应也各具特色,研究媒介应该把这些因素考虑在内。

二、当代媒体的发展

近年来,随着信息技术的发展,各类新媒体的产生及飞速发展给社会带来了冲击,并影响着人类社会的经济、生活各方面。

(一)多媒体

多媒体是20世纪90年代初以来发展迅速并进入实用化和普及阶段的一个重要的科技领域。

1. 多媒体的概念

多媒体根据不同的角度可以有不同的定义,从字面上来说,多媒体就是多种媒体的组合,通过不同的输出媒介,如显示器、扬声器、电视机等,为人们提供图形、图像、声音、文字、视频、动画等多种媒体信息。

多媒体有两个含义:一个是指多种媒体简单组合,如在一个教室内既放置录音机、电视机等多种媒体就可以称之为多媒体教室;另一个是指能综合处理多种媒体信息——如文本、图形、图像、声音、动画和视频等。在实际生活中,特别是在计算机领域中,多媒体成了多媒体计算机、多媒体技术的代名词,是指用计算机综合处理多种媒体信息,且使多种信息建立逻辑连接,集成为一个系统并具有交互性。

2. 多媒体的特点

多媒体技术有以下几个主要特点:

(1)集成性。能够对信息进行多通道统一获取、存储、组织与合成。

(2)控制性。多媒体技术以计算机为中心,综合处理和控制多媒体信息,并按人的要求以多种媒体形式表现出来,同时作用于人的多种感官。

（3）交互性。交互性是多媒体应用有别于传统信息交流媒体的主要特点之一。传统信息交流媒体只能单向地、被动地传播信息，而多媒体技术则可以实现人对信息的主动选择和控制。

（4）非线性。多媒体技术的非线性特点将改变人们传统循序性的读写模式。以往人们的读写方式大都采用章、节、页的框架，循序渐进地获取知识，而多媒体技术将借助超文本链接的方法，把内容以一种更灵活、更具变化的方式呈现给读者。

（5）实时性。当用户给出操作命令时，相应的多媒体信息都能够得到实时控制。

（6）互动性。它可以形成人与机器、人与人及机器间的互动，展现互相交流的操作环境及身临其境的场景，人们根据需要进行控制。

（7）方便性。用户可以按照自己的需要、兴趣、任务要求、偏爱和认知特点来使用信息，任取图、文、声等信息表现形式。

（8）动态性。用户可以按照自己的目的和认知特征重新组织信息，增加、删除或修改节点，重新建立链接。

（二）数字媒体

20 世纪 60 年代末，互联网的出现带来了全球数字化信息传播的革命。互联网宣告数字化时代的到来，以互联网作为信息互动传播载体的数字媒体已经成为继语言、文字和电子技术之后新的信息载体。

1. 数字媒体的含义

数字媒体是以数字化形式（二进制）通过计算机存储、处理和传播信息的媒体。《2005 中国数字媒体技术发展白皮书》中把数字媒体定义为：数字媒体是将数字化内容的作品，以现代网络为主要传播载体，通过完善的服务体系，分发到终端和用户进行消费的重要桥梁。

2. 数字媒体的传播特征

（1）个人化的双向交流

在数字媒体传播中，传播者和受众之间能进行实时的通信和交换。这种实时的互动性首先使反馈变得轻而易举，同时信源和信众的角色可以随时改变。数字化传播中点对点和点对面传播模式的共存，一方面可以使大众传播的覆盖面越来越大，另一方面也可以使传播越来越小，直至个人化传播，以真正实现所有人对所有人传播的理想模式。

（2）贴近人类观念的传播媒体

数字媒体系统能够处理文本、图像、音乐、影像等多种信息，适合人类交换信息的媒体多样化特性。多媒体的实质不仅在于多种媒体的表现，而且在于媒体的可重复使用和相互转换。

（3）变被动接受为主动参与

传统媒体的传播中，信息是推向受众，而受众被动接受。在数字世界里，信息按比特存放在公开的仓库（计算机服务器、硬盘或光碟）内，由受众去拉出需要的信息。所有的数字媒体都包含互动的功能。

（4）整体大于部分之和的数字内容

数字内容所提供的多媒体不是简单地把多种媒体混合叠加起来，而是把它们有机地结合、加工、处理并根据传播要求相互转换，从而达到"整体大于各孤立部分之和"的效果。

（5）技术与人文艺术的融合

数字媒体传播是一个文理融合的全新领域，掌握数字媒体技术的应用是传播的基础。此外，数字媒体具有图文并茂、声像合一、立体表现的特性，并且可以利用多种媒体的表现方式进行融合，产生并传播整体大于部分之和的数字内容，能够最有效地传达信息，实现技术与人文艺术的融合。

（三）新媒体

"新媒体"的英文表述为"New Media"，最早是由美国人 P. 戈尔德马克在1967 年提出来的。从此"新媒体"一词就开始在美国社会流行，并逐步流传到全世界，"新媒体"也逐渐成为全世界的热门话题。

1. 新媒体的含义

到目前为止，新媒体还没有统一的定义。不同的学者有自己的观点，如复旦大学李良荣认为，新媒体是以手机为代表的新型媒介终端，包括智能手机、平板电脑和电子书等；清华大学熊澄宇认为，今天的新媒体主要是指在计算机信息处理技术基础上产生和影响的媒体形态，包括在线的网络媒体和离线的其他数字媒体形式。

我们可以这样理解：新媒体是一个相对的概念，相对于传统媒体而言，新媒体往往兼具多种媒体的特征与特长；凡是基于数据技术而产生的新媒体形态即为新媒体;新媒体在互联网基础上实现多对多或点对点传播,是具有与用户互动等交互功能的媒体形式。因而,新媒体是指依据数字技术、互联网技术、移动通信技术等向受众提供信息服务的新兴媒体。

2.新媒体的特点

新媒体的特性可以从技术和传播角度来划分。

(1)新媒体的技术特点

①数字化。早在20世纪末,美国学者尼葛洛庞帝就提出了"计算不再只是和计算机有关,它决定我们的生存"。整个社会的结构和管理都在进行着数字化的革新,个人电脑、手机、数字电视等设备终端的全面联网,以往的线性单向传播向网状传播转变,使得现代人的生活方式和现代社会的传播状况产生了质的改变。

②大容量。只要满足计算条件,一个新媒体数据库即可满足全世界的信息存储需要,而且成本较低。人们可以通过互联网进行大容量的信息传播。图书馆、维基百科等已经成为全球百科全书的新储存地。有了互联网和通信卫星,人们在地球的任何角落都可以接收到由新媒体传播的信息,完全打破了时间、空间等限制。

③多媒体。新媒体可以为用户提供不仅仅是文本,图片、声音、影像等多媒体信息都可以通过"点击"来获得。

④易检索。数字化的技术特性既能让互联网存储海量信息,又能为海量信息的检索提供方便。计算机技术和网络技术能提供检索查询的计算方式,用户只要输入相应的关键词,就能通过超文本链接的方式快速、便捷地获得查询结果。

(2)新媒体的传播特性

①即时性,将"第一时间""第一现场"牢牢掌握在手里。新媒体实现了信息的"零时间"即时传播。特别是手机这种新媒体的出现,超越了地域、时间和电脑终端设备等的限制,可以随时随地处在接收信息或发布信息的状态。

②交互性,每一个用户,不仅仅是发布者、传播者还是接受者。传统媒体还是以单向传播为主,而互联网、手机等新媒体的兴起,使信息传播者和受众之间的互动更广泛、更快捷、更深入。信息在传播中不仅仅是单向的发布和传播,同时可以进行反馈和逆向交流。双方都对内容拥有相互的控制权。

③个性化,为特定用户的需要提供专业化的信息服务。在强大的技术支持下,新媒体可以通过受众反馈分析系统分析受众的心理,为个人提供他所需要的各种服务。

④碎片化,利用所有零散的时间获取信息。新媒体提供一个完全没有时空障碍的信息接触模式,使人们不再需要每天特意留出几个小时去看电视、听广播以获取信息,受众接收信息的时间越来越零散。

(四)互动多媒体

多媒体是综合了文字、图像、声音等多种媒体形式的组合体,那么互动多媒体是什么呢?

1.互动多媒体的含义

互动也称"交互",赖赫·纳卡苏曾说:"互动和通信技术的发展使得拟人化的交流成为可能,这也是我们现在研究这种技术的重要原因。"交互设计是依靠交互性的多媒体技术,基于一定的艺术设计,从而创造出特殊情景的独特体验。一些学者给出了互动多媒体的定义,如:"艺术作品通过应用计算机来处理多种媒体形式,并将这些形式综合化、逻辑化,有序地形成一个可以交互性的系统,这就是互动多媒体。""互动多媒体可以理解为建立在互联网基础上的包含多种媒体形式的可互动的通讯形式,这在通讯历史的变革发展中具有革命性的意义。"

2.互动多媒体的特点

一般来说,互动多媒体是利用全息成像技术、增强现实技术(AR)、虚拟现实技术(VR)、摄像头影像识别技术、传感器识别技术和多元化显像设备,使参与者能够与多媒体内容进行交互。互动多媒体具有以下特点:

(1)创造身临其境的感官体验

互动多媒体应用虚拟现实、增强现实等技术,精心设计多媒体环境,为人类提供了虚拟的身临其境的感官体验,给予人们现实无法实现或实现代价太大的新体验,例如模拟飞行、3D建筑浏览等。

(2)互动多媒体变革了沟通方式

互动多媒体被称为是数字通信的颠覆者。传统的远程通信方式局限于文字、图形或声音的一种。数字通信时代,沟通方式多元化,集合图文声像,但信息传播是单向的、不连续的。互动多媒体时代,实现了全方位、即时互动,如视频会议、网络游戏等。

（3）互动多媒体拓展了人类交流的时空

在时间上,互动多媒体可以重建古代的场景,并让人进行体验;在空间上,可以实现与世界各个角落的人进行互动交流。

（4）互动多媒体体现了科技人性化

互动多媒体的发展让多媒体的传播形式逐渐从艺术化走向了技术化和艺术化相互融合,以一种直观化、立体式、互动性的方式传递一种新感觉和新体验。

三、传播通道

从广义上看,媒体除了指储存和传递信息的实体,也可以看作是一种中介物。信息是不能直接传递的,信息从传播者（信源）到受传者（信宿）之间有一个传播的渠道,根据香农的传播过程模式（图4-1）,传播者与受传播之间的信息交流过程是:在信源端,真实世界事物的信息要选择一定的符号去表征,然后通过编码将这一符号变换为信号,并在信道中传送,接收端的接受者将接收的信号通过译码变换成相应的符号,并解析该符号的信息意义。从这一层含义上,从信源到受传者（信宿）中间的一切技术手段,均为广义的媒体,而信息传递的途径就是信息的传播通道。

图4-1 通信过程的广义媒体

（一）传播通道的概念

从通信理论视角出发,传播通道是指在传播过程中信息传递的途径。从信源获取的信息符号要通过编码变换为信号,然后经译码将信号转换为符号,最后由受传者将符号解释为信息意义。因此,信息从信源传递至受传者,中间要通过编码、信道和译码三个重要环节,这是从通信理论中演绎过来科学地解释人类传播过程的信息流向渠道,我们称之为传播通道。

（二）传播通道的要素

通信理论中传播通道包含有三个基本要素:编码、译码和信道。

1. 编码

传播通道中,在发送端将信息转换为可以发送的信号,我们称这过程为编码,它包括信源编码和信道编码。把信息转化为符号叫信源编码(见第二章图2-1)。代表某种事物的信息是抽象的,符号才是具体的、物态的,如语言符号、动作符号和图像符号等。信息传送,首先是将抽象的信息转换为具体的某种符号,如某件事情用语言符号去表达,还是用动作、图像符号去表达,需要选择合适的符号,才有好的传播效果。

把符号转换为信号,叫信道编码。符号是具体的,但不是物理性的,还不能传送出去,不能成为受传者的刺激物。如语言符号只有用口说出来成为声音信号,或用文字写出来成为光的信号,才能被传送,才能成为刺激物为受传者的耳朵和眼睛所感受和接收。

2. 译码

在接收端的译码过程(见第二章图2-2),包括信道译码和信宿译码。

把接收到的信号转换为符号叫信道译码。这过程是传播媒体或受传播者把接收到的刺激信号转换为符号的过程。如人们通过感官将听到的、看到的声、光信号转换为相应的符号。

将符号转换为信息意义的过程为信宿译码。这过程是在人的大脑中进行的,受传者按已有的知识与经验把符号解译为信息意义。

3. 信道

信道是信号传送的渠道,它有具体的物质和能量的结构形式,以及相应的运行机制,常被理解为空间或者线路。如甲对乙面对面说话的声音信号,是通过空气传送到乙的耳朵接收。甲对乙打有线电话,在发送端电话机将声音转化为电信号后在电线中传送,在接收端电信号又转换为声符号为乙所接收。无线电广播和电视,编码时将语言、图像符号分别转换为声、光信号,再转换为电磁波信号在空间传送。信道可以归纳为两大类:

(1)空间信道

指由空间提供的各种频段或波长的电磁波传播通道。它有两种类型:一是声、光信号在空间直接传送,传送的距离短,范围宽;二是声、光信号变换为电磁波信号在空间传送,传送距离远,范围非常广阔,如无线广播、手机通信和卫星电视广播等。

（2）线路信道

通常指传输媒介为明线、对称电缆、同轴电缆、光缆及波导等一类能够看得见的媒介进行传输的通道。如有线电话网络系统、有线电视网络系统、计算机网络系统，它们都是将变换后的电信号在线路中传送，可以传送很远的距离和非常广阔的范围。

信道的传输能力是有一定的限制的，在通信理论中给出了一个著名的高斯信道容量公式：

$$C = WT \log\left(1 + \frac{\delta_x^2}{\delta_n^2}\right)$$

式中 C 是信道容量，W 是频带宽度，T 是时间，$\frac{\delta_x^2}{\delta_n^2}$ 是信噪比有关的量。由此可见，信道容量与频带宽度和时间成正比。所以在计算机网络中要迅速获取信号，应该增加网络的频带宽度。广播电视中频道越来越多，也是因为增加了通道的带宽，才能扩大信道的容量。

上面从通信理论角度描述了传播通道的三个基本要素，但不能包括人类传播通道的全部。在人类传播中，信息传送途径又可分为面对面的通道和中间有媒体的通道，在此不再具体展开。

第二节　教育传播通道

教育传播通道是教育信息传递的途径。教育传播通道与一般传播通道是一致的，但其有自己的特点：（1）通道中传递的是教育信息；（2）信宿端是特定的对象——学生；（3）信源端的主要对象是教师，此外还有教育传播媒体、社会真实事物、家庭和其他学生等其他发出教育信息的具体对象。

一、教育传播通道的类型

根据教育传播通道的特点及学与教的理论，教育传播通道的类型可以分为以下几种：

（一）学生—教师通道

学生是教育传播的受传者，它通过视觉、听觉、嗅觉、味觉、触觉去接收传播通道中的信号。在人们接收的信息中，通过视觉获得的占83%，通过听觉获得的占11%,通过嗅觉获得的占3.5%,通过触觉获得的占1.5%,通过味觉获得的占1%。这说明,视觉和听觉是学生接收信息的主导通道。

教师是教育传播中发送教育信息的重要主体,他们传送教育信息的方式有:

教师在课堂教学中用自身的口语、板书、体态等向学生传送教育信息,这是一种传统的课堂教学方式,要求教师具有丰富的知识与经验,有较强的语言表达能力,能按教学目标将必需的教育信息传送出去并为学生所接受。

教师在课堂教学中用多媒体辅助传递教育信息,如通投影、电视、计算机课件等传送教师不便使用口头表达的教育信息,这要求教师能熟练运用各种教育媒体进行教学活动。

教师在课堂内外指导学生参与各种实践活动或通过多种媒体去获取教育信息。

(二)学生—媒体通道

教育传播媒体具有贮存与传递教育信息的功能。计算机课件等教学媒体、教育电视播放系统、计算机网络系统,都能贮存或传送教育信息,学生可按需要去选择获取各种教育信息。在现代信息社会中,随着社会科技的进步,各种教育传播媒体越来越多,学生通过媒体去获取信息的渠道也越来越多,媒体已成为学生获取教育信息的重要渠道,只要有相应的终端,学生就可以随时随地利用媒体进行学习。

(三)学生—实际事物通道

学生与现实世界的真实事物接触,通过感觉去获取事物原始的最真实的信息,这是学生从婴儿开始就已利用的信息通道。婴儿时,周围的实际事物作用于他的感觉器官传至大脑,留下了事物的痕迹。这时,父母教导他用语言给周围的事物命名,如鸡、鸭、猪、狗,黑、白、红、绿等。幼儿时期,包括在幼儿园,主要是通过接触实际事物,结合语言或文字命名事物的学习。

从小学、中学到大学,学生也不乏与实际事物接触去获取教育信息的机会。如,有的学校设有小农场、校办工厂、作坊等,学生可以在这里劳动与观察;有的学校建设有各门学科的实验室,如物理、化学、生物实验室,学生在这里动手操作,验证各种事物发生的现象与规律。通过这样的实践与观察,学生直接获取了事物的信息,从而成长为自己的知识和能力。

（四）学生—家庭通道

学生的信息来源与家庭有密切关系。入学前，家庭成员教导他们掌握了周围事物的信息，并掌握了语言这一信息交流的工具。入学后，父母仍少不了对子女的教育，家庭作业的检查、辅导，家庭环境给学生的熏陶等，都对学生的成长有重大的影响。

（五）学生—学生通道

有组织的学生之间的小组讨论，和日常无组织的学生交往，都在相互传送着教育信息，这也是真实存在的一种教育传播通道。

上面讲述了五种主要的教育传播通道，我们应该将它们同时运用到教育中，以取得最好的教育传播效果。

二、教育传播通道中的干扰

教育信息由教师向学生传送的过程中，会遇到一些因素影响教育传播的效果。比如，应用互联网上课时网络突然断了，教材或多媒体课件出现词不达意的现象。这些都是教育传播通道中的干扰。

（一）教育传播通道干扰的含义

教育传播通道中的干扰是指影响教育信息传通效果的各种消极因素，最主要的有两种：一是在通道中传递的非教育信息；二是在通道中传递的教育信息受到破坏或损失。

（二）造成教育传播通道干扰的因素

在教育传播过程中，教育者把教育信息进行编码，经由信道向受教育者传递，而教育者接收信息，进行译码后获得教师传递的教育信息，在这些环节中，干扰因素普遍存在。

1. 来自信源的干扰

一是信源方面传送的不是教育信息，或是效果不佳的教育信息。如在计算机网络中常能收到一些黄色的、暴力的干扰青少年成长的有害信息。在一些国外的电视节目、报刊中，常有一些颠倒是非的报道。为克服这一干扰，政府与教育主管部门应加强对网络与媒体的监督与管理。

二是教师的教学水平干扰教学效果。如一个新手教师教学经验不足，对教学内容把握与讲解不清晰，没有逻辑等。

三是教学媒体选择不当。教师在选择教学媒体时，没有考虑教学媒体特性及学生的认知水平的特点,教学媒体与教学内容、学生认知水平或特点不统一。

2. 来自编码的干扰

编码要将信息变换成符号和信号,若是选择与变换不当也会出现干扰。最通常出现的是,在变换成语言符号时,语言不准确,容易造成干扰。下面我们列举几种情况。

用语含混。例如,老师评价某个学生说"这个学生很好"。"好"是多义的,它可以是指学习好、工作好、品德好或篮球打得好等,笼统地说"这个学生很好",让人弄不清楚到底是哪方面好。

用词不当。有这样一个笑话,有人向大学生演讲:"今天到场的人数十分茂盛,敝人实在很感冒,你们都是大学生,懂得七八国的英文,我不懂这些,今天真是鹤立鸡群了。"这可以算是用词不当的典型。

缩语或生造词语。随着网络传播的普及,各类缩语和生造词语不断出现,如"成为一名优秀的击剑运动员,是他多年的宿望",这里的"宿望"是"夙愿"和"希望"的缩写,又如生造词"绝绝子",表示"太绝了、太好了"。这类词不仅影响交际,且不利于语言健康发展。它们是词汇规范化的对象。

滥用方言词、古语词、外来词。例如,"打头"——上海理发店称洗头为打头,让人摸不着头脑。

变换为文字、图像符号不当,也会造成干扰。例如,板书错字;由于印刷技术不良,造成课本字迹模糊,看不清楚;把几种大小悬殊的动物(鸡、狗、熊等)画成几乎同样大小的图形,使学生误认为它们的形体大小是一样的;等等。

变换为语言声音符号,应运用正确的普通话,普通话不纯正或使用地方话,也容易使人费解与误解。

3. 来自信道的干扰

构成信道的空间、线路以及发送接收信号的设备,都会造成干扰。

教学设备不良,容易造成干扰。例如,教学机器性能不良,会导致图像滚动、变形、声像异步以及串声、噪声等现象,以至声像失真。

教室安排不当,也会造成干扰。教室里的座位安排以及空气、温度、光线、声音、色调等,都会直接影响学生和教师的身心活动,影响信息的传输效果。

视听环境不佳,也会造成干扰。例如,教室外的喧哗声,运动场上的操练声以及暴风雨、雷、电等对播放的影响等,都会分散学生的注意力,使之产生消极的情绪反应。

4. 来自译码的干扰

若学生的视、听、味、触、嗅觉等感觉器官在生理上有一些缺陷,则不能接收来自通道的某些信号。如聋人不能听到声音信号,或不能正确接收某种信号,色盲的人不能准确辨别来自光波信号的颜色。

同样,学生的知识、经验有局限,也不能将符号解释为准确的信息意义。

总之,在通道中的任何一个环节,都可以产生干扰。我们应设法尽量减少干扰,保证有良好的教育传播效果。

三、保持教育传播通道畅通的方法

随着我国教育信息化程度要求的提高,目前,我国中小学互联网接入率迅速提升。截至 2020 年底,我国中小学(不含教学点)已全部实现网络接入。中小学多媒体教室数量占教室总数量的 96.1%。2021 年,教育部等六部门发布的《关于推进教育新型基础设施建设构建高质量教育支撑体系的指导意见》指出:"到 2025 年,基本形成结构优化、集约高效、安全可靠的教育新型基础设施体系,并通过迭代升级、更新完善和持续建设,实现长期、全面的发展。建设教育专网和'互联网 + 教育'大平台,为教育高质量发展提供数字底座。汇聚生成优质资源,推动供给侧结构性改革。建设物理空间和网络空间相融合的新校园,拓展教育新空间。"由此可见,当前我国中小学的教育传播通道建设已较完善,那么要保持学校中教育传播通道的畅通,应做好以下几个方面工作。

(一)认真编制教学材料

编制教学材料要遵循科学性、教学性、技术性、艺术性、经济性等原则。正确、恰当地使用语言符号与非语言符号,要注意突出重点信息,避免"信息外的信息"。

(二)建立一支优秀的教师队伍

信息时代,媒体多了,网络普及了,教育信息的来源也多了,但教师仍是教育传播过程中的重要信息来源,媒体始终取代不了教师的地位与作用。学校教育信息化,对教师提出了更高的要求,要求我们建立一支优秀的教师队伍。

在教育传播过程中,特别是在课堂教学传播中,教师是主要的信息来源,因此要求教师具备丰富的知识与经验,具有运用和编制甚至是管理各种教育传播媒体的能力。

教育信息化要求我们建立一支优秀的教师队伍,保持教育传播通道畅通,以取得良好的教育传播效果。

(三)精心设计及完善教育传播设施

根据学校的实际教学功能需求,精心设计并不断完善各类传播设施,如教学用房的设计、多媒体(智慧)教室的位置及配置设计、专用教室的设置等。每类教室的设计要有满足教学需要的设计、适宜的位置与环境、齐全的管理制度及管理人员,保证教室及设备的正常运行。

(四)优选媒体

当前,学校教学媒体多样化,而每类教学媒体都各具特点。开展教育传播活动时,要根据不同的教学需要选择不同的教学媒体,如表现立体感的可选模型、三维动画、虚拟现实,表现动作的可选择视听媒体。

同时,在选择教学媒体时还要考虑学校信号的因素,选择信息强及信号保真度高的传播通道和媒体,这样能达到更好的传播效果。

(五)传播模式和方法多样化

要保持通道畅通,不能使传播模式和方法固化,而需要多样化,要根据教学内容、教学设施、学生特点等应用不同的教学模式,如直接传播、混合式传播、间接传播、双向传播等。

在传播方式上也有多种选择,如语言讲述的方法、直观感受的方法、实践的方法、多媒体的方法。各类教学模式和方法综合使用,可以更好地解决通道干扰问题,保持通道畅通。

(六)培养学生获取信息的能力

教育传播通道中,作为接收端的学生,是否有能力去接收来自各种通道的信息也是一个关键要素。在过去传统教学活动中,学生只需具备正常的观察能力、倾听能力和阅读能力,就能进行有效的学习。现在众多媒体与网络进入了校园的教育传播系统,所以要求学生应具备运用各种媒体和网络系统去获取信息的能力。

上述各种因素密切配合,才能保持教育传播通道的畅通,才能使学习者在最短的时间内获取更多的信息,获取最佳的教育传播效果。

第三节　教育传播媒体概述

从本质上看,教育传播过程是一个获取、加工、处理和利用信息的过程。换言之,教育传播过程是教育者借助某种手段或工具,通过发出信息主动作用于学生的过程,在这个过程中,媒体是必不可少的一个要素。

一、什么是教育传播媒体

随着科学技术的发展,媒体也在不断地发展。事实上,绝大多数新开发出来的媒体首先都不是用在教学上,而是在军事、通信、娱乐、工业等部门使用相当长一段时间之后,才逐步被引进教学领域。比如,1885年诞生的电影媒体首先用于娱乐业,几十年后,才逐渐有科教片用于社会教育。又如电视媒体,1936年美国广播公司已开始播出电视节目,首先用于娱乐与商业广告,而后才有工业的闭路电视,几十年后教育电视才被普遍引进教育领域,成为一种电视教学媒体。

(一)教学媒体的定义

在教育传播过程中所采用的媒体,被称为教学媒体。即当某一媒体被用于传递教学信息时,该媒体就称为教学媒体。在教学系统中,包含教师、学生、教学内容(即教学信息)和教学媒体等四要素。所以,教学活动可以看作是一个教学信息传递、反馈和控制的过程。它是教师(教学信息的传播者)、学生(教学信息的接受者)、教学媒体(教学信息载体)三者相互作用的结果。教学媒体在教学中的应用情况已成为影响教学效果的一个重要因素。

(二)教学媒体的基本要素

那么教育传播媒体有哪些特殊的组成要素呢?

概括来说,一般的媒体发展成为教育传播媒体要具备两个基本要素:一是用于储存与传递以教学为目的的信息;二是为特定的对象——教师或学生所使用。

以教学为目的信息,也就是教学信息,它是根据教学目标选取的。任何媒体都能用来储存与传送教学信息,如电影、电视,甚至计算机等媒体,它们都具有储存或传送教育信息的功能。但这些媒体诞生的初期,只在人们活动的通信与娱乐领域中获得应用,在教学活动中没派上用场,因此,它们只是一般的传播媒体,不是教育传播媒体。只有当它们经过改进,符合教学要求,用于教学活动时,才成为真正的教学媒体。

一般的媒体要演变为教育传播媒体,往往要解决两大关键问题:一是硬件的改造,使它能满足教学活动要求,方便教师与学生使用,同时要使硬件的价格降下来,能为缺乏经费的教育部门所采用;二是软件的编制,使该媒体所贮存与传递的信息是教学信息,并且编制的原则与方法要符合教学活动的要求。上述两大关键问题的解决是一个重大的教育研究项目,一旦这些关键问题解决了,一种新型的、有效的教育传播媒体出现,将在教育教学领域引发一场根本性的变革。

因此,教育传播媒体区别于一般的媒体,它是为特定的对象——教师或学生所使用的,储存与传递的教学信息,是为达到特定的教学目标服务的。

二、教育传播媒体的类型

教学媒体发展至今,种类很多,为了便于使用和研究,可以将它们进行分类。目前学界对教学媒体的分类方法有很多,下面介绍几种常用的分类方法。

(一)按教学媒体发展的先后分类

按教学媒体发展的先后,我们通常把过去传统教学中常用的媒体称为传统教学媒体,而将近一个世纪以来利用现代科技成果发展起来的电子传播媒体称为现代教学媒体。

1.传统教学媒体

传统教学媒体通常指教学中常用的教科书、黑板、粉笔、挂图、标本、模型、实验演示装置等教学媒体。扩大一点范围,教师本人,包括教师的语言、表情、手势、体态、板书、板画等也是传统教学中常用的教学媒体。

2.现代教学媒体

现代教学媒体是指近一个世纪以来利用现代科技成果发展起来并被引入教学领域的电子传播媒体,在我国也称为电化教育媒体。现代教学媒体主要包括幻灯、投影、录音、电影、电视、录像、计算机以及由它们组合成的教学媒体系统,如语言实验室、多媒体综合教室、计算机网络教室、视听阅览室、微格教学训练系统、闭路电视系统、校园计算机网络系统等。

(二)按教学媒体的印刷与否分类

教学媒体按印刷与否可分为印刷媒体与非印刷媒体。

1.印刷媒体

印刷型教学媒体指各种印刷的教学资料。例如,教科书、挂图、辞典、杂志、报纸和教学指导书等。

2.非印刷媒体

非印刷型教学媒体泛指各类非印刷的电子传播媒体和部分非印刷的传统教学媒体。

(三)按感官分类

教学媒体按学习者使用教学媒体的感知器官分类,可分为四类。

1.听觉型媒体

例如,口头语言、广播录音等。

2.视觉型媒体

例如,教科书、板书、板画、挂图、模型、标本、幻灯、投影等。

3.视听型媒体

例如,配录音的幻灯、电影、电视等。

4.交互作用型媒体(综合媒体)

例如,程序教学机、计算机辅助教学课件、语言实验室、微格教学训练系统等。

(四)按教学媒体的物理性质分类

根据现代教学媒体的物理性质,教学媒体可分为四大类。

1.光学投影教学媒体

包括幻灯机和幻灯片、投影机和投影片、电影机和电影片等。这类媒体主要通过光学投影,把小的透明或不透明的图片、标本、实物投射到银幕上,呈现所需的教学信息,包括静止图像和活动图像。

2.电声教学媒体

包括电唱机、扩音机、收音机、语言实验室以及唱片、录音带等。这类媒体将教学信息以声音形式存储和播放。

3.电视教学媒体

主要有电视机、录像机、影碟机、录像带、视频光盘、学校电视闭路系统和微格教学训练系统等。这类媒体的主要特点是存储与传送活动的音像信息。

4.计算机教学媒体

包括计算机、计算机网络教室、计算机校园网,以及计算机辅助教学软件等。这类媒体能在各种教学活动中实现文字、图表、图像、音视频等教学信息的传送、存储与加工处理,并能与学习者进行交互,从而开展有效的教学活动。

(五)按技术特点分类

教学媒体按技术特点可分为数字教学媒体与非数字教学媒体。数字教学媒体有计算机、数码相机、数字摄录机、数字投影仪、DVD等;非数字教学媒体有胶片投影机、录音/录像磁带等。它们都是信息化教学环境的构成要素。

三、教育传播媒体的特点与功能

英国学者贝茨认为,各种教学媒体既有共性,也有各自的特性。他指出:每种媒体都有其独特的内在规律,任何媒体都有各自的优势和劣势;不存在适用于任何教学目标的效果最佳的超级媒体。要在教学中应用好媒体,就必须了解和掌握各种媒体的基本特性与功能。

(一)教育传播媒体的特点

1.呈现力

呈现力表明媒体呈现事物信息的能力。我们知道,信息是事物运动状态与规律的表征。信息不是事物本身而是事物的表征,它是用不同的符号去表征或描述的。不同的媒体有不同的呈现能力。呈现力由以下诸要素决定:

空间特性,指事物的形状、大小、距离、方位等。

时间特性,指事物出现的先后顺序、持续时间、出现频率、节奏快慢等。

运动特性,指事物的运动形式、空间位移、形状变换等。

颜色特性,指事物的颜色与色调属性。

声音特性,指事物的声音与音效属性。

各类媒体呈现事物的空间、时间、运动、颜色、声音等特性的能力是不同的,这也表明了各类媒体表征事物运动状态与规律的能力是不同的。

2.重现力

媒体的另一重要特性是对信息的重现能力。实时的广播与电视瞬间即逝,难以重现;录音、录像与电影媒体能将信息记录存储,反复重放;幻灯、投影也能按教学需要反复重放;计算机课件存储的信息则能按学习者的需求重现。

3.传播力

任何媒体都具有扩散的传播性,以各种符号形态把信息传递给受信者(信宿),只是不同媒体在传播的范围上各有差异。广播与电视能将信息传送到十分广阔的范围;计算机网络系统和有线电视播放系统,也能把信息传至所有终端;至于幻灯、投影、电影、录音、录像等只能在有限的教学场所进行传递。

4.可控性

可控性是指使用者操纵控制媒体的难易程度。幻灯、投影、录音、计算机都比较容易操纵,并适用于个别化学习。电影放映则必须接受专门训练,才能操作使用。至于无线电和电视广播,只能按电台和电视台播出的时间去收听、收视,使用者难以控制。

5.参与性

参与性是指利用媒体开展教学活动时,学习者参与活动的机会。它可分为行为参与和感情参与。

交互式计算机媒体,使学习者能根据本人的需要去控制学习的内容,是一种从行为与感情上参与程度高的媒体。

电影、电视、广播具有较强的表现力与感染力,容易引起学生情感上的反应,从而激发学生感情上的参与。

小组放映投影时,师生能以面对面的方式呈现材料,进行学习、讨论,使学生在行为上积极参与。

学生独立选择各类教学媒体进行自学时,是行为参与程度较高的一种学习活动。

由以上可见,各类媒体具有不同的教学特性。因此,在教学活动中应根据教学内容、教学对象选择合适的媒体,充分发挥媒体的长处,才能取得良好的教学效果。

(二)各类教育传播媒体特点之比较

教学媒体有许多种,常用的有投影仪、电视、电影、计算机、教材、模型等。这些教育传播媒体均具有呈现力、重现力、传播力、可控性和参与性五个特点,而每类传播媒体在这五个方面的能力有强有弱,具体如表4-1所示。

表4-1 各类教育传播媒体特点

教学特性	媒体种类	教科书	板书	模型	无线电	录音	幻灯	电影	电视	录像	计算机
呈现力	空间特征							√	√	√	
	时间特征	√			√				√	√	√
	运动特征							√	√	√	√
重现力	即时重现		√				√			√	√
	事后重现	√		√		√		√		√	√
传播力	无限接触	√			√				√	√	
	有限接触		√	√						√	√
可控性	易控	√	√	√		√	√			√	√
	难控				√			√	√		
参与性	感情参与							√	√		
	行为参与			√			√				√

注:√表示在这方面的特点强。

表中列举了不同类型的教学媒体在教育传播各方面的优点和局限性,我们要清楚地掌握各类媒体的基本性质与特点,才能根据需要合理运用媒体,达到最佳的传播效果。

(三)教育传播媒体的功能

1.传递信息

呈现刺激,提供信息是教学媒体最基本的功能。任何教学媒体都有这种功能,只是不同的媒体所传递信息的性质有所不同。印刷媒体传递的都是抽象的经验,模型、标本等传递的是设计的经验,幻灯、录音、电影、电视等传递的是观察的经验。不同的媒体,在呈现刺激的持续时间方面也有所不同。例如,电影是瞬变的图像媒体,而图表则是永久的符号刺激。

2.存储信息

各种教学媒体都有此功能。计算机、视频光盘存储信息的能力更大。视频光盘的记录密度比较高,一张直径为12厘米的视频光盘上,单面即可记录60分钟的教学节目。目前的微型计算机,主存储器里就可以存放几十万个数据。不同媒体存储信息的形式有所不同,有的是语言的形式,有的则是图像或声音的形式。

3.控制学习

各种教学媒体都有要求学生做出反应的功能,有的要求外显的频繁的反应,例如程序教学机、计算机等;有的要求内隐的反应,例如印刷媒体、幻灯、电影、电视等。各种教学媒体都有控制学习环境的功能,但在控制的程度方面有所不同。例如,听音设备辅导自学的个别化教学系统,能持续不断地控制学习环境,要求学生始终保持注意。

四、教育传播媒体在促进教育变革和发展中的作用

教育的目的是促使人们去认识世界、适应和改造世界,促进社会与人类自身的发展。因此,媒体作为人体的延伸,将对教育产生多方面的重大影响。

(一)影响教师的作用

在语言媒体和文字媒体阶段,教师是教学信息的主要来源。教师是极少数拥有"知识"的人,在教学过程中具有绝对的权威,对学生的教育全面负责。印刷媒体出现后,书本和教师一样是教学信息的主要来源,学生不仅能向教师学,也可以向书本学。随着电子媒体阶段的到来,众多现代教学媒体的诞生为学习者提供了丰富的学习资源和众多的信息渠道,教师不必面对学生进行灌输教学,而是组织与指导学生去利用多种媒体资源进行有效的学习,或者编制高质量的课件和网上课程去教更大规模的学生。

(二)影响教学内容

媒体的发展,也影响了教学内容的变化。教材概念和教材形式发生了变化:第一,教材概念不再仅仅体现为文字概念,许多的资源形式已经不仅是文字教材;第二,教材的概念扩展为资源的概念;第三,从定量的概念走向超市的概念,随着我国大力推进"三通两平台"建设,"数字教育资源超市"应运而生,琳琅满目的教育资源商品,从"供给制"转为"教育超市",可供学生自由选择。

(三)影响教学方法

一定的教学媒体决定一定的教学方法。在语言媒体阶段,教学媒体是语言、实物和人体器官,教学方法就只能是口耳相传、示范、模仿和联系。随着多种现代教学媒体进入课堂,计算机网络进入校园,教师能采用的教学方法越来越多,多媒体既能辅助以教师为中心的课堂教学,也能为学生自学、小组协作学习、网上远程学习等的发展提供物质条件。下面提出常用的几种利用教学媒体

教与学的策略。

1.辅助以教师为中心的课堂教学

当前我国的学校教育大多数仍保留着以教师为中心的课堂教学方式,要彻底地改变这种教学方式,还需相当长一段时间。但随着多种教学媒体进入课堂,利用多媒体优化组合,配合教师的讲授,可以创建一种新型的教学模式,对解决教学重点、难点,提高教学质量,缩短教学时间,提高教学效率,将起重大作用。

2.创建以学生为中心的课堂学习模式

多种媒体进入课堂,有利于将课堂教学转化为以学生为中心的学习模式。例如,利用多种媒体去设置一定的教学情境,采用发现和探究式的学习方法,在教师指导下,学生通过媒体进行学习,不断发现问题、解决问题,直至掌握教学目标要求的知识与能力。

3.个别化学习

电化教育媒体的发展,特别是交互式计算机课件的开发与利用,为学生个别化自学提供了有利的条件。在个别化教学中,学生能自主地选择适合的媒体,媒体也能根据学生的知识水平和兴趣提供合适的内容,供学生进行有效的自学。个别化学习的方式正随着教学媒体的发展而迅速发展起来。

4.协作学习

多媒体计算机技术的发展,尤其是网络的开发与利用,为学习者的协作学习创造了有利的环境与条件。通过计算机与网络,不同地点的学习者可以同时或非同时地协作交流,为个人或小组取得最大化的学习成果提供保障与支持。当前已有实时同地、实时异地、同地异时等多种计算机支持的协作学习类型。

5.利用媒体进行学生技能的训练与实践教学

一些媒体特别适合学生技能的训练与实践。例如,在语言实验室中,可以利用录音带训练学生的口语和听说能力;在微格教学实践中,可以利用播放录像媒体训练师范生的教学技能。

6.选用媒体实施远程教学

利用无线电与电视广播、计算机网络可以将教学信息传递到很广、很远的范围。这些媒体为实施远程教学提供了有利的条件,近年来远程教学正在蓬勃发展。

多种多样的媒体的开发与利用,引起了教育的重大变革。我们应该积极开展媒体教学试验,掌握媒体的特性与教学规律,创建多种有效的教学模式,促进教育改革与发展。

第四节　教育传播媒体的选择与利用

在教学活动中,如何选择和利用多种多样的教育传播媒体,是当前教师和教育家研究的一个难点问题。在此我们根据相关的多媒体学习理论及各位学者的观点来进行分析。

一、教育传播媒体选择利用的原理与观点

在如何选择与利用教育传播媒体这个问题上,众多学者进行了研究,并提出了自己的观点,被大家所熟悉的主要有梅耶、克拉克、安东尼·贝茨、布鲁纳和施拉姆。

(一)梅耶多媒体教学设计原理

理查德·梅耶是美国知名教育心理学家和实验心理学家,他始终关注如何利用多媒体手段提升教学效果。他和同事设计了100多个实验来测试不同的多媒体信息呈现方式对学习效果的影响,将教学和多媒体整合在一起,构建出了多媒体教学设计原理。

梅耶认为多媒体的本质特征是同时包括文本和画面。"多媒体学习是指学习者从文本和画面中建构心理表征。"他在佩雷奥的"双重编码"理论基础上提出了多媒体学习认知理论模型。佩雷奥的"双重编码"理论认为,人类拥有两套相互独立但又互相关联的信息处理系统,一套是语言系统,用以处理语言信息;另一套是图像系统,用以处理视觉信息。佩雷奥从许多研究实验中发现,当学习者回想时,对文字加图片的回想能力优于只有文字的回想,图像系统一般来说比语言系统更能加深印象、更有优势。梅耶从信息处理方式来分析双重编码,提出了如图4-2所示的多媒体学习认知理论模型。

这里的文本不仅仅包含书面文字,还包括口头文字,即老师的语言和多媒体教学软件的配音。画面是指图像,包括静态图像与动态图像,静态图像有插图、图表、地图、简笔画、照片及各类绘图软件制作的图像,动态的图像包括动画、视频等。当视觉与听觉同时作用于人的感觉器官时,视觉信息由图像系统

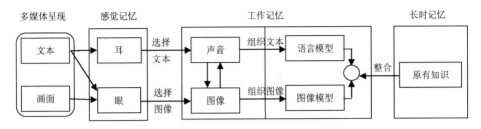

图 4 - 2　多媒体学习认知理论模型

来编码,而文字信息由语言系统来编码,图像记忆区的信息同时也在语言记忆区中留下相应的印记。由于信息同时存留在两个记忆区中,以两种方式进行编码,于是就提供了回想时的两种线索。因而,"文字 + 图像"的信息处理更有利于对知识的理解,也有利于对知识的记忆。在对教学软件的信息进行加工与处理时,可以采用画面可视化的方法提高教学信息的直观程度,便于学习者理解和记忆。

(二)克拉克的观点

克拉克认为,教学媒体只是一种手段,无论是电视、书本,还是面授,传递信息的内容没有什么不同,其教学效果也没有什么不同,所不同的只是传递方式,"能带来稳定且再三复现高质量教学的,与其说是所使用的媒体,不如说是软件的设计"。

(三)安东尼·贝茨的观点

安东尼·贝茨认为:

(1)媒体一般是灵活的和可替换的,关键是在给定的条件下何种媒体最合适。

(2)每种媒体都有其内在的规律,即有一套能发挥其功能的固有法则。对每种媒体的特征有待去探索,从而设计高质量的教学媒体。

(3)并不存在某种"超级媒体",所有媒体都有其长处和短处,而且一种媒体的长处往往正好是另一种媒体的短处。这个事实表明,采用多种媒体方案通常是极有希望成功的。

(4)对于某些具体的教学目标来说,还是存在某种媒体的教学效果明显优于其他媒体的情况。

(四)布鲁纳的观点

布鲁纳认为,媒体在传授知识方面的功能是相近的,几乎毫无差别,而在发展技能方面是独特的,各个不同。如讲授事实,用电视、广播、印刷材料、面授都行,都容易达到目标,但如果发展技能,那么对于发展某一方面的技能,总会有相应的媒体比其他媒体更合适、更有效。

(五)施拉姆的观点

美国传播学家施拉姆与中国香港的传播学家余也鲁在华南师范大学讲学后,于1988年出版了《传媒·教育·现代化——教育传播的理论与实践》一书,其中在怎样选择教学媒介的一章中提出了九个原则。

第一原则:我们可以使用任何媒介学习。

第二原则:我们向经验学习,媒介派不上用场。

第三原则:我们会从媒介或直接经验中不自觉地学习。

第四原则:没有一种人人适用、处处适用的"全能媒介"。

第五原则:有一种或一组媒介与直接经验,对某一种教学工作来说,会比别的媒介更有效。

第六原则:教课包括先后次序,需要多种媒介来配合。

第七原则:混合使用媒介比只用一种媒介的学习效果好。

第八原则:混合使用媒介来配合教学工作,这种配组十分复杂,很难做到理想。

第九原则:将媒介与教学次序作最适当的配合,实际上困难很大,即使能加以克服,也不知应如何进行。

二、教育传播媒体利用的选择模型

人们在利用媒体进行教学的过程中,积累了大量的经验,从而总结出了一些教学媒体选择的典型模型。

(一)ACTIONS 和 SECTIONS 模型

1995年,安东尼·贝茨在《技术、开放学习与远程教育》一书中提出了著名的 ACTIONS 模型,为人们选择媒体和教育技术提供了一个具有可操作性的实用框架。到目前为止,该模型依旧是最主要的模型之一。

表 4-2　ACTIONS 模型

ACTIONS	要素(英语)	要素(中文)	主要内容
A	Access	易获得性	学生是否可以获得这种技术和媒体
C	Cost	成本	主要是投入、性价比方面的考量

续表 4 - 2

ACTIONS	要素（英语）	要素（中文）	主要内容
T	Teaching & Learning	教学与学习	考量媒体和技术的教学功能,是否能够满足教学和学习的需求
I	Interactivity & User Friendliness	交互性和用户友好程度	考量应用请求响应时间,操作方式是否简单、容易记忆,输入/输出是否容易理解
O	Organizational issue	机构因素	使用要求,是否提供支持,在机构和组织内使用面临哪些困难,存在哪些障碍等
N	Novelty	新颖性	考量这个技术是否是新近推出的,其功能效果是怎样的
S	Speed	速度	使用这种技术课程可以多么迅速地被创造出来,修正和改变这个课程材料是否便捷容易

ACTIONS 模型充分考虑了教育传播过程中媒体利用需要考虑的因素,教师在选择媒体进行教学时,应就每一个因素进行分析,综合所有要素,选择最佳的教学媒体。

2003 年,为了涵盖校园媒体和远程教育中的媒体使用,安东尼·贝茨将他1995 年所提出的 ACTIONS 模型修改为 SECTIONS 模型(如表 4 - 3 所示)。在这个 SECTIONS 模型中,安东尼·贝茨指出,在使用教育技术和媒体进行教学和学习时,人们需要考虑如下八个因素:学生(Students)、易用性(Ease of use)、成本(Costs)、教学功能(Teaching functions)、交互(Interaction)、组织因素(Organizational issues)、网络(Networking)以及安全和隐私(Security and privacy)。这八个因素的英文首字母合在一起,就是 SECTIONS。

表 4 - 3　SECTIONS 模型

SECTIONS	要素（英语）	要素（中文）	主要内容
S	Students	学生	你对你要教授的学生了解多少? 比如学生种类、学生的一般特点、获取技术的途径和学习风格
E	Ease of use	易用性	是否方便可行地为教师和学生使用
C	Costs	成本	设计、传送和维持课程的技术成本是多少
T	Teaching functions	教学功能	考量媒体和技术的教学功能,教学中应用的优点与不足有哪些

续表 4-3

SECTIONS	要素（英语）	要素（中文）	主要内容
I	Interaction	交互	媒体在多大程度上提供了学习者和学习材料之间、学习者和专家之间以及学习者之间的互动
O	Organizational issues	组织因素	该机构是否支持这种技术
N	Networking	网络	媒体是否提供了在课程之外与学科专家和社区其他人建立联系的机会
S	Security and privacy	安全和隐私	是否是安全的技术，教师和学生应用时是否能保证他们的安全及保护他们的隐私

与 ACTIONS 模型相比，SECTIONS 模型由于包含了学校内教学媒体与远程的教学媒体利用的选择，因而拓展了互动的范围，强调了师生在利用媒体时的安全性，及应用媒体时网络的畅通性等因素。

（二）威廉·艾伦的教学媒体种类和目标关系矩阵

威廉·艾伦设计的矩阵受戴尔的"经验之塔"影响，将教案媒体按其所能提供的经验的抽象程度不同划分为 11 个层次，由低向高，抽象程度逐渐增加。根据教学设计取决于具体的学习目标，教学媒体的功能高低是相对于一定的学习目标而言的观点，威廉·艾伦设计了一个关于教学媒体的种类和目标的关系矩阵。

表 4-4 威廉·艾伦关于教学媒体的种类和目标的关系矩阵

教学媒体	学习目标				
	事实信息	直观辨别	原理概念	过程	运动动作
静止图像	中	高	中	中	低
电影电视	中	高	高	中	中
三维物体	低/中	高	低	低	低
录音	中	低	低	中	低
程序教学	中	中	中	高	低
演示	低	中	低	高	中
印刷材料	中	低	中	中	低
口头表述	中	低	中	中	低

通过表格排列,能把教案媒体与教案任务、学习目标或者其他一些相关因素的关系清晰地表示出来,每一个步骤设置一个问题,通过"是"或"否"的回答,来确定最适合于特定教学情景的教学媒体,使选择者一目了然,便于选择。

(三)加涅的媒体选择矩阵

加涅对一些教育传播活动中常用的媒体功能进行了分析,提出了常用媒体教案功能表,如表4-5所示。

表4-5　加涅的常用媒体功能表

功能 ＼ 种类	实物演示	口头传播	印刷媒体	静止图像	活动图像	有声电影	教学机器
呈现刺激	Y	Li	Li	Y	Y	Y	Y
引导注意和其他活动	N	Y	Y	N	N	Y	Y
提供所期望行为的规范	Li	Y	Y	Li	Li	Y	Y
提供外部刺激	Li	Y	Y	Li	Li	Y	Y
指导思维	N	Y	Y	N	N	Y	Y
产生迁移	Li	Y	Li	Li	Li	Li	Li
评定成绩	N	Y	Y	N	N	Y	Y
提供反馈	Li	Y	Y	N	Li	Y	Y

注:Y表示有功能;N表示没有功能;Li表示功能有限。

通过上表,教师在进行教育传播活动时,可根据实际的教学需求,选择最为恰当的媒体。

(四)算法式

算法式源自美国学者威尔伯·施拉姆,是以经济学"最省力原理"为基础提出的计算受众选择传播媒介的概率公式,用于表示某种媒介被受众选择的可能性大小。该公式为:

$$媒体选择概率(P) = \frac{媒体产生的功效(V)}{需付出的代价(C)}$$

算法式通过模糊的数值计算决定媒体的取舍,一般首先对备选媒体使用的代价、功能、特征和管理上的可行性等诸多因素都给予一个定值,然后按照某些公式加以计算,比较备选媒体的效益指数,从而确定优先媒体。

(五)教育传播媒体选择的最优决策模型

根据媒体设计选择的最大价值律,选择媒体必须遵循低成本、高效能原则。按此原则,我们可以绘出媒体的最佳选择范围。如图4-3所示,纵坐标表示媒体成本,以 L、L-M、M、M-H 和 H 五个等级表示,而横坐标表示媒体的效能,阴影标示的区域表示成本较低(由 L 到 M),而效能较高的范围(由 MP 到 HP),即最大价值区域,也就是媒体最优选择区。在最优选择区上方的四边形,则是可以进一步研究的范围,虽然费用多些,但其效能较高,仍可选择。

考虑以上各种因素,我们便可以根据教学目标,选择最合适的媒体。

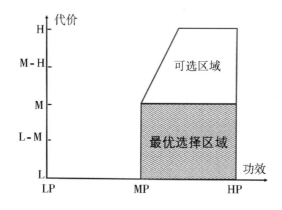

图4-3　媒体的最优决策模型

这一模型的代价包括媒体的购置、安装与制作成本,媒体利用时的使用成本及人力成本(教师利用时的费时费力程度等)。

其功效是指媒体在具体的教学过程中,为了达到预期的教学目标,所起的作用大小程度,即媒体在教学中的使用目标。

三、教育传播媒体应用案例

科学、恰当的教学媒体的选择不仅能有效地、直观地呈现教学内容,并且能激发学生的学习热情,从而达到最佳的教学效果。

(一)多媒体组合教学应用案例——《家鸽》

生物课《家鸽》这一教学内容用语言文字或是传统的教学媒体很难讲解透彻,把传统的与现代的多种媒体进行组合,能发挥各类媒体的优势,从而实现抽象知识的直观化。

表4-6　多媒体组合在《家鸽》教学中的应用

教学目标	媒体类型	媒体内容要点	资料来源	媒体在教学中的作用	媒体使用方式
分析	录像	家鸽适于飞行的一般特点	选编	呈现双重呼吸过程，解释原理	设问—播放—讲解
	骨骼标本	家鸽骨骼特点	实验室	解释家鸽骨骼特点	边观察边讲解
	解剖标本	家鸽消化及循环特点	实验室	提供标本说明家鸽的消化循环特点	边观看边讲解
应用	家庭实验	鸡蛋结构	家庭	观察类比认识鸟卵的结构	观察—讲述
	录像	鸟卵的结构及发育	选编	创设情景	讲解—播放—总结

（二）智能交互媒体应用案例——虚拟现实中的 STEM 学习

STEM 学习，即理工科目的学习，是科学（Science）、技术（Technology）、工程（Engineering）、数学（Mathematics）的总称，指孩子们动手、动脑，综合运用科学、科技、数学、工程等领域的相关知识去处理一个实际问题。沉浸在 3D 环境中能让儿童深入地与更多让人惊叹的东西互动。儿童能够在 3D 世界中吸收信息，同时获得诱人而有趣的体验。表4-7为部分智能交互媒体的信息。

表4-7　部分智能交互媒体及其优势

学科	应用名称	应用优势
生物学	InMind	允许用户参与一个和大脑有关的 3D 冒险任务旅程，寻找导致精神障碍的神经元，而且基本上都是通过一些非常方便的操作来实现整个探险
	VR Human Anatomy	包含整个人体的 3D 模型，让孩子们有机会亲密地接触身体的骨骼、结构和肌肉，并更好地理解人体是如何工作的
化学	化学 VR	该应用程序是将化学科学和收集化学元素的冒险任务相结合，例如如何找到 H 和 O，来组成一个水分子 H_2O

续表 4 -7

学科	应用名称	应用优势
天文学	Titans of Space	具有真正的微型太阳系的模型,只要你需要,在这里都可以探索到丰富的信息,每个星球和空间站都有大量的信息和互动功能
	StarTracker VR	提供最佳的虚拟现实观星体验,将面前的实际夜空与星星及更多的星星图案信息结合在一起
	Unimersiv	重点在于对空间站的科普,从在国际空间站准备飞往月球的故事开始虚拟现实交互设计,使用 VR 的应用来讲述会进行什么训练和流程
工程	CoSpaces	提供了一个创造性的环境,让孩子们能够创建自己的 VR 空间,可以改变物体和角色的选择,它还具有共享功能,可邀请朋友进入自己创建的 VR 环境
科学	EON virtual reality	将 AR 增强现实和 VR 虚拟现实集于一体,有丰富的 AR 小测验和有趣的比赛等,让孩子们能够充满兴味地参与天文学、生物学、解剖学、历史、地理和物理等科目的探索中

第五章　教育传播中的教师与学生

【学习目标】

学完本章后,应能做到:

1.说明下列名词、概念的含义:把关人、教师传播行为、学生传播行为、教师的传播心理、教师诚信、选择性理解、遵从性心理。

2.阐述教育传播中教师、学生所扮演的角色。

3.阐释新时代教师的"新角色"。

4.教师和学生的传播行为及其影响因素。

5.阐释智能时代一个合格教师需要具备的素质。

6.阐明学生的生理、心理、知能和思想品德素质要求。

7.阐述影响教师和学生传播行为的心理因素。

8.阐述师生互动过程及教师与学生互动的类型与特点。

9.能分析师生互动教学案例的优点与不足。

【知识导图】

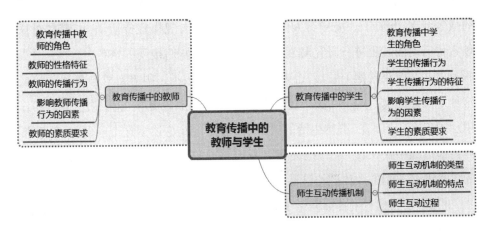

第一节 教育传播中的教师

传播者指的是传播行为的发起人,是借助某种手段或工具、通过发出信息主动作用于他人的人。传播者处于传播过程的首端,对信息的内容、流量和流向以及受传者的反应起着重要的控制作用。在不同类型的传播活动中,传播者的地位和作用是不同的。教育传播是一种特殊的传播活动,传播者称为教师或教育者,其地位和作用有别于其他传播活动类型。

一、教育传播中教师的角色

在顾明远主编的《教育大词典》中,教师角色被定义为:"教师的角色与其社会地位、身份相联系的被期望行为,主要包括两个方面:一是教师的实际角色行为;二是教师的角色期望。"在瑞典教育学家胡森主编的《简明教育百科全书》中,则对教师角色所代表的含义做了三种解释:教师角色就是教师行为;教师角色就是教师的社会地位;教师角色就是对教师的期望。从传播学的视角,教育传播是教师对教育信息的采集、处理、加工和传递的过程,因而教师可看作是"把关人"。

(一)教师是教育事业中的"把关人"

美国社会心理学家、传播学奠基人之一的库尔特·卢因在研究传播过程中传播者的作用时,提出了"把关人"这个概念。第二次世界大战期间,美国为节约战争开支,开展了一场号召人们食用牛下水的大规模宣传活动,卢因在对这场宣传活动的过程进行研究时发现,除非家庭主妇们接受了宣传,把牛下水买回家中并做成菜肴摆上餐桌,否则她们的丈夫或孩子是很难有机会接触并接受这种不习惯的食品的。在这个过程中,家庭主妇实际上起着一种"把关人"的作用。1947年,卢因在《群体生活的渠道》一书中再次论述了这个问题,认为在群体传播过程中存在着一些"把关人",只有符合群体规范或"把关人"价值标准的信息内容才能进入传播的渠道。

卢因认为,信息的传播网络中布满了把关人,这些把关人负责把关,过滤信息的进出流通。实际上所谓把关人就是对信息进行过滤与加工的人,而这种对信息的过滤、加工过程就是把关。施拉姆说:"信息的传播网上布满把关人。记者便是其中之一,他采访法庭案件、车祸、政治示威,决定报道其中哪一些事实。编辑也是把关人,他的面前堆满新闻稿,要决定到底选哪几条。作者要决定写些什么人,描写哪些事,从哪种人生观的角度去写。出版社的主编要决定出版哪一位作家的作品,删改哪些人的稿件。电视或电影编导要决定拍摄哪些镜头。图书馆馆员要决定买些什么书。教师要决定用哪部教科书,用哪一套幻灯片来教学。”总之,在传播过程中,信息是经过多方面的把关人挑选、过滤后,才能通过某种媒体传递给受传者的。

教育传播中,传播者在传播过程中负责搜集、处理、加工与传递信息,把关人就是信息传递线路上有权决定让哪些信息通过的人。把关人控制着信息的流量、流向,影响着对信息的理解。

教师作为教育传播者,是教育信息的主要把关人。在教育传播过程中,传播什么、通过什么渠道传播,主要是由教师决定的。

教师是教育信息的发送者。从这个意义上说,教育管理者和教材编制者也是教师,是不上讲台的教师,他们在教育信息传递过程中,也起着把关人的作用。

在特定条件下,教学机器(如计算机)也可以扮演教师的角色,人们称它们为电子教师、电子导师等。

(二)新时代教师的“新角色”

在2018年9月10日召开的全国教育大会上,习近平总书记态度鲜明地赋予了整个教师群体崇高的历史定位:“教师是人类灵魂的工程师,是人类文明的传承者,承载着传播知识、传播思想、传播真理,塑造灵魂、塑造生命、塑造新人的时代重任。”更高的地位对应着更高的要求。

1.学生学习的促进者和引导者

教的目的是让学生会学、乐学。传统的教学方式中,教师讲、学生听,每节课教师运用一样的时间、相同的方式进行讲授,不能促进与引导学生进行个性化成长。新时代教师不能再把单纯的传递知识作为主要教学任务,而应把形成学生正确的学习态度、学习方法和灵活的知识迁移能力作为主要任务,充分体现学生的主体地位。教师要针对不同层次学生的情况,个性化地设计不同层次的学生需要达到的学习目标,并引导他们形成正确的学习态度、适合自己的学习方法、积极的学习热情,实现个性化学习与发展。

2.学习资源的开发者和建构者

在新时代下,互联网作为新科学技术的代表,成为推动教育革命性变革的重要力量。互联网所承载的海量信息开辟了学生获取知识的新途径。教师已然不再是学生知识的唯一来源,而教师以往仅局限于知识"传声筒"的角色分工也被打破。教师要改变以往照搬教材传授知识的习惯,成为学习资源的开发者和建构者,根据学情对教材、网络等相关学习资源进行分析、整合,创造性地开发和使用教材。

3.教育传播过程的设计者和组织者

教师本着"以学定教"的理念,进行教育传播过程的设计与组织。教师要根据学情和知识发展的逻辑规律以及学生的认知规律,对学习资源进行合理地设计,编制课程设计方案,对教学过程进行有效的组织,通过对学生课堂学习的调查、评价等适时调整教学内容与教学过程,使学生实现知识的生成,获得思维的成长。

4.学生的伙伴、朋友和合作者

传统的教育强调"师道尊严",教师是权威,教育传播过程中,教师把自身的思想情感强加给学生,而不注重学生的情感体验。新时代教师应改变以往传授知识时高高在上的给予者角色,与学生分享知识,结成双向动态的平等合作关系。通过教师和学生间平等对话,两者形成民主平等、互相尊重、互相学习、共同提高的关系。教师与学生之间不仅应实现知识的沟通与合作,更应实现精神上的沟通与交流。

5.科学方法提供者

教师在教育传播过程中教会学生做人,帮助学生形成做人的优秀品质和健全人格的同时,要教给学生分析问题、解决问题的方法,教育学生如何面对复杂的客观实际做好工作,取得成功。合作是成功的基础,学生要在小组学习过程中学会在合作中提高,在合作中双赢,学会换位思考,学会帮助别人。创新是一个人取得成功的核心素质,教师要在学习中培养学生的创新意识、创新精神、创新思维、创新方法。

6. 教学行为的研究者和反思者

教师要自觉主动地对自己的教学行为进行自我观察和研究,发现和分析存在的问题,寻找解决的办法,从而提升专业发展的水平。另外,教师要不断更新自己的教育理念、跟上时代的步伐,不断地对教学进行创新研究,成为教育教学方式的革新者。

二、教师的性格特征

具有良好的性格特征是教师胜任教育工作极其重要的心理条件之一。但是由于各位教师所处的家庭环境、所受教育不一样,知识水平和生活经历不同,性格特征也就不同。苏联教育科学博士科斯佳什金总结多年来观察和指导教师集体的实践经验,把教师划分为四个类型。

(一)理智型教师

其特征是爱好读书,喜欢独立思考。这类教师上课时不拘泥于传统的教学方法,能正确地创设情境,引导学生进行思考,有创新课内外活动形式的心理倾向。

(二)意志型教师

其特征是工作的精确性和组织能力强。这类教师喜欢用命令式的语气提高自己的权威,对学生要求严格,不爱深思熟虑地研讨问题,在科学知识的深度与广度上不如理智型。上课时,他们趋向于预先规定的教学目的和要求,讲课紧凑,系统性强,但往往扼杀了学生的创造性思维。

(三)情感型教师

其特征是与学生联系密切,能对后进生顺利地开展工作。这类教师上课时易受学生情绪影响,易冲动,缺乏自制。

(四)组织型教师

这类教师是真正的多面手,能把各方面的才能融于一身,如注意力的合理支配,良好的记忆,了解学生,有预见性,以及创造性的工作态度。上课时,他们喜欢想象和形容,海阔天空,富有感染力。

不同的教师,有不同的性格特征、不同的教学风格和对学生的不同影响。美国的彼德森等人在 1978 年曾经做过一个研究,他们研究一所小学的教师对学生的影响,发现三位一年级教师对学生智商产生的影响完全不同,见表 5 - 1。

表 5-1　三位教师对学生智商的影响

智商改变（六年后）	教师甲		教师乙		教师丙	
	男	女	男	女	男	女
增加	33%	38%	18%	39%	12%	13%
减少	33%	33%	38%	13%	47%	35%
不变	33%	28%	43%	49%	41%	52%

　　教师甲是位优秀教师,她有较好的业务能力,从不发脾气,不用体罚,很愿意花额外的时间去教学生。她对所教过的学生的智商有增加作用。

　　教师乙的教学能力不错,但她偏爱女生,对女生有增加作用,而对男生则有减退作用。

　　教师丙的教学能力一般,对男生女生都有减退作用。

　　彼德森等人又在此基础上做了进一步的追踪研究,发现三位教师所教的学生,在学校毕业参加工作后,拥有不同的社会经济地位,见表 5-2。

表 5-2　三位教师的学生工作后的社会经济地位

社会经济地位	三位教师教过的学生所占的百分比		
	教师甲	教师乙	教师丙
高等	64%	31%	10%
中等	36%	31%	45%
低等	0	31%	45%

　　根据这项研究,彼德森等人得出结论:不同的教师,对学生有着不同的影响。教师不仅可以影响学生的学校生活,还可以影响他们的将来。

　　教师是教育传播系统中最关键的构成要素,因此,教师应在教育传播实践中,不断完善自己的性格特征,培养健康的教学风格,以便更好地去教育学生。

三、教师的传播行为

　　传播行为是指传播的发起人——传播者把信息传播给受传播者的过程。传播者是借助某种手段或工具,通过发出信息主动作用于他人的人。传播者处于传播过程的首端,对信息的内容、流量和流向以及受传者的反应起着重要的控制作用。教育传播的发起人是教师,教师的传播行为包括教育信息的收集、加工与传递。

（一）教育信息的收集

教育信息的收集,是教师做好教育传播工作的基础。能否完满地进行信息收集工作,将影响到教育传播活动的全过程,影响到教育传播系统整体目标的实现。信息的收集分为三个步骤:一是明确信息收集的目标和内容;二是选择信息源;三是考虑信息收集的方法。

1. 确定信息收集的目标和内容

根据目标确定收集的范围、内容、形式和数量。每门学科都有培养目标和教学目标,每个章节有教与学的目标,教师要根据教与学的目标来收集教育信息,根据确立好的信息收集范围、内容、形式、数量等制定每一步的实施措施。完善的计划有助于收集到全面高效的信息,是圆满完成教育传播活动的重要保障。

2. 选择信息源

信息的选择,必须以明确信息收集的目标、确定信息收集的内容为前提。信息源通常有两大类:一类是天然的信息源,包括自然界和社会现实中存在的各种事物与现象;另一类是人工信息源,包括符号信息载体和机器信息载体。选择信息源时要遵守以下几个原则:

（1）时效性原则。随着时间的延续,某些信息将失去真实性,失去价值。收集时要将寿命周期已经完结的信息进行及时更新,保持其有效性,防止出现过时信息。

（2）准确性原则。教育信息的收集必须客观、真实、可靠。坚持准确性原则即收集的信息要准确、真实,能够反映事物本质,要注意区分事实和看法。

（3）完备性原则。所选择的信息源提供的信息,必须是完备的,能满足实现教学目标所需的数量和种类。

（4）可加工性原则。所选择的信息源提供的信息,必须是可加工的,这样的信息才能便于信息使用者利用。

（5）有用性原则。所选择的信息源提供的信息,必须是对实现教学目标有用的。这是选择信息源时首先要考虑的重要因素。若信息源的有用性得不到保证,信息收集将是无效的。

3. 信息收集的方法

不同类型、不同载体、不同内容的信息往往有不同的流通渠道和分布范围,所以在信息收集时应根据不同的情况采用不同的方法。下面介绍几种信息收集的方法：

（1）仪器记录法（观察法），就是人们用感官或借助其他工具来认识客观事物，通过亲自到现场，借助听觉、视觉或录音机、摄像机记录客观对象的活动。观察法是收集、获取信息的最基本的方法。观察法简单易行、灵活方便，并能获得较为客观的第一手材料。它的缺点则是受到时空条件限制，观察到的信息往往表面化，观察者容易受表面的信息影响而得出非本质结论，得到的信息也比较零散，大量观察到的信息难以量化，使分析增加了难度。

（2）文献检索法，即通过阅读文件、资料、图书、报纸、期刊等收集所需的信息。阅读法的优点在于获取信息方便，获取的信息量大，较为经济；缺点则是资料报刊等信息来源多，信息可能失真，阅读需要花费一定时间，且要对信息进行筛选，判断其真实性。

（3）交换法，是用自己收集和加工整理的信息，与其他教师的信息进行交换，从而获取信息的方法。交换法节省了收集信息的时间，实现彼此间的信息共享。

（4）购置法，指有偿获取信息的方法，一般是从社会信息单位或相关个人处购买。通过购置法收集信息，能获取需要的信息，并且是系统化、专业化的知识信息。相应的，购置信息价格较高，购买的信息可能是虚假的信息或非法信息，所以购买时要慎重考虑。

（5）问卷法，指由收集者向被收集对象提供问卷（设计的问题及表格），并请其对问卷中的问题作答，从而收集信息的方法。使用问卷法收集信息，能避免主观偏见，减少人为误差，节省时间、人力、物力、财力，效率较高，收集的信息也便于定量处理和分析。但问卷的回收难以保证，问卷的质量也难以保证，同时还要求被调查者具有一定文化水平。

（6）网络法，即利用网络进行信息收集，具有迅速、广泛、方便的特点，能收集到最新的信息，收集到的信息不仅有文字的、图表的，还有声像的。当前我国建设有多样化的网络教育资源平台、教育云、教育资源中心等可供教师选择。

（7）调查法，指按预先确定的计划对特定对象进行特定问题的了解。调查法能获取大量的第一手资料，真实性高，收集的信息具有一定的深度。其缺点是需要花费较多的时间和精力。

(二)教育信息的加工

教师的工作不仅在于收集信息,更重要的是提供加工过的信息。教师对教育信息的加工,主要做以下三件事情。

1.将收集的信息进行筛选,使之成为有用的信息

收集的信息对于某课题的教学目标不一定是直接有用的,需要做一番去粗取精、去伪存真的工作,经过分析、鉴别、取舍,使之成为真正有用的信息。

2.将收集的信息进行整理,使之成为有序的信息

未经整理的信息,常常是零乱的、无序的,彼此之间看不出有什么关联,这种初始的信息缺乏直接的使用价值,需要经过一定的信息处理、分组归类,使之条理化、系统化,成为有序的、方便利用的信息。

3.将收集的信息进行编码,使之成为易传的信息

编码就是把收集的信息转换成可以传递的符号和信号。信息本身不能传递,必须通过一定的载体,如声音、文字、图像、动作等,把它转换为符号和信号,才能传递。到底用哪种符号,才能准确地表达教学信息? 到底用哪种媒体,才能有效地呈现教学信息,从而使学生学得快、记得牢? 这是教师在进行信息编码时,必须认真考虑的问题。

(三)教育信息的传递

对于教师来说,收集和加工教育信息主要是为了有效地传递给学生。教师在传递信息时,应注意以下问题。

1.传递的信息要有针对性

提供给学生的信息,应该是他们的确需要或对他们的确有用的信息。

2.传递的信息应是完备的

提供的信息,在数量和质量上,应能满足学生的需要。

3.要注意信息的时效

许多信息具有很强的时效性,即时的信息能有很高的价值,而过时的信息则很可能成为无效信息。一定要注意学生对各种信息需求的时间。

4.要注意学生的反馈信息

教师可以从多方面去获取学生的反馈信息,并据此调整教学内容和进度,或者改变教学媒体与方法,不断提高信息传播效果。获取学生反馈信息的方法主要有以下几种:

（1）课堂观察。在课堂教学中，教师可通过观察学生的表情、行为、反应，去获取学生的反馈信息。

（2）课堂提问或测验。在讲授过程中，教师可提出一些简短问题或测验，以取得反馈信息。

（3）课前课后数据收集分析。教师在传统的教学方法中，通过学生课前预习的效果和课后作业的情况获得反馈信息。随着"互联网＋"及智能设备的应用，教育传播方式进行了创新，学生课前学习和课后复习巩固及个性化学习的全过程数据均被记录，教师通过学生学习数据的分析可以掌握学生的各类反馈信息，从而进行教与学的调整，提高信息的传递效率，取得最佳的教学效果。

5. 要注意克服信息传递中的干扰

教育信息的传递是在一定的干扰下进行的。信息传递过程中都会发生一定的干扰。干扰是和信息传递同时发生的，因此，在信息传递过程中，始终要与干扰现象做斗争。克服干扰的方法，主要有重复传递、核对传递、多通道传递等。

四、影响教师传播行为的因素

传播者的传播行为受其所处的群体、组织、制度、规范、语言、文化等环境的影响。教师作为教育传播过程的传播者，受到政治法律、社会文化等因素的影响。

（一）政治法律因素

教师的传播行为必然受到所处社会的政治制度的约束。政治是一种综合性的因素，是社会各方面的综合体现。任何一个教师总是生活在一定的政治背景中并受其影响。

政治因素包括社会政治制度、经济制度。国家的教育制度、教育目的和教育内容的制订取决于国家的社会政治和经济制度等。教师的传播行为必须符合国家的政治要求。

法律是由国家制定或认可并以国家强制力保证实施的，反映由特定物质生活条件所决定的统治阶级意志的规范体系，是以权利和义务为内容，以确认、保护和发展对统治阶级有利的社会关系和社会秩序为目的的行为规范体系。教师的传播行为也必须遵守和符合一定的法律规范。法律因素除了宪法、民法典和刑法等外,还包括许多与教育相关的法律法规,如教育法、义务教育法和高等教育法等。我国已经颁布了如《中华人民共和国教育法》《中华人民共和国义务教育法》《中华人民共和国高等教育法》等。我国教师的传播行为必须遵守相关法律,符合法律规范的要求。教师的传播行为不仅受到法律的约束,同时受到相关法律的保障和保护。

(二)社会文化因素

社会文化是以社会文明为核心,包括人类意识活动的一切内容。社会文化既是整体的人类同外在自然环境相互作用的结果,也是个体的人同整体的人类社会相互作用的结果。社会文化的重要性在于:如同自然对于人的限制一样,它不单将人的存在同自然融为一体,而且将个体人的存在同整体的人类社会的存在融为一体。

社会文化因素包括两方面的含义,即社会的价值标准体系和社会文化。一个人的各种行为必然受到其所处社会的价值标准的影响,同样,教师的教育传播行为也会受到这种影响。如西方的教师在进行教育传播活动时,必然受到西方社会所认可和推崇的社会价值标准的影响。这种社会的价值标准将会影响到教师对于教育信息的传播。同时,教师所处的社会文化,如宗教信仰、生活方式等,也制约和影响着教师对于教育信息的收集、加工和传递。

(三)其他因素

除了上述政治法律和社会文化因素外,还有一些因素也影响着教师的传播行为。

1. 信息价值因素

即信息是否具有较强的教育传播价值。

2. 组织因素

教育传播者所在的学校由于办学方向、办学目标、办学功能、教育对象等有所不同,教师的传播行为必然受到所在学校的各种要求、规范、传统、标准等因素的影响。

3. 受传者因素

教师的传播活动必然受到传播对象(学生)的影响。

4.技术因素

在教育传播过程中,一些技术条件、技巧水平等也影响着教师对于教育信息的收集、加工和传递。

5.传播者个人因素

教师作为教育传播者,一些个人因素也影响着教师的传播行为:教师的世界观、价值观;教师的个性特征,如其个性、创造力、经验、能力等;教师的个人传播方式,包括编码方式与水平、教师的传播能力。

五、教师的素质要求

素质就是一个人在社会生活中思想与行为的具体表现。素质指一个人在政治、思想、作风、道德品质和知识、技能等方面,经过长期锻炼、学习所达到的一定水平。它是人的一种较为稳定的属性,能对人的各种行为起到长期的、持续的影响。素质是判断一个人能否胜任某项工作的起点,是决定并区别绩效差异的个人特征。

(一)教师素质

教师素质,又称教师专业素质,是指能顺利从事教育活动的基本品质或基础条件,是教师在其职业生活中调节和处理与他人、与社会、与集体、与职业工作关系所应遵守的基本行为规范或行为准则,以及在这基础上所表现出来的观念意识和行为品质。

有人曾对一个优秀教师应具备的素质进行过调查,综合这些调查结果,发现这些素质是:有责任感;教法生动有趣,容易领悟:重视学生能力培养;知识面广;有组织能力;对学生一视同仁;不刺伤学生的自尊心;敢于创新,有进取心;理解当代学生的思想;具有幽默感。

师德是教师素质的核心。教师素质主要由教师职业理想、教师职业责任、教师职业态度、教师职业纪律、教师职业技能、教师职业良心、教师职业作风和教师职业荣誉八个因素构成。

(二)教师必备的素质

一个合格的教师必须具备以下几个素质:

1.热爱教育传播事业

对教育传播事业的热爱,是教师搞好教育传播工作的前提。一个教师如果不热爱他所从事的事业,就会失去工作的动力和责任心,就不会为之奉献自己的时间和才能,去进行创造性的劳动。

热爱教育传播事业,具体体现在热爱学生上。教师对学生的爱,是一种巨大的教育力量,也是一种重要的教育手段。教师只有热爱学生,才能教育好学生,才能使教育传播发挥最大限度的作用。

2. 具有比较渊博的知识

渊博的知识包括:所教学科的知识、普通文化科学知识、教育传播科学的知识、多方面的兴趣和才能等。

(1)扎实的学科知识

教师应具有所教学科的全面而扎实的专业知识和技能。首先,教师要对所教课程的知识和技能有全面而扎实的掌握。其次,教师在全面扎实掌握的基础上,要进一步精益求精。最后,教师要在掌握所教课程的基础上,进一步扩展相关领域的知识。

(2)文化科学知识与才能

教师应具有广博的文化科学知识与多方面的兴趣和才能。首先,教师具有广博的文化科学知识与多方面的兴趣和才能是充实和丰富教育教学和提高教育教学水平的需要。其次,教师具有广博的文化科学知识与多方面的兴趣和才能是满足中小学生好奇心、求知欲以及发展学生多方面兴趣和才能的需要。最后,教师具有广博的文化科学知识与多方面的兴趣和才能,是指导学生课外、校外活动和生活的需要。

(3)教育传播科学知识

教师必须具有传播学、教育理论知识,并有把它运用于实践的能力,应该掌握教育学、心理学、各科教学法知识。教师在学习教育科学知识的同时,要注意联系教育教学实际,培养自己把理论应用于实际的能力,使教育科学理论真正发挥作用。

3. 掌握教育传播技术

教师需要掌握的教育传播技术,主要是媒体传播教学法、语言传播和非语言传播的技术等。

媒体传播教学法,是指教师使用媒体传播教学信息的工作方法。教师应善于使用多种教育媒体，以不断改进教学，提高教学效率。教育媒体是人体的延伸，教育媒体的应用，可以大大提高人体的教学功能，有助于实现教育传播过程的优化。

掌握语言传播和非语言传播技术，也是教师应具备的素质。教育传播的效果，主要是由语言传播的好坏来决定的。语言传播主要是指教师讲话、学生听话、师生对话。非语言传播主要指动作的传播，包括人的身体动作、人所用的物件、人对时间空间的利用等。语言传播在教育传播中的重要意义是一目了然的。非语言传播也很重要。美国学者伯德惠斯特是一位研究非语言传播的著名学者，据他估计，在两个人传播的场合中，有65%的信息是用非语言传播来传递的。不过，专门研究非语言符号的艾伯特·梅热比指出，语言可以传递任何信息，而非语言符号传播的范围是有限的。

4. 具有高尚的道德情操

教师的高尚道德情操，主要表现在对人公平、正直、热诚、耐心、有责任感、仪表端庄等。

教师的仪态，对于教育传播的效果有很大影响。有人总结多方面的研究，认为一个优秀的教师应具备的仪态有下列几点：健康的体格；端正的容貌；整洁的仪表；安详的举止；流利的语言；适当的礼节；愉快的表情；文雅的风度。教师应自觉加强这方面修养。

5. 教育机智

教育机智是指教师对教育传播活动的敏感性，是教师在教育传播活动中特别是突发事件情况下，快速反应、随机应变、及时采取恰当措施的综合能力。这些突发事件一般具有三个方面的特点：难以预测；对教学传播活动过程具有强烈的冲击作用，甚至严重影响师生的情绪；指向教师，即必须由教师来亲自解决。正是由于教学突发事件能给教学传播活动和教师威信带来严重挑战，所以教师应该具有很好地处理这些突发事件的教育机智。具体而言，教师应善于因势利导，善于随机应变，善于"对症下药"和善于把握分寸。

6. 良好的言语表达能力

教师的言语表达能力是指教师借助语言、文字等表达教育教学内容和自己思想感情的能力。它包括口头语言表达能力和书面语言表达能力两方面，其中口头语言是课堂教学的基本媒体，具有特别重要的作用。

7.多方面的组织管理能力

教师的组织管理能力是指教师对教育教学情境的组织、领导、监督和协调的能力。

(三)大数据＋智能技术教育环境下教师的素质要求

随着大数据、区块链、物联网、5G、VR/AR、数字孪生,尤其是人工智能(AI)等的迅猛发展,大数据与智能技术融入课堂,赋能教育,不断重塑教学形态,带来学习环境、知识生产、传播方式与教学形式等的深刻变革。面对教学形态变革,教师除了要有前面阐述的必备素养外,还必须具备相应数据素养和智能素养。

1.数据素养与智能素养的定义

数据素养是在大数据环境中个体具备的数据意识,能够有效获取、合理分析、正确解释、创新使用数据,并利用数据进行交流与决策的能力,以及对数据的批判性思维能力。

智能素养则是数字素养内涵的具体表现之一,可视为在智能化环境中个体对 AI 所持的积极态度,主动掌握 AI 知识与技能,遵守 AI 伦理道德,利用 AI 技术创造性地解决问题,并科学应对人机协同挑战的能力。

2.教师所需的数据素养与智能素养

在众多相关研究基础上,有研究者提出了较为完善的教师数据素养与智能素养构成,具体如表5-3所示。

表 5-3 教师所需的数据素养与智能素养

类别	指标	主要内容
意识与概念	技术认同	对 AI 等新技术具有较强的敏感度,意识到技术对个人与社会发展的影响,认可并支持使用大数据与智能技术
	教学意识	理解信息化教育政策和智能时代的教学诉求,认识到大数据与智能时代教师角色的转变及教学方法、教学模式等的变化,具有教学探索意识
	态度价值观	能正确看待大数据与智能技术,保持技术理性,充分认识智能技术的优势及其潜在风险
	目标追求	具有利用大数据与智能技术完善自身专业发展的想法,具有促进学生依托大数据与智能技术进行发展的观念

续表 5 – 3

类别	指标	主要内容
知识与技能	基本知识	了解大数据数与人工智能的概念知识、理论知识、技术知识、工具知识、功能知识及属性特征知识
	教学知识	理解智能技术与学科知识整合、教学设计、教学模式、教学策略之间的关系,具备虚拟教学、沉浸式教学、人机协同教学、混合式教学等教学模式知识
	技术技能	掌握基本 AI 技术及其在教学中的应用技能,掌握数据的收集、清洗、解释、管理等技能,具备大数据与人工智能教学软件、教学设备、学习平台、社交软件等的使用和维护技能
	决策技能	具有在 AI 的帮助下监测、分析、挖掘、使用数据的技能,具有将数据转化为信息、将信息转化为教学知识,采取行动或调整自己实践的能力
高阶思维能力	人机协同思维	能正确理解人机关系,充分认识人和智能机器的长处与不足,做好人机之间的任务分工,并发挥自身主导作用,在人机互动中做出合理决策
	批判性思维	能批判看待其发展,认识到 AI 的弊端,批判性地评估机器建议,能进行符合逻辑性的分析、推理、判断和决策
	创造性思维	能主动发现大数据与智能技术在教学应用中的问题,从新颖的角度分析问题,激发思想,提出创新想法和解决方案
	问题化思维	善于从教育教学数据中发现问题,并遵循"识别问题—理解问题—寻求路径—确定解决方案"的问题解决思路
教学应用能力	学习与发展	能利用大数据与智能技术支持自身学习和发展,通过开展教研活动解决专业发展问题,实现自我成长
	教学环境应用	能在智慧校园、智能教室、虚拟实验室等环境中利用物联网、云计算等技术进行个性化教学
	教学资源整合	能对跨学科、跨领域的数字教学资源(电子教案、课件、微课、视频等)进行融合,能整合、修改、设计出不同形式的教学资源,并对其进行有效管理与应用
	教学实施	能根据教学目标采用适切的教学模式,利用大数据与智能技术对课堂教与学活动进行科学管理,指导学生进行自主学习与合作学习
	教学评估	能利用大数据与智能技术对课程和教学进行精准诊断和评估,能引导学生进行自评和他评,能根据评估结果提出针对性的教学改进方法

教育领域的大数据来自整个教学活动,有横向数据和纵向数据、过程数据和结果数据等方面,涉及对数据的采集、清洗、加工、计算等环节。此外,数据驱动决策需要依赖于大量的数据,海量数据可以提高数据决策的准确度与可信度,在此过程中,教师的数据能力可以借助 AI 得到增强。因此,教师只有具备数智融合意识,养成基于数据进行思考与行动的习惯,才能提高教育教学决策的科学性与针对性。

六、教师的传播心理

在教育传播过程中,教师的心理对于教育传播活动的成败起着十分重要的作用,不仅直接影响着教师的教育传播活动,而且作为一种巨大的教育力量潜移默化地影响着学生。

(一)动机与兴趣

教师的动机是推动教师进行教育传播活动的原因,教师的兴趣是激励教师从事教育传播活动更积极、更活跃的因素。在教育传播活动中,教师的动机和兴趣直接影响到教师的教育传播活动。教师的动机将会影响到教师所进行的教育传播活动的性质,教师会按照自己的传播目的去组织和进行教育传播活动,教师对于教育信息的选择和组织、对教育传播媒体的选择等都要以达到其传播目的为准。同时,教师的兴趣也会影响到教师对于教育信息的选择与收集、加工、传递。教师在选择和收集信息时,愿意选择和收集自己感兴趣的信息,而对于自己不感兴趣的信息,不容易注意;在加工信息时,对自己感兴趣的信息加工程度较深,而对自己不感兴趣的信息往往不做深加工;在传递信息时,教师愿意传递自己感兴趣的信息,而不愿传递自己不感兴趣的信息。

(二)情绪和情感

情绪和情感是对客观事物与个人需要之间关系的体验过程。凡是符合个人需要的客观事物,就会引起愉快的体验。例如,饥饿者吃到食物感到高兴,父母看到孩子健康成长感到欣慰。凡是不符合个人需要或阻碍个人需要满足的客观事物,就会引起不愉快的体验。例如,失去亲人感到悲痛,遭到别人攻击感到气愤。"高兴""欣慰""悲痛""气愤"等都是指情绪体验。情绪与情感表示的是同一个心理现象,在不同场合使用时,情感常常表示体验稳定的一面,情绪常常表示体验动态的一面。二者是同一过程的两个侧面。教师的情感,包括对学生、教育传播内容等的情感,会影响到教师的教育传播行为。如教师对于自己喜欢的学生,会比较耐心地进行教育传播活动,反之则不会;教师对于自己喜欢的内容,容易传播,反之则不会。同时,教师对某一事件的情绪反应也会影响到教师的教育传播活动。教师在高兴、兴奋时,会更加耐心、细致、深入地进行教育传播活动,反之则不然。

(三)意志

任务繁重、艰巨的教育传播活动要求教师有顽强的从事教育传播活动的意志。教师的意志特点主要表现为以下三个方面。

1. 完成教育传播任务的坚定性

具体来说就是,完成教育传播任务的明确目的性和力求达到这一目的的坚定性。教师的这种意志品质是动员自己的全部力量以克服工作困难的内部条件。它能使教师在任何时间、任何情况下都能自觉地、主动地坚持做好教育传播活动。

2. 处理问题的果断性

教师的这种意志品质既表现为善于保持头脑清醒,能够明辨是非,迅速合理地做出决定并坚决执行,也表现为当情况有了变化或发现自己的决定是错误时能立即停止或改变已做出的决定。教师的果断性是与其深谋远虑和当机立断相结合的。它是建立在对事物的深刻了解、周密考虑而具有充分根据的基础上,以思维的批判性和敏捷性为条件,与草率从事、刚愎自用毫无共同之处,后者恰恰是意志薄弱的一种表现。

3. 沉着、自制和耐心

教师的这种意志品质,表现在善于控制自己的情感,抑制无益的激情和冲动,也表现在坚持不懈地了解和教育学生,还表现在对学生所提要求的严格、明确和不断督促、检查。

(四)教师的威信

教师威信是指通过教师一贯的言行表现出来的受到学生尊敬和信赖的优秀品质。威信与"威严"不同。前者使人亲而近之,后者则使人敬而远之。从学生的心理角度讲,教师的威信可以说是教师的品格、能力、学识及教学艺术等各个侧面在学生心理上所引起的信服而又尊敬的反应态度。一般来说教师威信来源于三个方面,即教师的学识威信、人格威信和情感威信。教师的威信是由教师的资历、声望、才能与品德等决定。

教师威信是影响其教育传播活动成效的重要因素,是完成教育传播任务的一种重要推动力。教师威信之所以具有这样大的影响,主要是因为:第一,学生确认教师传播的真实性和指导的正确性,从而表现出掌握知识和遵从指导的主动性;第二,教师的要求可以较容易地转化为学生的需要,这就增强了学生学习和培养自己优良品质的积极性;第三,教师的批评或表扬能唤起学生相应的情感体验;第四,学生把有威信的教师看作自己的榜样,教师的示范也就可以起到更大的教育作用。

第二节　教育传播中的学生

在大众传播研究中,受众指的是大众传媒信息的接收者或传播对象。受众是一个集合概念,最直观地体现为作为大众传媒信息接收者的社会人群,如书籍、报刊的读者,广播的听众或电影、电视的观众,网络媒体用户等。在教育传播过程中,受众是学生。

一、教育传播中学生的角色

学生扮演着两种角色,既是教育信息的受传者,又是反馈信息的传播者。

在教育传播过程中,学生一方面是教育信息的接收者,要在教育传播过程中选择与接收教育信息,对接收到的教育信息进行译码;另一方面,又是反馈信息的发送者,即反馈信息的传播者,要在接收到教育信息并对其进行译码和处理之后,发送反馈信息,以帮助教育传播者调控教育传播过程。

(一)知识信息的接收者

学生作为知识信息的接收者,应通过多种渠道,充分使用各种教育传播媒体,尽可能多地接收教育信息,使自己得到最大限度的发展。但学生也不能仅仅止于接收知识信息,更要充分调动自己已有的知识和加工信息的能力对接收到的知识信息进行加工,把它们转化为自己的知识。

(二)意义互动者

意义互动,是一个互动双方通过象征符来交流或交换意义的活动,指的是人与人之间通过传递象征符和意义而相互作用和相互影响的过程。由于象征符与意义是一个统一体,所以有的学者将象征性社会互动称为符号互动。象征性社会互动,对传播者而言是其为发出的符号赋予的含义和对符号可能引起的反应的预想(意图);对受传者而言是他对传来的符号的理解、解释和反应。

在教育传播活动中,学生与教师之间存在着意义互动。例如,教师向学生传递某个知识点的内容,使用的是文字符号,而文字所表达的内容以及这些内容所体现的意图便构成了教师所要传递的意义;学生接收到文字符号后,不但要理解其中的字面意义,还要与自己头脑中已有的知识建立联系,接受新知识。在这个过程中,教师与学生的意义活动产生交流或碰撞,作为互动的结果,教师传递的知识或被接受理解,或不被理解。当学生存在问题时,可以利用语言、文字等多种形式向教师传递信息,与教师进行互动。

由于学生处于这种双重的地位,学生就成了教育传播能否取得效果的关键。同时,学生作为反馈信息的发送者,其主动性与教育传播效果(学生的学习效果)的好坏密切相关。

二、学生的传播行为

在教育传播过程中,学生的传播行为主要表现为接收传播信号、进行译码、输出与反馈信息等。

(一)接收传播信号

在教育传播中学生接收信息(准确地说,接收的是传播的信号),不只限于教师的口头传授,而是在教师的指导下,通过各种教育活动去接收。学生接收信息的渠道很多,主要有以下几个方面。

1.阅读教科书和参考书

教科书是依照教学大纲编写的,是学生在教育传播中获得知识的主要来源,特别是在远程教育传播和自学传播中,主要是依靠教科书来进行系统学习的。对于课堂教学传播,虽有教师的课堂讲授,但阅读教科书仍是不可缺少的重要环节,学生在上课前利用书本进行预习,课后要进行复习,通过阅读书本及时消化、巩固,并把知识系统化、条理化。所以培养学生的读书能力,要使其掌握正确的读书方法,才能使学生从教科书这一重要传播渠道获取知识,完成学习任务。

阅读教学参考书,能扩大学生的知识面。教师应指导学生选择参考书并指导正确的阅读方法。对于不同的阅读要求可以有不同的阅读方法。比如,为了迅速了解书本的中心思想,或者从书中寻找某种资料,可以采用泛读的方法,即快速浏览的方法,尽快地移动视线去扫视材料,充分运用书本中的标题、摘要和不同形式的印刷体等有利因素来提高阅读的速度。对于书本中的重要内容,要采用精读的方法,即围绕一个中心深入钻研,专心致志地系统阅读。

2. 认真听取教师的课堂讲授

对于课堂教学传播,讲授是教师利用口头语言向学生传授知识的重要渠道,它不是简单地重复书本知识,而是针对学生的接受程度,对书本知识进行补充与深化,并指导学习方法。因此,学生在听取讲授时,不仅要充分调动听觉的积极性去认真听,接收语言符号传送的信息,而且也要调动视觉去接收教师的表情与姿态等非语言符号传送的信息意义。

3. 使用多种教育传播媒体

除了教科书和教师讲授这两个主要渠道外,在现代教育传播中,还会采用多种多样的传统的与现代的教育传播媒体去传送教学内容,如实物、标本、模型、图片、图表的演示,各种实验过程的示范,利用多媒体呈现事物的图像与声音等。网络已经成为一种重要的教育传播媒体,网络上充满了大量和我们的教学内容有关的信息,学生应该学会使用网络进行学习。教育传播媒体的运用,大大增加了教学内容的形象性、具体性、直接性与真实性。学生应培养和提高正确使用媒体的素养,善于使用多种教育传播媒体进行学习,从而取得较好的学习效果。

4. 充分利用视听大众传播媒体

现代社会已经是一个信息社会,青少年的课外时间大部分用于视听大众传播媒体,特别是看电视、上网等,因此,不能忽视学生从这些渠道接收的传播信息。正确引导学生去视听,对扩大学生知识面有积极作用。同时,要防止时间安排不当或视听不健康的内容而对青少年成长产生的消极作用。特别是网络中,在充满大量有用信息的同时,也充斥着大量的不健康的、有害的信息,对此我们应该特别重视。教育传播工作者,应充分发挥大众传播媒体的积极因素,使学生能从这一广阔的传播渠道中获取有益的、健康的知识信息。

5. 亲自参与教学实践和社会活动

学生亲自参加教学实践活动和社会活动,能用视、听、触等全身的感官去广泛接触社会的人与物,所以也是学生获取教育传播信息的重要渠道。学生亲自动手做实验,进行专业设计,参加生产劳动、社会调查、学校社团活动和班级集体活动等,既能获取知识信息,又培养了操作能力,锻炼了人际交往的能力,它是培养全面发展的适合社会需要的人才所不可缺少的环节。教育传播工作者，应重视做好这些活动的组织与指导，为学生提供更多机会去接收信息，增长知识与能力。

（二）进行译码

学生作为教育传播过程的译码者，接收到传播信号后，要将传播信号转换为信息意义。

1. 将信号转换为符号

学生感觉器官接收到的仅是事物与媒体传送的信号，如看书，眼睛接收到的是书本中白纸黑字的光信号，这一光信号的刺激经神经系统传至大脑，在大脑中经过加工才转换为符号。

2. 将符号解释为信息意义

这一过程是在大脑中将符号和已存在的经验进行比较、分析、判断，得到符号的信息意义。

（三）输出与反馈信息

学生在接收和进行信息译码的中间和之后，会伴随着产生一些行为，这些行为所代表的信息，是一种教育传播效果的信息，也称为教育传播过程的输出信息。若这些信息的全部或一部分反作用于教育传播过程，它们就被称为反馈信息。反馈信息被用于调控教育传播过程，使教育传播效果能达到预期的目标。

1. 输出信息的行为表现

首先是接收传播信号时的外显行为。一是注意力，表现为是专心致志、集中注意力去视听或操作，还是东张西望注意力不集中，或者完全不加理睬；二是喜爱程度，表现为对传播信号是喜爱、感兴趣还是厌恶，如喜爱者会尽可能靠近信号源，以期更有效地接收传播信号。

其次是在进行译码工作时的外显行为。具体表现在是否认真思考问题，在表情姿态上是否有静思、点头、摇头，或者及时提出不同的见解等。

最后是信息译码后的效果行为。一是知识的积累，表现为对新增的知识能否记忆、理解、应用，以及进行分析、综合和评价；二是能力的提高；三是观点、情感的改变，如世界观、人生观、对人对事的感情和态度的变化。

2. 教师取得教学反馈信息的方法

在教育传播中，特别是在课堂教学传播中，传播者（教师）应及时准确掌握

受传者(学生)的反馈信息,去调控教学传播过程。教师获取学生反馈信息的常用方法有:

(1)观察学生的行为表现。如是否专心、注意力集中,对传播内容是否感兴趣等。

(2)提出问题请学生回答。适时提出一些有启发性、代表性的问题,请学生回答,及时得到教育传播效果的反馈信息。

(3)给学生布置练习与作业。给出形成性练习,让学生在课堂上或课后回答,能较准确获得是否达标的反馈信息,但时间上却要迟滞一段。

(4)考试。通过考试能较为全面、准确地获得学生的反馈信息,但时间迟滞更长,难以及时用于调整教学传播过程。

(5)从学生学习过程大数据中获得学生的学习行为、学习态度、学习风格、学习效果等数据。

三、学生传播行为的特征

学生作为受传者在教育传播过程中接收、译码、输出与反馈信息,但学生接收信息不是机械的、被动的。在大多数情况下,学生是主动地接收信息,甚至是选择性地去接收与理解信息。其传播行为的特征主要有以下三个方面。

(一)目标性

教育传播中的学生,区别于大众传播中的受众,他们接收的信息内容有一定的规定性。

1.接收信息要符合培养目标的规定

学生接收的信息内容,要符合教育方针的规定。在我国现阶段,要把学生培养成德、智、体、美、劳等方面全面发展的劳动者。据此,各级各类学校制定了具体的培养目标和课程设置方案,规定了每门课程的教学大纲和教学目标。因此,学生在学习每门课程、参加学校组织的各项教育活动时,应该按这些培养目标的规定去接收信息,形成合乎目标的知识、能力与素质结构。教育传播不像大众传播,大众传播的受众可以有很大的随意性,没有任何规定要求观众看了电视要达到什么目标。

2.学生的传播行为是有组织、有计划进行的

教育传播是有组织、有计划进行的信息传送与交流的活动。学校的课堂教学传播,是按照预先安排的时间,以班级集体形式进行授课、实验、作业、考试等

活动的。在广播电视远程教育传播中,也是学校按计划播放课程的教育节目、寄送辅导资料,学生有计划地在网上按时交作业等;在网络远程教育传播中,学生一般也是按照事先的教学活动设计,有组织、有计划地进行学习;至于个别自学,也得与社会的各种学习资源相配合,安排自学进度,定期去参加自学考试。因此,在教育传播中,学生要有很强的组织性,积极参与按计划安排的教学活动,才能确保完成学习目标要求的学习任务。

(二)主动性

学生的传播行为是一种目标性行为,是按规定有组织、有计划地去完成学习目标要求的学习任务。这是有压力的,但不应是被动的。作为学生,应当树立正确的学习动机,主动、自觉地进行学习,才能很好完成培养目标要求的学习任务,并且自觉地提出更高的学习要求,如主动地去选修计划外的新课程,主动去组织或参与课外的科技活动,主动去参与各种社会活动等,这些都充分体现了学生在教育传播中的主动性。

(三)选择性

教育传播中,教师按教学培养目标去传播教学内容,但学生对某些传播内容还可能会出现选择性接受、选择性理解和选择性记忆的行为。这是因为学生在接受传播之前,已经有了自己本身的一定经历、兴趣爱好,并且对事物具有一定看法。因此当遇到不同于自己看法的传播,往往很可能会误解、曲解这种传播内容。这是由于学生已经有了本身的"预设立场",他们以自己的信仰、态度、价值标准和文化背景作为判断的标准。这种现象是教育传播中的重要干扰因素之一,成为传播的障碍,影响教育传播效果。

四、影响学生传播行为的因素

从人口统计学的角度来看,受传者的属性包括性别、年龄、籍贯、民族、职业、学历等;从社会关系意义的角度来看,受传者归属于一定的群体,如家庭、单位、团体、政治、经济和文化的归属等。受众个人的属性不同,意味着他们社会环境、社会地位、价值和信念、对事物的立场观点和看法、心理特点和文化背景等都有很大的差异。学生作为教育传播过程的受传者,其传播行为也受到以上多种因素的影响和制约。

(一)社会文化因素

学生所处的社会环境、文化背景会影响学生的传播行为。由于社会环境、社会地位、文化背景、家庭背景不同,不同的学生对传播内容的选择、在传播媒体的使用上会有所不同,对相同的传播内容会产生不同的看法和态度,这会影响学生对于教育传播系统所传播知识的接受与理解。

(二)知识因素

1.知识基础

学生要接受教师的传播内容,必须具备接受传播内容的知识基础。例如,没有接触过计算机的学生不可能听懂计算机科学专业的课程,中文专业的学生很难听懂高等数学课程。此外,即使知识水平相当,学生在听课之前对教师所要讲解的材料不进行准备和预习,不去了解基本背景知识,也不可能有效地接受教师所传播的知识或信息。

2.解码能力

对教育传播系统所使用的符号,如口头语言符号、书面语言符号、图像符号、目视符号等,学生如果解码能力不强,就很难获得所需要的信息。比如,一位教师讲课使用方言,就会给不少学生造成解码困难,或造成理解错误。再比如,让一个没有看过电视的学生通过电视教材学习,也不会取得很好的效果。

(三)心理因素

学生的心理因素对学生的传播行为有重要影响。一是重视学习动机,学生只有保持一种持久的学习动机,才能有效地接收教育传播系统所传播的教育信息。二是要懂得感知、记忆和个人心理活动的规律,知道怎样才能进行有效感知,如何进行记忆,怎样才能提高理解的效率,等等。此外,像学生的兴趣、情绪、个性等都会在一定程度上影响学生的传播行为。

(四)其他因素

还有一些因素也会影响到学生的传播行为,如学生的健康状况、学生的学习能力,等等。

四、学生的素质要求

在教育传播过程中,学生是受传者,他们应具备哪些素质,才能在获得信息、加工信息等方面处于最佳状态,取得良好的学习效果呢? 学生自身是一个信息体,来自各种渠道的教育信息作用于学生,学生对这些信息是全部接收,或是部分地接收,或是全部不能接收,甚至是抗拒接收,对接收到的信息能否去加工处理,加工的程度如何,能否转化为自身的知识与能力,都要求学生在生理上、心理上、知能结构上及思想品德上具备一定的素质要求。这些素质,有些是先天的,但大部分是依靠后天去养成的。

(一)生理素质要求

接收信息方面,要求学生的感觉器官,如眼、耳、口、鼻、舌等器官,发育要正常,特别是视觉和听觉器官是信息输入的主要渠道,人接收到的信息大约有94%是通过视觉和听觉器官输入的。生理上有缺陷,如近视、色盲等,将在一定程度上影响教育信息的接收;如果生理上有严重缺陷,如盲人、聋哑人等,则完全不能按正常人的方式去接收教育信息。盲人只能用听觉和触觉等通道,聋哑人只能用视觉和触觉等通道,去接收盲文、手势语等传送的教育信息。由此可见,感觉器官是学生进行有效学习的前提和基本条件,应保持先天拥有的感觉器官处于良好状态。比如,不要在光线不足的环境下看书,更不要躺着看书,在声响过大的场合对耳朵应采取防护措施等。现在不少学生都戴上了近视眼镜,这应引起重视。

每个人的神经系统和大脑是有差异的,但通过后天的学习,它们的生理结构与知能结构还是发展的。因此,对这些器官既要保护,更要运用,这样才能充分发挥它们的功能。

身体健康是保证各种器官正常进行信息接收与加工的前提。因此,学生应加强体育锻炼,讲究卫生,预防疾病,保证有健康的身体、旺盛的精力,投入到学习活动中去。

(二)心理素质要求

学生在学习中的信息接收与加工过程,不是一种机械的过程,而是一种人的心理过程,只有调动学生心理的积极因素,才能有效地进行学习。学生作为教育传播过程的受传者,应积极、主动地去接收与加工信息。这就要求学生:

(1)树立正确的学习动机,加强接收与加工信息的主动性与积极性。

(2)培养广泛的兴趣与爱好,广泛地接收来自各种教育传播渠道的信息。

(3)集中注意力,保证最重要信息的输入与加工。

(4)具备良好的观察与接受事物的能力,充分发挥感觉器官的功能。

(5)要有积极思维的习惯,使输入信息得到及时有效的加工。

(三)知识能力素质要求

施拉姆传播模式指出,传播者与受传者互相沟通,要有共同的经验范围。

学生进行有效学习,应具有一定的素质要求。

1. 社会经验。学生应有机会多走出家门、走出校门,接触社会、大自然中的人与事物,参与各种社会生产以及科技活动,积累丰富的经验,这是提高学生接受能力和理解能力最有效的途径。

2. 基础知识。主要指运用传播符号与媒体的知识与能力,如从最基本的听、说、读、写、算到使用各种各样的传播媒体(包括网络等现代媒体)的知识与能力。学习任何一门新的课程,都有基础知识的要求,只有打好扎实的基础,循序渐进地学习,才能事半功倍。

3. 动手能力。不少课程要通过动手操作才能完成学习任务,因此要熟练掌握基本操作的技能与技巧。

4. 人际交往能力。在课内外,要善于与教师和同学、与社会各阶层人士进行交往,敢于暴露自己,敢于提出自己的观点与见解,善于发问,虚心听取别人的意见。

五、学生的传播心理

学生作为教育传播的受传者,在教育传播过程中有两种重要的心理特征:一种是选择性心理,这是学生作为独立的个体在教育传播中采取的心理策略;一种是遵从性心理,这是学生作为学生群体中的个体在教育传播中采取的心理策略。这两者中,前者具有主动性的特征,而后者具有被动性的特征。

(一)选择性心理

社会学家、传播学家伊莱休·卡茨和拉扎斯菲尔德在 1955 年出版的《个人影响》提出了"中介因素"的概念,认为制约和影响大众传播效果的"中介因素"主要有四种,其中最重要的是选择性接触机制——包括选择性注意、选择性理解和选择性记忆三个层次。这个机制的存在,说明受众对某些媒介或内容具有回避倾向,而被回避的媒介和内容是很难产生效果的。

1960 年,美国传播学者约瑟夫·克拉帕在《大众传播的效果》一书中,将受传者的选择性心理归纳为选择性注意、选择性理解和选择性记忆。教育传播的受传者(学生)在教育传播过程中也存在这样三种选择性因素。

按照沃纳·赛弗林的传播理论,"受众的选择过程可以分为四道围墙的防御,最外层的防御是选择性接触,接下来的是选择性注意,多面手是选择性理解,最里层是选择性记忆"。信息经过一层层地选择,方可达到其所要的效果。

其关系如图 5 - 1 所示。

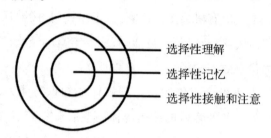

图 5 - 1　选择性接触和注意、选择性理解与选择性记忆的关系

1. 选择性接触和注意

受众在接收信息时,会自觉不自觉地注意那些与自己原有观念、态度和价值观相吻合的信息,或自己需要与关心的信息,同时,也会主动地逃避和排斥那些与自己观念相悖的信息,或是那些与己无关的或自己不感兴趣的信息。

在一些社会科学课程的教学传播和做思想教育工作时,这种选择性现象是很明显的。从媒体的选择上讲,受传者一般愿意选择自己习以为常和喜爱的媒体;从传播的内容上看,受传者一般会选择能够支持其信念和价值观的信息,以减轻认知上的不和谐;从传播的形式上看,不同的人也有不同的选择取向。

尽管受传者的注意是选择性的,他可以选择和注意与自己有关的或自己感兴趣的信息,但实践证明,传播者也完全可以通过强化和更新传播内容、改进与变换传播形式,使受传者注意自己的传播内容。具体应注意:

(1)信息具有显著性和对比性。比较重要的信息容易引起注意,同时,那些同实际环境中其他信息形成强烈对比的信息也容易引起受传者注意。

(2)信息具有易得性。很容易接收并理解的信息容易引起注意。

(3)形式灵活多变。传播者使用强调、对比、重复、变化等手法来突出传播内容,容易引起受传者注意。

(4)考虑受传者的媒体接触习惯。不同的受传者,在媒体的使用习惯上有所不同。

2. 选择性理解

选择性理解是指具有不同心理特征、文化倾向和社会成员关系的受众,会以不同的方式解读同一媒介内容。人们总是倾向于使信息内容与自己原有意见保持一致,即使接触到与自身观点相悖的信息时,也会对它们进行选择性理解。对于同样一个信息,不同的人可能有不同的理解,这就是所谓"仁者见仁,智者见智"。选择性理解包含四种意义：

（1）依习惯来说，人们通常依照某些经验来接受传播内容。

（2）依心理的调和来说，人容易接受合乎自己本身信念的传播内容，排斥或歪曲与自己观念相反的内容。

（3）依易得性来说，人们通常喜欢接受容易理解的传播内容。

（4）依效用性来说，人们接受传播内容，总是以能帮助自己解决困难为优先。

许多传播模式都把接收和解释信息的过程称为"译码"，这个过程包括了理解，即通过感觉去获得信息。正如美国学者李普曼在《舆论学》中所述："对于所有的听众来说，完全相同的报道听起来也不会是同样的，由于没有相同的经验，每一个人的领会也就有不同，每个人会按照自己的方式去理解它，并且渗入他自己的感情。"心理学家指出，理解是一个复杂的过程，人们在此过程中对感受的刺激加以选择、组织并解释，使之成为一幅现实世界富有含义的、统一的图画，这一定义指出了一个人在理解过程中的主动性。进行理解的人，在理解的行为中，除了理解对方外，还加进了自己的某些东西。换句话说，理解受一系列心理因素的影响，如需要、态度、情绪、习惯等。

需要驱动着人类的每一种行为，是推动人类行为的原动力。受传者之所以要对信息做出自己的理解，就是为了满足自己的某一种或某几种需要，这些需要不仅决定着受传者对信息的注意程度，而且决定着理解的深度和广度。所以，理解的目的往往是通过理解得到某种东西，否则受传者会对所传信息熟视无睹、充耳不闻。只有当所传播的信息与受传者的内在需要相一致时，信息才能起作用，也才会被受传者所注意和理解。否则，信息可能会被回避或歪曲。

态度是一个人对待事物的总的心理倾向，如对事物的喜爱或厌恶、赞成或反对、肯定或否定等等。态度是在后天生活中形成的，每一种具体的态度总是针对着特定的对象。由于具有复杂性和多样性，所以在对一个特定的对象进行理解时往往也呈现出复杂性和多样性的特征。一个人对于某一条信息的态度，在一定程度也会影响他对这条信息的理解，若受传者喜爱、赞成或肯定这条信息，会加深他对这条信息的理解；若受传者厌恶、反对或否定这条信息，会掩蔽、歪曲他对这条信息的理解。

情绪是指那种与人的需要是否获得满足相联系的最简单的体验。情绪不仅影响着传播者的符号制作,也制约者受传者的接收与理解。同样一个理解对象,人在情绪乐观愉快时与情绪烦躁不安时所做出的反应或理解是很不一样的。个体在不同时间、不同情绪对同一物体的欣赏、观看反应亦不相同。

习惯又叫隐蔽的假设,是人们长时间逐渐养成的、一时不容易改变的行为、习惯或社会风尚。习惯通常分为社会性习惯和家传性习惯。社会性习惯,如大多数民族的习惯是用点头表示同意,用摇头表示不同意;可有个别地方(如保加利亚)则相反。家传性习惯来自长辈对后辈的影响。有些习惯是错误的,必须抛弃;有些需要加以修正;还有些持之有故而仍须保留。习惯对于受传者去理解信息有利有弊,对于与自己习惯一致的信息就愿意理解,容易理解,不会出错;而对于与自己习惯不一致的信息,则不容易理解,也容易出错。

3.选择性记忆

选择性记忆是指对信息的记忆受到需要、态度及其他心理因素的影响,从而使记忆的结果常常表现为对信息的某一部分印象深刻,只记忆其中对自己有利的部分,或只记住自己愿意记住的部分,而其他部分则被忽略。

美国传播学者做了一个实验,让两组学生阅读同一份全面介绍苏联的讨论材料,然后让两组学生分别回忆材料的内容。结果发现,反对苏联的学生记住较多的是苏联体制的缺陷,而倾向苏联的学生记住的主要是苏联体制的优越性。选择性记忆在记忆信息的倾向上不仅受到受传者的需要、态度、情绪等心理因素的影响,而且受到传播的环境、形式和强度等因素的影响。

学生的选择性心理是传播过程中的主要干扰。在争议很大的信息上,选择性因素的干扰最大,相反,在一般的信息上,选择性因素的干扰就小,但在受传者对某一个问题一无所知的时候,传播者可以很容易地灌输一种崭新的观点。

在教育传播中,传播者可以决定传播什么内容,但却不能决定受传者接受什么。因此,传播者要想提高传播的效果,就必须设法减少选择性因素的干扰。但是,传播者要从根本上改变一个受传者的立场、观点是非常困难的,要做认真细致的说服教育工作。

(二)遵从性心理

遵从心理又称趋同心理,指的是个人希望与群体中多数意见保持一致,避免因孤立而遭受群体制裁的心理。在传播理论研究中,遵从是指个体在传播活动中不知不觉地受到一个群体真实的或臆想的压力,而在知觉、行为或观点上所发生的与群体中多数人相一致的变化。这种变化在人的心理的复杂性反应，就叫遵从心理。

传播者可以引发受传者的遵从性心理，达到传播的目的。引发传播者遵从性心理的因素主要有群体因素和个体因素。

1. 群体因素

不同的群体类型，往往具有不同的规范、特点和合力，从而对受传者的遵从性心理产生不同的影响。随着群体一致规模的增长，遵从的心理倾向度和内驱力越强，反之越弱；若一个群体能够满足个体的愿望，能够向成员提供权威的信息或观点，对所讨论的问题知道得比其他群体多得多，就容易引起受传者的遵从性心理或行为；群体的合力越大，导致的遵从性心理和行为就越大，越轨者失去信任的程度也越大。

2. 个体因素

个体因素是引发受传者遵从性心理的一个主要因素。群体是由个体构成的，群体的影响力实际上是个体影响力的扩展和汇总。个体对遵从性心理或行为的影响主要表现在以下两个方面。

（1）个体的威信

个体在社会上或群体中的地位、学识、资历越高，其威信也就越高，在心理和行为上也就容易影响到别人，而不容易被别人所左右。例如，对有学识的老教授与青年学生而言，前者更容易操纵后者的反应，后者也更容易遵从前者的态度和行为。

（2）个体的心理特征

一般来说，个体的情绪、自信心、自尊心以及需求心理等，同遵从性心理有密切关系。意志坚强、情绪冷淡、有较强的自信心和自尊心的人，一般不容易产生遵从性心理与行为；相反，意志薄弱、情感热烈、自信心和自尊心较弱的人，一般容易产生遵从性心理与行为。有强烈的心理需求的人，只要能满足或部分满足他的需求，他就容易产生遵从性心理或行为；否则他可能要激烈抵制。

第三节 师生互动传播机制

教师和学生之间的教育传播活动是一个互动的过程。学生不仅受到教师的影响,而且是一个刺激和强化教师传播行为的积极因素。

一、师生互动过程

教育传播活动是在教师与学生的互动过程中进行的,在教师和学生的互动过程中,教师具有主导的地位,教师通过师生互动过程对学生施加影响。师生互动过程如图5-2所示。

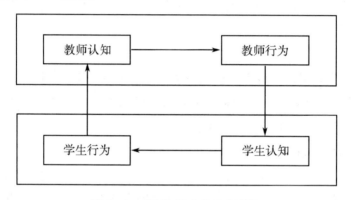

图5-2 教师与学生的互动过程

教师与学生是相互作用的两方,每一方都包含着认知和行为两个侧面。认知包括对另一方行为的选择性知觉与评价;行为是各自认知的体现,表现为言语和非言语两类活动,行为会影响对方的认知。

二、师生互动机制的类型

人际沟通不同于通信设备之间的信息传输,由于人际沟通中的发送信息者和接收信息者都是人,而不是机器,所以并非形式上的发送信息者和接收信息者就能实现人与人之间思想和情感的交流,其中还存在着沟通双方的相倚关系。心理学家进行研究后得出了两个和两个以上的人相互作用时所产生的四种相倚类型。它们分别是假相倚、非对称相倚、反应性相倚和彼此相倚。教育传播中的师生互动实际上是人际沟通,因而也可分为这四类。

(一)假相倚型

沟通双方主要是对自己的计划做出反应,一方的反应并不取决于另一方的信息。在此种类型的互动中,参与双方均按自己的主观意愿做出互动行为,他们的行为很少受客观条件或对方意愿的影响,通俗地说,双方均"我行我素"。从字面上理解,所谓"互动",强调的是互动双方的相倚关系。而"我行我素"在本质上双方并未"相倚",缺乏实质性的互动行为。在这种类型中,无论是教师还是学生,仅仅是他们的角色要求他们站在讲台或坐在教室里;或者是教师不管学生反应如何按备课计划照本宣科,学生闭目养神、思想开小差、看课外书籍。显然这类互动不是教育传播过程所追求的。

(二)非对称相倚型

一方以对方的信息作为自己反应的根据,而另一方则主要根据自己的计划做出反应,这是一种单向的沟通,也不能很好地交流思想。在此种类型的互动中,甲方以乙方的反应作为自己行为的依据,而乙方则以非相倚的方式对对方的行为做出反应。显然,这种互动也不是一种理想的互动。互动双方只有一方采取了真相倚的方式,另一方则以非相倚方式参与传播。典型的例子是,老师在讲台上讲授,学生则思想开小差,而老师不得不由于学生的开小差而适当减慢授课速度,或给予学生提醒。

(三)反应性相倚型

此类互动,属非常态的互动。在这种类型的互动中,人们对带入情境的预定计划不去注意,只对他人正在说的或正在做的事情做出反应。在这种情况下,教师如果教育经验不足,一旦课堂发生突发事件,他既不能按备课计划上课,又驾驭不了课堂纪律,学生则会乱作一团。如在操场上体育课时,突然下起雨来,学生不按体育课的规定上课,纷纷散去避雨,这是一种失败的互动。

(四)彼此相倚型

此类互动的参与者以互相配合的方式对对方的行为做出反应,而且这种反应也不违背自己的意愿,所以这是一种高效的、成功的互动。教育传播过程所追求的正是这种互动。在这类互动中,每一方的反应都成为对方行为的刺激。

教育传播过程中,教师和学生的互动有时是一个变幻莫测的过程,各种情形都可能发生。以上对互动类型的概括,只能说是对典型的互动类型的分析。

三、师生互动机制的特点

互动,无非是传播者与受传者发生联系。教育传播过程中的互动关系,具有自身的特点。

（一）依存性

教育传播系统中的教师与学生之间存在互为条件的关系。在其他传播（如何组织传播、大众传播等）中，个体或团体可以作为主体单独存在。但一般意义上的教育传播必须由师生双方构成互动关系。试想，教师在空无一人的教室里如何给学生讲授？即使是录像、网络授课等，也不是没有学生，而是教师和学生在时间或空间上被分离。在教育传播中，师生的相依存性主要表现为：

（1）从互动的地位看，教师处于教育信息传播的主导地位。

（2）从互动的时间上看，一般地说，教师的传递行为与学生的接受行为存在着时间差。

（3）从效能看，互动能否进行，其效能如何，取决于互动双方的能动性。

（二）差异性

互动的差异性是维持师生互动的纽带。一旦教师与学生的差异性消失，教师和学生的互动就没有意义，教育传播活动也就不存在。教师和学生的差异性主要表现在学历、阅历、心理及社会角色等方面。

（三）互补性

我们知道，教育传播是一个双向的过程。互补性特征主要指学生对教师传播信息的反馈，有时会激发教师产生新的看法、新的观点，或修正教师的错误信息。这就是教育传播互动中的教学相长。

第六章 教育传播环境

【学习目标】

学完本章后,应能做到:

1.说明下列名词、概念的含义:环境、内部环境、外部环境、自然环境、社会环境、教育传播环境、校园环境、教室环境、社会信息、人际关系、校风、班风。

2.阐释传播与环境的关系。

3.说明教育传播环境的功能。

4.阐述智能化教育传播环境的特点。

5.阐述什么是"全球化"与"地球村"。

6.阐述数字化学习环境、智能化传播环境的内涵与特点。

7 说明教育传播环境对教师和学生的作用。

8.阐释设计教育传播场所和设施时应注意的几点要求。

9.阐释优化教育传播环境的重要途径。

10.阐述"互联网 + 教育"的环境优化。

11.阐释建立和发展良好的人际关系与校风、班风应注意的几点要求。

12.阐释培养学生自控和管理环境的能力应注意的几点要求。

13.阐释评价教育传播环境的标准和内容。

【知识导图】

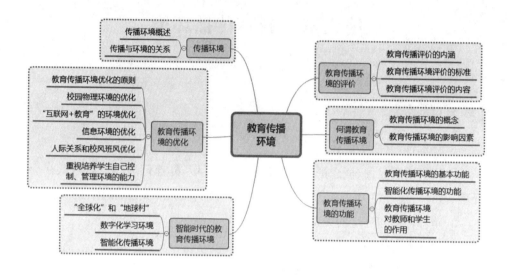

第一节 传播环境

世界上不存在绝对孤立、封闭的传播活动。传播活动必然要以某种形式处于一定的环境之中,而一定的环境因素也必然要以某种方式影响、规定、制约着人类的传播活动。人类每时每刻都在根据自己的需要改造着环境,而环境也按它所固有的形象、准则和文化塑造着每一个人。因此,我们不仅要正确认识和理解环境的特征、形貌以及对传播活动的作用,而且要知道创造环境和营造怎样的环境才有利于提高传播效果。在教育中,要应用新技术与新媒体来不断创设有利于教师的教与学生的学的传播环境,以实现最佳的教育传播效果。

一、传播环境概述

传播活动不是某种抽象的、纯粹的存在,它总是以具体的形貌或质的规定性存在于一定的环境之中。因此,要对传播活动进行描述和分析,就必须先了解环境。

(一)什么是环境

所谓环境,是指主体周围与主体密切相关的一切要素构成的体系。环境通过事物与人的感觉器官共同作用于人,提供直接、真实的感官刺激,传递环境信息,人依此来体验、感知环境。优美、适宜的环境使人心情愉悦,能诱发人进行自发性的活动,具有积极的作用。当然,环境具有双重性,一方面环境是客观存在的,即客观性是环境第一位的本质特点;另一方面人是环境的中心、艺术的中心,没有人,环境就只是客观存在,毫无艺术可言。

当我们把某种事物作为主体中心的时候,那么环绕这个主体中心的所有周围事物,就构成了主体的环境。可见,环境是相对于主体这个中心事物而言的。譬如,当以人为主体时,环境指的就是人生活的空间范围内与人的生活密切相关并能影响人的生存与发展的一切外部条件。

(二)什么是传播环境

传播环境是指存在于传播活动周围的特有的情况和条件的总和,也是一张无形的控制传播效果的网络。传播环境具有以下几个特点:

1. 无限性

传播环境没有起点也没有终点,没有中心也没有边际。只要存在于某一传播活动周围的能产生一定影响的情况和条件,都可构成传播环境。传播环境不仅指人类传播的外在地理环境和物理环境,也包括心理环境;不仅指传播者编码、传播的多种情况和条件,也包括受传者的环境状况。

2. 开放性

传播环境对多种传播活动或事物具有广泛的接纳性,即在同一传播环境内可包容不相同的信息或事物,也可以进行各不相同的人类活动。传播环境表现为对多种事物或传播活动的普遍辐射性,即会持续地、自发地向外输出具有影响的能量。

3. 差异性

在人类传播中,没有绝对相同的传播环境。传播环境受到多种自然的、社会的、文化的、政治的和经济的影响,这些因素导致传播环境千差万别。

4. 相关性

环境必然与一定的主体活动进行能量交换,发生互相依存、相互作用的关系。而传播环境是传播与环境的有机结合。研究表明,传播环境对传播活动的影响程度同它们之间的相关程度成正比。

5.影响性

环境对人类的传播行为的影响具有多面性。这种多面性是由环境的宽广性、传播行为本身的复杂性及两者互感、互动所引起的。因此环境对传播活动的影响可能与传播目的一致,也可能相矛盾,它对传播者和受众的影响可能是积极的、正确的,也可能是消极的、负面的。

二、传播环境的类型

根据不同的标准,传播环境划分为不同的类型。

(一)大环境、小环境

依据环境的伸展面进行划分,传播环境分为大环境与小环境。大环境是指与传播活动有关的各种状况和条件分布在较大的空间或领域;小环境则是指紧贴传播活动周围的那些关系因素和条件。

从空间上,大环境包容小环境,小环境融合进大环境。从内容上,它们相互交叉、重合,又相互区别、分离。

从环境因素上,虽然大环境和小环境中包含着众多的政治、经济、文化、科技和自然条件等因素,但小环境较多地强调物理环境(如书房环境、办公环境、制播环境)和媒介环境(如媒介声誉、集体精神、干群关系),大环境较多地强调社会环境(如社会、经济状况)和文化环境(如国民素质、文化气息)。传播者往往首先要求有好的小环境,接下来则希望有好的大环境。如果大环境不佳但小环境好,他仍会安心工作;相反,大环境好而小环境恶劣,他就会产生离异之心。因此,媒介领导者一定要花力气建好小环境。

从作用方式上,这两种环境对传播活动都会产生重要影响,但其作用方式不同,影响力大小不等。通常,小环境对传播活动的作用是直接的、显性的,释放出来的能量较大;而大环境对活动主体的作用则是间接的、隐性的,影响力不是很大。但是,如果大环境中的某些因素与小环境中的某些因素产生共振,引起共鸣,那么它也会转化为显性的、直接的影响力;而某些普遍性的小环境因素,天长日久也会转化为隐性的、间接的影响因素。

总之,不论是小环境还是大环境,它们都是影响传播活动的重要因素,都应引起媒介领导者或传播者、受传者的高度重视。

(二)硬环境、软环境

硬环境和软环境,是依据传播活动参加者的感受所做出的分类。所谓硬环境,是指由传播活动所需要的那些物质条件、有形条件共同构筑而成的环境。所谓软环境,是指由传播活动所需要的那些非物质条件、无形条件一起构筑而成的环境。

就存在形式而言,硬环境是一种物质环境,软环境是一种精神环境。作为物质环境,它被限定或固定在一定的地理位置上(如湖畔的出版大厦、山顶的发射塔)和人为的具体的物质空间之中(如大礼堂、会议室、演播厅)。它独立于人们的意识、体验之外,具有静态的和硬性的特征。作为精神环境,它反映了社会风气、媒介管理、群体风貌、生活状况、信息交流等情况。它是一个被人体验和意识的世界,具有动态的和软性的特征。

(三)行为环境、心理环境

依据传播活动中人类皮肤内外的情况,环境可以分为行为环境和心理环境。

行为环境是指由人类自身皮肤之外的种种行为或活动所组合而成的影响传播的情况和条件。心理环境是指由人类自身皮肤之内的种种心理活动所构成的情感状态。

行为环境还可分为宏观行为环境和微观行为环境两种。宏观行为环境反映了较大区域(如国家、省辖区域、民族集中居住区、城市等)内的价值观念、文化习俗、宗教信仰、人口素质、人群关系、生活水准等社会状况。它能决定大众传播媒介的规模、形态和媒介产品的内容、形式,因而对传播活动具有规范、控制、调节的功能。所谓微观行为环境,是指在相互接近的一群人(如报社、新闻部)之间共同形成的有一定约束力和规范性的行为准则、纪律制度以及相互信赖、和睦共处的气氛等综合情况。这些综合情况表现在传播活动中,不仅能决定传播者说什么、怎样说,而且能决定受传者听什么、怎样听和怎样做。今天,随着信息社会的来临和大众传播对生活的全面渗透,人类已经无法摆脱行为环境的影响和制约。

心理环境与行为环境之间的关系,既十分密切,又有区别。心理环境是在行为环境中形成的,是某种行为环境的内化,而某种行为环境的出现,可能又是某些心理环境的集中反映。这样,喜悦、愤怒、悲哀、痛苦、怜悯、欢乐等情感因素构成的心理环境,就必然要对信息传播及其成效产生一定的影响。

在传播过程中,不论是传播者还是受传者,总是力求保持内心的平衡、和谐和愉快,竭力抑制、摆脱那种倾斜的、矛盾的、悲苦的心境。传播心理学的研究表明:传播活动中任何一种与该活动有关的愉快的情绪体验,都能使这种活动得到强化,产生良好的效果;而不愉快的情绪只会抑制这种传播活动。

第二节　教育传播环境

教育传播是人类传播活动的一种特殊形式,教育传播离不开传播环境,而教育传播环境是教育传播效果的基础。

一、教育传播环境的概念

教育传播环境是指围绕教育传播活动四周的一切事物,是教育传播系统赖以存在和发展的全部外部条件的总和。

教育传播系统作为一个开放系统,其内容是复杂的和多方面的。社会经济、科技、文化背景、风俗习惯以及各种天然物、人工物等,对教育传播行为都可以产生不同的影响,都是教育传播环境中不可忽视的因素。

二、教育传播环境的影响因素

根据不同的标准,传播环境分为大环境、小环境,硬环境、软环境,行为环境、心理环境,所有这些环境都会对传播产生影响。而就教育传播来说,主要的、直接的影响因素主要有以下几种。

(一)校园环境

校园环境是指整个校园和校园里的一切情况与条件,既包括物理环境,也包括心理环境。校园环境具有暗示性、渗透性等特点,它对学生潜移默化的影响是深远而持久的,在一定程度上也是一种教育媒体。

1.校园物质环境

校园物质环境主要包括各种校舍建筑,如教学楼、科学楼、电教楼、艺术楼、图书馆、体育场、礼堂、食堂、宿舍等;校园建筑物的造型、色调、布局等;校园各种绿化、美化、净化设施,如花坛、草坪、水池、文化艺术走廊等。

2.校园社会心理环境

校园社会心理环境由五个基本因素构成:

(1)学术风气,如勤奋学习、勇于探索等。

（2）社会意识,如对各种社会政治问题的关心等。

（3）集体观念,如热爱集体、团结协作、遵纪守法等。

（4）文明礼貌,如衣着整洁、举止端庄、语言文明、礼貌待人等。

（5）求实精神,如实求是、尽职尽责等。

校园物质环境和校园社会心理环境,对教育传播活动可以产生直接或间接的影响,它们可以影响师生的传播行为,或影响师生的生理和心理,从而影响他们的传播行为。

因此,在校园环境中需要注意以下对个体发展有重要作用的问题。

1. 环境意识

帮助个人或群体提高对于整个环境及其问题的关心。环境意识调查的结果表明,我国公众相当一部分对环境的认识程度还很不够,环境意识亟待提高。

2. 知识

帮助个人或群体获得关于环境及其问题的认识和经验,使人们对保护环境应承担的责任有一个基本的了解;帮助受教育者用生态学的系统观点理解环境问题的综合性和复杂性。

3. 态度

帮助个人或群体树立有利于人与环境和谐发展的价值观念和情感,培养其对环境问题的反思和对环境道德、环境伦理的思考。

4. 技能

帮助个体或群体获得识别与解决环境问题的技能,掌握实施一种有利于环境的可持续发展的消费模式、生活模式、学习模式和教育模式的技巧。

5. 评估

帮助个人或群体能够以生态、政治、经济、审美以及其他观念评估环境、教育计划以及它们的实施,建立人对自己的环境行为,包括学习与教育过程的反馈机制。

（二）教室环境

教室环境是对教育传播影响最大、最直接的环境因素,也是教师最能控制的一种环境因素。美国俄勒冈大学的理查德·施穆克认为:"一种积极的教室环境是这样一种环境,学生在这种环境中共同得到大量潜移默化的影响,包括彼此之间以及与教师之间的影响;在那里,各种价值标准都是有助于开展学术工作的,也都是充分重视个别差异的;在那里,思想交流是公开的,而且是以同学间进行对话为特征的;在那里,人们都把共同工作与发展的进程本身看作是与学习密切相关的。"

施穆克所论述的主要是教室环境的社会心理特征。此外,班级规模和课堂教学气氛也是教室环境的社会心理特征。教室环境除了具有社会心理特征外,还具有物质特征。它的物质特征,如教室的内部设计、结构、色调、家具陈设、通风、照明等,对教育传播的影响也是明显的。不过,比起社会心理特征来说,物质特征的影响只居第二位。

班级教室环境,是校园文化建设的一个重要方面,教室环境中如何体现学校制度、班级纪律、学校精神、班级精神,都应该引起人们的广泛关注。若教室环境不适合学生的心理、生理特征,缺少形象、生动活泼的内容,学生对自己的教室不喜欢,那学生怎么能在这个环境里健康成长? 怎么能够形成一个坚强的班集体? 怎么能在这个环境中潜移默化地接受美的启迪、情感的陶冶,接受良好的教育呢?

在教室环境的布置和设计方面,不妨借鉴一下以下几个基本原则。

1. 目标性原则

教室作为学生在校生活、学习的主要场所,可以说是一个班级活动的"大本营"。"营地"的布置,必须要体现这个集体的目标,并以此为核心,围绕着这个中心进行整体考虑、设计。

2. 整体性原则

教室是一个具有整体性的教育环境,教育栏目、内容的选择,各部分内容的分配,位置的大小、形式的搭配,都应做整体考虑,通盘要求。

3. 时效性原则

教室的环境布置应根据各阶段的教育目标,有针对性地对内容进行更换,有时效性的环境布置才会有新鲜感、有吸引力。

4. 自主性原则

教室是学生在校生活与学习的主要场所,是他们自己的天地。教室环境的布置,应让学生自己动脑去设计,自己动手去布置。只有这样,学生才会自主地热爱自己的班集体,教室才会更吸引他们。

教室环境作为校园文化建设的一个重要方而,当前尚未引起广大教师的重视,也可以说是学校教育中的一块未被开垦的土地。

(三)社会信息环境

所谓信息环境,指的是社会中由个人或群体接触可能的信息及其传播活动的总体构成的环境。日本学者后藤和彦曾经为它下过这样一个定义:"信息环境,即在与自然环境相区别的社会环境中直接或间接地控制社会成员之行为方式的符号部分;并且,它主要是通过非人际关系向社会提示的环境。"

社会信息包括社会思想意识信息、社会物质生活和精神生活信息等,是构成教育传播环境的重要因素。教育传播所传递的是教育信息,而传播者与受传者除了传播和接受教育信息外,还要面对广泛而庞杂的其他社会信息,尤其是网络技术进入课堂,使学生可以接触更多的信息。这些分布在传播者与受传者周围的信息中有积极因素,也有消极因素,它们通过影响传播者与受传者的认知、情感和行为,从而影响教育传播的质量和效果。对各种社会信息加以调节和控制,正确处理和运用各种社会信息,有利于教育传播质量的提高,如果处理和运用不当,则会干扰,甚至破坏教育传播活动的正常进行。在这个方面应注意处理好以下几个问题。

1.教师要当好教育传播中的"把关人"

(1)监控信息

书本、广播和电视节目等的出版、发行和传播都是有严格组织管理的,它们所提供的信息都经过人们精心的编辑和加工,是真实的,有明确的价值判断和是非观念。而网络因其自治的管理方式,使得信息的发布缺乏有效的秩序,导致网上的信息急剧膨胀且良莠不齐,若不对进入课堂或走近学生的信息进行力所能及的筛选和初加工,则会对学生将产生负面影响,破坏教育传播活动的正常进行。

(2)监控学生

网上信息的泛滥会导致学习者判断的失衡。尤其是中小学生年龄小、阅历浅,容易受到虚假信息的蒙骗,受到不良价值观的诱惑和误导。在学生利用网络学习的过程中,教师要做必要的提示。教师应全程参与,不能放任不管。

2.注重对学生信息能力的培养

在当今信息繁衍与膨胀的今天,具备良好的信息能力变得极为重要。互联网络使教学信息源急速扩大,对学生信息能力的培养成为教育工作者当前所应注意和认真对待的问题。有目的、有意识地培养学生对信息的获取、处理、分析、表达和交流能力成为教师不可推卸的责任。

(四)人际关系

人际关系也是构成教育传播环境的一个重要因素。美国的雷维奇博士把错综复杂的人际关系归纳为八种类型:主从型、合作型、竞争型、主从—竞争型、主从—合作型、竞争—合作型、主从—合作—竞争型、无规则型。也有人把人际关系分为两种:一种是积极、友好的关系,一种是消极、对立的关系。人际关系的基本功能是交流信息、产生合力、形成互补、互相激励、联络感情等。

从学习行为来说,人际关系有三种:协作学习、同沉同浮;竞争学习,你沉我浮;个别学习,沉浮无关。不同的人际关系在解决问题和发展心智方面会有不同的效果。

表6－1　三种学习类型与不同认知结果的匹配

认知结果	协作	竞争	个别
1.掌握事实性信息			√
2.事实性信息、概念原理的保持、应用和迁移	√		
3.掌握概念和原理	√		
4.言语能力	√		
5.解决问题的能力	√		
6.合作技能	√		
技能结果	协作	竞争	个别
1.创造能力、求异思维与承担风险式思维	√		
2.认知和善用他人的能力	√		
3.承担角色的能力	√		
4.从事简单的训练活动的速度和数量	√	√	
5.竞争技能		√	
6.开展个人活动技能			√
7.简单的计算技能			√

续表 6 – 1

情感结果	协作	竞争	个别
1. 人际关系技能	√		
2. 团体技能	√		
3. 接受与理解文化、种族及个体间的差异	√		
4. 多元的、民主的价值观	√		
5. 减少偏见和成见	√		
6. 价值教育	√		
7. 对学校、学科、教学活动、教师及其他同学的积极态度	√		
8. 从学习中获得快乐和满足	√		
9. 保持中等程度的焦虑以促进学习	√		
10. 积极地看待自我	√		
11. 表达情绪的能力	√		

　　已有的研究结果表明,协作学习与个别学习有很多优势:可以产生更好的学习成绩和学习质量;能促进学习者之间更加相互关心、相互支持和更密切的关系;有利于心理健康、社会责任感和自尊心的建立。

　　总之,与教育传播有关的人际关系,主要是教师与学生、学生与学生、教师与教师之间的人际关系。这种人际关系是构成教育传播环境的重要因素,对教育传播效果会产生重大的影响。

　　(五)校风、班风

　　校风、班风是学校或班级所有人员在长期教育、教学实践中所形成的一种共同心理倾向和行为风尚。前面谈到的构成校园社会心理环境的五个基本因素(学术风气、社会意识、集体观念、文明礼貌、求实精神),也是形成校风、班风的基本因素。这几个因素的不同组合,便形成了不同学校或班级的不同校风、班风。例如,有的学校或班级趋向于强调社会意识和学术交流,对集体观念、求实精神也给予较高评价;而另外一些学校或班级则趋向于单纯强调学术水平,对社会意识、集体观念评价很低。

　　校风、班风是一种无形的环境因素,它一经形成,便会成为影响学校或班级所有成员的认识、情感和行为的巨大力量。从其心理机制上看,校风、班风都是以心理气氛的形式出现的,这种心理气氛一旦成为影响整个群体生活的规范力量,它就是一种具有心理制约作用的行为风尚。正因为如此,班风、校风对学校集体成员的约束作用,最终不是依靠行政管理的规章制度和组织纪律的强制力量,而是依靠群体规范、舆论、内聚力这样一种无形的巨大力量。但是如果引导管理不善,班集体内也会产生一些不正确的群体规范和不公正的舆论,给教学带来不利的影响。因此,加强校风、班风建设,使校风、班风成为促进教学工作的有利因素,应当是学校教学环境建设的重要内容。

(六)电、光、声、色、空气、温度

电、光、声、色、空气、温度是构成教育传播环境的物理因素,这些因素可以直接影响教师和学生的身心活动。一方面它们引起教师和学生生理上的不同感觉;另一方面它们使教师和学生在心理上产生情绪,形成情感。例如,电磁干扰会使电视传播的图像或声音失真,刺眼的光线易使视者疲乏,噪声会分散听者的注意力,灰暗色调使人沮丧,室内空气污染易使大脑昏沉,闷热的课堂引人入睡等。由此可以看出,电、光、声、色、温度、空气等物理因素对教学活动具有重要影响,是构成教学环境必不可少的基本要素。

教育传播是教育信息的传递过程,教育信息的传递依赖于一定的物质形式,如声波、光波、电磁波等。因此,重视、改善和调控声、电、光等教育传播环境的物理因素,有利于保持传播通道的畅通,提高教育传播的效能。

第三节　智能时代的教育传播环境

智能时代,以信息化、数字化、智能化为特征的新一代信息技术进入创新密集期,为构建以学习者为中心的教育新生态提供了前沿技术支撑,为构建数字化、智能化的终身教育体系和网络化、可持续的学习型环境提供了基础。

一、"全球化"和"地球村"

全球化传播语境有一个发展变化的历程。1962 年,加拿大传播学者马歇尔·麦克卢汉提出了著名的"地球村"概念。1969 年布热津斯基在《两代人之间的美国》中正式提出"全球化"概念。麦克卢汉肯定电视的威力而提出了"地球村"。当时,在其提出这一理论的社会背景之下,鲜有人能准确理解与描述这个词语所展现的世界。直到 20 世纪 80 年代,全球化进程开启,人们才惊奇地发现这个概念所表现的世界发展大趋势。正如麦克卢汉在其《理解媒介——论人的延伸》第一版序言中写的那样:"经过三千年专业分工的爆炸性增长以后,经历了由于肢体的技术性延伸而日益加剧的专业化和异化以后,我们这个世界由于戏剧性的逆向变化而收缩变小了。由于电力使地球缩小,我们这个地球只不过是一个小小的村落。"

美国学者认为的"全球化"内涵是:"尤其是在当代条件下,它指这样的方式,即权力和传播伸展到全球各地,压缩了时空,重构了社会关系。"显然,它表达了三层含义:一是传播技术缩短了时空;二是全球化中蕴含着权力和传播的地理流动性;三是作为结果,它要重塑社会关系。当传播技术由电视、人造卫星发展到因特网时,全球化的趋势又一次获得了巨大的"技术催化剂"。

全球化可以从内涵和外延两个方面来理解。从内涵上讲,全球化特指经济的全球化。学者吴欣认为,"经济全球化是指商品、服务、生产要素与信息的跨国界流动的规模与形式不断增加,通过国际分工,在世界市场范围内提供资源配置的效率提升,从而使各国间经济相互依赖程度日益加深的趋势"。也有人认为,"全球化是指生产、贸易、投资、金融等经济行为在全球范围的大规模活动,是生产要素的全球配置与重组,是世界各国经济高度相互依赖和融合的表现"。而在外延上,全球化涉及政治、文化、社会、经济等方面的全球化趋势或全球的一种趋同,是一种同质化或共有价值观的放大过程。

二、数字化学习环境

互联网时代,数字学习成为人们最重要的学习方式之一,而数字学习依赖于数字化学习环境。

(一)什么是数字化学习环境

数字化学习环境是指利用多媒体和网络技术将学校的主要信息资源数字化,实现数字化教学内容管理、数字化信息管理和沟通传播,从而形成的高度信息化的人才培养环境。

(二)数字化学习环境的体系结构

数字化学习环境体系结构主要包括以下几个方面:

1. 智能工具

一系列学习工具的设计,将学习科学和通用设计融合起来。

213

2. 学习测量评估准则

一系列标准,以便有效地将有关学习测量和学位进步(如能力)的情况进行评估。

3. 合作

使学习者之间的协作和对等工作成为可能。

4. 创作工具

一系列协作工具,满足学生与学生、学生与教师、教师与教师之间的协作与沟通。

三、智能化传播环境

智能化传播环境是数字化学习环境中的一种,在此专门列举智能化传播环境,主要是为了体现环境的智能性。智能化是指事物在计算机网络、大数据、物联网和人工智能等技术的支持下,所具有的能满足人的各种需求的属性。

智能化是建立在数据化的基础上的媒体功能的全面升华。它意味着新媒体能通过智能技术的应用,逐步具备类似于人类的感知能力、记忆和思维能力、学习能力、自适应能力和行为决策能力,在各种场景中,以人类的需求为中心,能动地感知外界事物,按照与人类思维模式相近的方式和给定的知识与规则,通过数据的处理和反馈,对随机性的外部环境做出决策并付诸行动。

(一)智能化传播环境的构成

顾名思义,智能化传播环境是应用人工智能技术搭建的传播环境。它由硬环境与软环境两个部分组成。

1. 硬环境

"硬环境"是指人工智能传播手段得以运行的硬件技术条件。与人工智能相关联的技术系统十分复杂,包括互联网、移动智能手机、遥感定位技术、深度学习技术、神经网络技术等。这些技术能够合力将人类实时更新的上网痕迹、地理位置与消费行为等复杂且混乱的信息转化成数字信息并进行存储。这样,人类产生的信息或者说人类本身就变得"可读"、"可理解",甚至"可预测"了。通过对传播系统中的信源(信息)、信宿(人类)的技术处理,一个可供人工智能传播路径运行的"硬环境"就初步成型了。

2. 软环境

这里的"软环境"主要包括两个方面:一是自由、合法、有序应用的规则与章法。任何一次科技的变革都是对法制的一次挑战,因为只有在规章制度的规范下,才能最大限度地避免传播乱象的产生;二是促进教师智慧教、学生智慧学的智能信息处理和智能信息分析,目的是直接或间接地提高工作和学习效率,在实际使用中充当智能化助手的角色,使教师与学生在恰当的时间拥有恰当的信息,帮助他们做出正确的决定。

(二)智能化传播环境的特点

智能传播环境有着无处不在的计算、分析、情境感知,和以人为中心的计算机交互设计。它具有以下特点:

1. 嵌入式

智能传播环境可以将许多联网设备集成到环境中。

2. 情境感知

设备可以识别人和人所在的情境。

3. 个性化

智能传播环境可以根据人的需求量身定制。

4. 适应性强

智能传播环境可以根据人的需求而变化。

5. 预见性

智能传播环境可以在没有意识调解的情况下预见人的愿望。

第四节 教育传播环境的功能

教育传播必然是在教育传播环境中发生的。随着社会的发展,教育传播环境也日趋发展,其作用与功能也越来越重要。

一、教育传播环境的基本功能

所谓功能,是指事物本身的功效能力,它是一个系统所具有的对其他系统施加影响的一种属性,亦可称功能性属性。那么,一个积极、和谐、良好的教学环境在教学过程中具有哪些功能呢? 就目前的认识而言,积极良好的教育传播环境主要有五种功能,这五种功能从不同侧面对教学活动产生影响,并最终通过从整体上提高教学活动的效果和促进个体的发展水平来显示它在教学中的重要地位和作用。

1. 扩展功能

良好的传播环境是信息传播顺畅的必要条件。这里的传播环境既包括自然条件组成的自然硬环境,也包括教育者和受教育者处理、传递、接收信息时的心理软环境。由外界硬环境引起的图像、声音大小变化,可以构成传播的环境性干扰,这种干扰会削弱受教育者的注意力,使其产生抵触情绪,影响传播活动的正常进行,因此要通过建设良好的硬环境,建立适宜的学习氛围,保证传播活动有一个良好的传播环境。针对心理软环境的建设,应加强教育者与受教育者的情感沟通,处理好教育者与受教育者的关系,尽量使教与学双方心理均处于传递和接收的最佳状态,通过双方的意志力集中,共同完成信息的有效传递。

2. 激励功能

教育传播环境的激励功能是指,良好的教学环境可以有效地激励学生的学习动机,提高学生学习的积极性。人的各种活动都是由一定的动机引起的。学生的学习活动也总是在一定的学习动机支配下进行的。教育传播环境之所以具有激励学习动机的功能,是由它自身的特点决定的。有关研究表明,在一个积极和谐的教学环境中,各种环境因素都可以成为激发学生学习动机的积极力量。例如,师生间的人际关系作为构成教育传播环境的一个重要因素,对学生的学习积极性也有深刻影响。这种影响具体表现在两个方面。第一,良好的师生关系有利于学生学习兴趣的提高,正如孔子所言:"知之者不如好之者,好之者不如乐之者。"第二,良好的师生关系可以通过影响学生学习中的归因方式来提高学生的学习积极性。研究表明,学生对成功和失败的归因方式与师生人际关系密切相关,教师对学生的期望、理解及客观的评价,都可以提高学生学习的自信心。

3. 陶冶功能

教育传播环境的陶冶功能,首先是指良好的教学环境可以陶冶学生的情操,净化他们的心灵,养成他们高尚的道德品质和行为习惯。品德心理学的研究表明,对集体前途的向往,是形成学生集体主义责任感和荣誉感的重要动力。当学生的个人目标与集体目标相一致并指向集体前途时,它不仅可以使整个集体生机勃勃,奋发有为,而且可以进一步加强学生的集体主义责任感与荣誉感。其次,健康的集体舆论有利于良好的道德行为习惯的形成和巩固。苏联著名教育家马卡连柯曾指出:"舆论的力量,是支配儿童行为并使它纪律化的一种教育因素。"最后,教师在课堂内的言行举止本身也作为一种重要的环境条件对学生良好品德的形成产生积极影响。无数事实证明,优秀教师往往是学生模仿、学习的最直接、最具体、最生动的榜样和道德形象。

4.益智功能

环境心理学的研究结果证实,环境因素与用脑效率有很大关系。在用脑时,需要有适当的光线强度。环境光线过强会给脑细胞以劣性刺激,使人感到烦躁甚至脑晕,影响思维判断能力;光线太弱则不能引起大脑足够的兴奋强度。另有研究表明,颜色在促进人的智力活动方面也扮演着重要角色。淡绿色和浅蓝色可使人平静,易于消除大脑疲劳,提高用脑效率;而深红色、深黄色可对人产生强烈刺激,使大脑兴奋,随后则趋向抑制。此外,良好的教学环境还可以激发学生积极的情感。现代心理学研究表明,情感对个体的认知过程具有组织或瓦解的效能。当人情绪愉快时,往往思维灵活、记忆迅速、头脑显得特别清醒;情绪低落时,则常出现思维迟钝、记忆困难、头脑不清醒等现象。在日常教学工作中,教学环境正是通过情感的这一特点对学生的智力活动施加影响的。

5.增强功能

教育传播环境是桥梁,是连接师生、生生、师生—社会的桥梁。它能增强师生、生生、师生—社会之间的交往、接触、联系、合作与互相了解。

二、智能化传播环境的功能

智慧化传播环境除了上述的教育传播的基本功能外,还具有四大核心功能:个性化,分析、建议和学习评估,协作,无障碍性和通用设计。

1.个性化

个性化高度依赖于互操作性,而互操作性的机制(如数据标准)在很大程度上对用户而言是无形的。个性化是高度有形的,是形成用户体验的最重要因素。个性化包括两个方面:一个方面是安装和配置学习环境,然后用来构建通向完成学习任务、达成学习目标的路径,通常我们认为这发生在学习者和指导者的个人层面,但这样的配置也需要发生在部门、分部、机构和社团层面;另一个方面是自适应学习,自动化系统为学习者提供特别针对每个学习者需求的指导和建议。

2.分析、建议和学习评估

学习分析的定义为:"测量、收集、分析和报告有关学习者及其背景的数据,以理解和优化其学习和学习环境。"

学习分析是对学习者数据的聚合和分析,以产生可行的报告和信息,从而给教师提供教学建议与科学、合理的决策建议。学习分析可以为学生提供学习的优化策略、学习与发展路径等。分析不仅集中在课程层面,其目标是全体学生的成功。

3. 协作

协作是多种学习形式的基础。即使是教科书读者与作者之间的关系也可以被看作是某种形式的协作。智能技术为学习者和指导者提供了新的机会,除了教师与学生外,还有智能导师、智能学伴等协作人员,以共同构造独特的途径来完成学习目标。学习者和指导者能够在所有层面、目的和团体规模上,组织完成学习协作。学习者不再局限于仅与同龄人在某门课程上形成协作,他们可以组织机构间的协作,发现内容,并参与 MOOC 和其他的学习社区,以扩大对某门特定课程的学习。

4. 无障碍性和通用性

通用性是指产品和环境最大程度上可供所有的人使用,而无须改造或进行专门设计。学习环境的目标是能供所有的学习者和指导者使用。通用性意味传播环境在初始阶段就要实现无障碍性,环境的无障碍性可以使其专注于人和体验,实现使每个人都能在学习环境中获得成功的目标。

三、教育传播环境对教师和学生的作用

教育传播中两个最基本的要素是教师和学生,而教师与学生的传播行为是在传播环境中进行的,因而教育传播环境对教师和学生都具有相应的作用。

(一)对教师的作用

1. 扩大教师采集和选择教育信息的范围

通过广播、电视、书刊、报纸等大众传播媒体,及教育云资源、教育资源超市、国家基础教育资源网等网络教育资源,大量的各类教育信息不断涌入学校,使教师采集和选择教育信息有了广阔的空间。教师可以从中选择和采集各种有益的信息用于教育、教学,并丰富自己的精神生活。

2. 为教师提供必要的物质条件

教育传播环境可为教师顺利地进行教育传播活动提供物质保证。随着多媒体教学环境、数字化学习环境及智能化环境的构建,教师可以更为方便、有效

地进行教育传播活动。

3.使教师有可能采取更为灵活有效的方式进行教育传播活动

不同的教室设计与陈设、班级规模的大小,对教师选择教育传播方式与方法,有着深刻的影响。特别是随着我国教育信息化的深化,教育传播环境得到了长足的发展。"互联网+"教育传播环境,为教师的教学方式的改革与创新提供了支持,教师可采用如翻转课堂、混合式教学等方式,提高教学的效率。

4.为教师提供更多的与学生接触、与社会交往的机会

教育传播环境可以帮助教师更深入地了解学生、了解社会;及时掌握学生的学习情况,取得反馈信息,并据此改进教学,取得更为理想的教育传播效果。如双向交互系统、互动电子教室、智慧教室等,均能为师生提供多样化的交互。

(二)对学生的作用

教育传播环境是一个大课堂,在这里实施的是一种"隐性课程",它以潜移默化的形式,对学生的认知、情感和行为产生着强有力的影响。

1.激发学生的学习动机,提高他们的学习积极性

有关研究表明,在一个积极和谐的教育传播环境中,各种环境因素都可以成为激发学生学习动机的积极力量。特别是师生间的人际关系,对学生的学习积极性有着深刻的影响。良好的师生关系,可以使学生由接受教师进而接受教师所教的学科,对之产生兴趣,并积极主动地去学好它。

校风、班风、课堂教学气氛,作为构成教育传播环境的重要因素,对学生的学习动机和积极性有着深刻的影响。良好的校风、班风,生动活泼的课堂教学气氛,具有很强的感染力,易于造成一种催人向上的教育情境,使学生从中受到感染,从而激发出热情,提高参与教学传播过程的积极性和主动性。

2.促进学生的智力发展

有关研究表明,丰富有益的信息刺激,可以促进智力的发展;信息刺激缺乏或不良,则会抑制智力的发展。良好的教育传播环境,能够提供丰富而有益的信息刺激,这对发展学生的智力,无疑具有积极的意义。

良好的教育传播环境,还可以通过形成学生愉快的情绪、积极的情感来促进学生的智力发展。现代心理学的研究表明,情绪、情感对个体的认知过程具有组织或瓦解的效能。愉快、积极的情感有利于智力的发展;低落、消极的情绪则不利于智力的发展。良好的教育传播环境正是通过情绪、情感的这个特

点,对学生的智力发展施加有益影响的。

3.培养学生高尚的道德品质和行为习惯

教育传播环境在学生的道德情感和道德行为的形成过程中有着重要作用。优雅整洁的校园、窗明几净的学习环境、积极向上的校风班风、和谐友好的人际关系、各种有益的集体活动等,都是可供陶冶情感、培养品格的有利环境条件。特别是师生、生生之间的人际关系,对学生的性格和世界观的形成,对确定他们的兴趣和爱好,起着巨大的作用。

4.有助于学生身心健康

良好的教育传播环境能为学生提供一个合理的生活环境和卫生保健环境,有效地促进学生身心健康成长。校园、校舍空气新鲜、阳光充足,清洁整齐、绿化美化,教室有良好的通风、采光、照明、保温条件,在这样的环境中学习和生活,学生的身体可以得到充分的发育和生长,健康水平将不断提高。合理的生活作息制度,对学生的学习、劳动、文体活动、饮食、睡眠等时间做了全面安排,可以兼顾学习与娱乐休息两个方面,使学生在校的各项活动有节奏地进行,为学生身体健康成长提供了有效保证。

第五节　教育传播环境的优化

优化是指采取一定措施使事物变得优异。对环境的优化是排除环境中的障碍或创造更有利于人类生存和活动的社会环境。教育传播环境的优化是减少或排除教育传播环境中的不利因素,或创造有利因素,从而构建和谐且有利于教育传播发生的环境。

一、教育传播环境优化的原则

(一)教育性原则

学校环境是培养人的场所。对此,美国全国中学校长联合会执行董事斯考特·D.汤姆森曾指出:"今天,人们正在重新认识学校环境的意义,因为学校环境不仅是学生获得良好学业成绩的关键,同时也是影响他们形成积极的人生态度的重要因素。建设一个积极的学习环境就意味着为学生、教师、学校管理人员和学生家长进行富有成效的学习、工作及合作沟通提供了一个良好的场所。"

环境中的各种因素都可能对学生的心理世界产生潜移默化的影响。"孩子在他周围——在学校走廊的墙壁上,在教室里,在活动室里——经常看到的一切,对于他精神面貌的形成具有重大的意义。"正因为这一点,对学校环境的任何一处装饰点缀都必须慎重,必须考虑其教育意义。所谓教育性原则,主要是指学校环境的一切设计、装饰和布置都必须有利于启迪学生的思维,陶冶学生的情感,磨炼学生的意志,必须充分体现各种环境因素的心理健康教育意义。

(二)科学性原则

所谓科学性原则,就是要求学校环境的建设和美化要符合学生身心发展的特点和心理健康教育、教学工作的规律,要遵循生理学、心理学、教育学、建筑学、美学、卫生学的基本原理,要通过科学合理的调控优化,使学校环境真正成为科学和艺术的统一体。

(三)实用性原则

这是指学校环境的设计、建设和优化应当根据学校的实际情况和经济条件,本着经济、实用的宗旨进行。创建良好的学校环境并不是为了追求豪华的设施和讲究排场,其主要目的是更好地服务于教育、教学工作。国外教育经济学家的一项关于学校物质环境与学校教育质量关系的研究发现,当学校物质设施非常匮乏时,学校教育质量一般也很低。随着物质环境的逐步改善,学校教育质量也随之上升,当物质环境改善到平均水平时,教育质量也会相应地达到平均水平。但是,当学校物质环境水平继续得到大幅度改善,并远远超过平均值后,学校教育质量却很少或不再继续上升了。

这一研究结果是耐人寻味的。它表明,学校环境建设应把握一个适宜度。如果物质环境建设的投入大大超过了这个适宜度,那么教育的投入与产出就会比例失调,就会造成浪费。由此可知,对于我国这样一个教育投入还很有限的发展中国家来说,中小学的学校环境建设更应立足本地本校实际。所谓学校环境的优化,主要是指在学校现有条件下达到的学校环境的最佳状态,这也就是俗语所说的"量体裁衣"。

(四)有效性原则

有效性原则是指,学校环境的优化应追求实际效果,防止搞形式主义的东西。在现实生活中,不少学校在这方面极易走入误区,认为优化环境即突击打扫卫生,但检查过后依然故我;或认为优化环境即让工人创造出一个园林式的校园,但很快就会面目全非。之所以会造成此类情况,是因为此种学校环境建设没有心理基础,因而也难以持久。一种有效的校园环境建设应是与心理健康教育相结合的建设,在这种渗透心理健康教育的建设中,有"心"的投入,才会对"心"产生影响。概而言之,学校环境的建设应重视学校心理环境的建设。只有把心理环境的建设置于物质环境建设之上,物质环境建设才会有实际效果。

(五)特性原则

这一原则是指在优化环境过程中,可以通过增强或突出环境的某些特性,有意形成某种特定的环境条件来影响学生的行为,以达到预期的目的。例如,在学校师生进出的主要通道口,郑重地竖立一架醒目的大整容镜,这对整饬仪容、约束言行起到一种潜移默化的作用。再如,在讨论课上将课桌摆成圆圈,可以增强平等讨论的气氛,提高讨论效果。

贯彻这一原则应注意要有明确目的性。在学校环境的具体调控中,需要增强环境的哪些特性,将要达到什么目的,学校领导和教师要事先周密考虑,做到心中有数,根据具体情境灵活运用,不能随心所欲。环境因素是可变的,在不同情境下,它其所起的作用不尽相同。例如,桌椅排成圆圈形,有利于讨论式教学,却不一定同样有利于演讲式教学。因此,在贯彻这一原则时,要根据情境的变化,具体问题具体处理,不能生搬硬套。只有这样,对学校环境的调控才能获得理想效果,所增强的特性才能真正发挥其应有的心理健康教育作用。

(六)优势性原则

这是指在学校环境的调控优化过程中,充分利用已有的有利环境条件,即突出自己的优势。一般说来,不同地区、不同学校在环境条件上是有一定差异的,但任何学校在环境方面又都有自己的特点和优势。充分挖掘和利用自己的环境优势,就有可能推动整个学校环境的改善,从而给学校环境的建设带来突破。贯彻这一原则要注意要因校、因班制宜。不同学校、不同班级的具体情况是千差万别的,学校领导和教师应密切结合本校、本班的实际情况,有针对性地利用环境中业已形成的有利条件(如优良的校风、班风、美丽的校园景观、优秀教师的先进事迹等),来为学生创建良好的学校、班级环境。那种舍近求远,一味模仿别人,脱离本校、本班实际的做法应当被制止。此外,还要因地制宜。学校环境与当地社会、自然环境有密切关系,只要充分挖掘和利用,当地的自然环境、风土人情、文化传统等都可以成为促进学校环境建设的有利因素。实践证明,这也是一条经济有效的原则。

（七）筛选性原则

这是指在调控学校环境过程中,要对存在于学校环境中的各种信息进行一定的选择转化处理,实行信息优控,使信息成为促进学生心理健康发展的积极因素。随着大众传媒的迅猛发展,学生接收到的信息越来越多。丰富的社会信息对求知欲旺盛的青少年儿童来说,无疑起了增长见识、开阔视野的作用。但是,社会信息本身是良莠不齐的。青少年儿童社会经验少,识别能力弱,对各种信息往往不易正确地分辨选择。他们可能对积极的信息持怀疑或排斥态度,而反过来去追求和接受一些不健康信息,这就容易形成对青少年的"信息污染"。

因此,学校环境建设不能忽视信息因素,应把社会信息作为一个重要的环境因素加以调控。教师应对大量涌入学校的各类社会信息进行及时的筛选,保留有利于学生身心发展的信息,并利用有益信息排除不利信息的干扰,将自发的信息影响转化为有目的的信息影响。在此基础上,教师还须进一步指导学生分辨和选择信息,使学生能够正确地筛选信息、用良好的信息来丰富自己的精神生活,增强抵制不良信息影响的能力。

（八）主体性原则

这是指教育者不仅自己要重视调控学校环境,而且要重视学生在调控学校环境方面的作用,培养学生自控、自理环境的能力。与教师一样,学生也是学校环境的主人,可以说,创造良好学校环境的一切工作,几乎都离不开学生的参与、支持和合作。例如,环境卫生的打扫与保持,校园的绿化与美化,良好校风和班风的建设等等,都与学生紧密联系在一起。正因为这样,教育者应调动学生参与学校环境建设的主动性和积极性,培养他们对学校环境的责任感,提高他们控制环境和管理环境的能力。只有这样,创建良好学校环境的工作才能得到最广泛的支持——学生的支持,业已形成的良好学校环境才能得到持久的维护,也才能在学生的自觉、自愿的不懈努力中变得越来越美好。

二、校园物理环境的优化

一个好的教育传播环境设计不仅可以促进学习,更能让学习成为一种享受。

（一）时空环境优化

1. 时间环境

时间是学校内部一种无形但强有力的环境因素,不同的时间分配将学校内的一切活动有序地组织起来。能否科学、合理地安排和分配时间对学生的身心健康有很大影响。有关实验研究表明,人的生理心理活动能力在 24 小时内有不同表现。一天中大脑最敏捷、学习能力最强的时间是上午,而运动能力最佳的时间是下午。因此,上午应用来学习较难学习的学科,下午则可安排各种课外活动与社会活动。

另外,不同年龄儿童的学习持续时间也不同。据美国心理学家特曼测量,不产生疲劳的适当学习时间,6—8 岁为 30—40 分钟,9—12 岁为 40—50 分钟,13—15 岁为 50—60 分钟。而且,学习时间越长,消除疲劳的时间也越长。对此,日本学者田中宽一曾提出如下法则:"作业时间按等差级数增加,要消除伴随而来的疲劳,休息时间就得以等比级数增加。"

国外一些研究者根据测量,推荐各年龄段学生每日最大限度的学习时间是:7—9 岁为 3.5—4 小时,10—11 岁为 6 小时,12—14 岁为 7—8 小时,15—18 岁为 8.5—9 小时。据此,《学校卫生工作条例》规定,学生每日学习时间(包括自习与课外活动),小学生不超过 6 小时,中学生不超过 7 小时,大学生不超过 10 小时。

2. 空间环境

空间环境不仅是学生居住和学习的场所,更是广大师生的精神归属。空间环境有些具有开放性,如校园里的运动场、文化广场等,可以给人群活动提供空间;有些介于公共空间与私密空间之间,如学生公寓庭院;还有些是室内与室外之间的联结空间,如连廊等区域。

空间规划应本着"环境育人"的思想,根据交往活动的不同营造立体的、多层次的参与性系统空间,来丰富校园共享空间框架。校园交往空间形态应层次分明,有各类广场、各种绿地、步行道、联系走廊、庭院等;且在强调空间的连续性前提下有序流动与转换,形成各类空间的开敞与封闭、人工与自然、静态与动态的对比,使空间充满活跃的生气和愉快的变化,创造出从公共、半公共到半私密空间的自然转化,既反映了信息社会对空间流通和开放的要求,又保持了传统空间亲切宜人的尺度。为师生及校外人员提供各种社会交往、信息交流和知识融会的交往空间,来满足师生的礼仪、集会、运动、休闲、交流等功能要求;加强空间场所的功能复合性和模糊性,以适应不同人群的不同交往需求,激发校园空间的活力,为师生营造宜人的交往环境。

(二)教室的环境优化

教室是学生在学校学习中所处时间最长的地方。研究发现,教学空间组合形式直接影响着课堂中的交往和人际关系,影响学生的学习动机和学习态度,并最终影响教学效果。

1.班级的大小

在许多学校,班级的人数一直是影响教学的重要因素之一,同时也是教育家、教育心理学家和环境心理学家感兴趣的一个问题。在中国,普通学校一个班通常有50—60人;而在国外,一个班只有20多人。班级人数增多后带来的一个最主要的问题是,人员空间密度的增加,个人空间的减少。高密度增加了个体的分裂行为,在教室里,如果空间密度增大,学生的分裂行为也会增多。

例如,有学者在一所幼儿园做实验后发现,当班级人数增加后,儿童的合作性行为增多,但同时攻击性也提高了许多。更糟糕的是,班级人数的增加不仅增大了密度,而且增加了对学习资源使用的竞争,如书桌、学习资料和教师对每一个学生的关心。

研究表明,班级人数越少,这样的学习环境越有利于学生学习,也对教师和学生的态度、师生的交互和学生的学习成绩有帮助。然而,他们认为人数在20到25之间的班级,再增加几个人不会有什么太大改变。也就是说,同样增加5个学生,对原本人数为15人的班级所产生的影响,比对原本人数为28人的班级要小得多。

2.教室座位的设置

课桌椅的摆放会影响师生间的互动性和知识的获取。传统教室空间的排列方式是秧田式,这种方式适合于教师处于主要支配地位的课堂。以这种方式排列的话,坐在教室前排和中间的学生成绩往往要比坐在后排的好。因为坐在后面的学生可能看不清黑板,或听不清教师的讲话,他们会在心理上产生被冷落的感觉,导致对课程兴趣的降低。所以,教室桌椅可以采用马蹄形设计或者矩形设计,这样可以增加学生间、师生间的交流,减少教师和学生的距离感。马蹄形排列适合于师生交流比较多的活动;矩形排列适合于要学生互相讨论的活动。

座位还影响到学习态度和课堂参与性,它比学习成绩对学习态度和课堂参与性产生的影响要大。有研究表明,当学生坐在前排,或其座位距离教师较近的话,学生的课堂参与性会提高。此外,教育环境的还会影响学生的学习动机、情绪和智力发展。所以,有效的学习环境设计能够提高学习动机,使学生变被动为主动。

3. 开放型教室

在 20 世纪 60 年代的教育改革中,出现了开放型教室。开放型教室类似于开放式办公室。开放型教室是一种无隔墙、无房门的教室,通常是把教室分成若干个兴趣区,教学活动无固定的结构,由学生按自己的兴趣进行活动。在开放型教室里,教师的职责是为学生设计各种活动,创造学生所喜欢的环境。在开放型教室中,学生的个人空间需要得到满足,师生间的交往增多。

但是研究却发现,开放式教室的两个主要问题是无关干扰较多,以及私密性得不到保护。学者在有关开放型教室的研究中发现,教师和学生对开放型教室抱怨最多的就是它缺乏私密性,特别是教师,私密性对他们尤其重要,因为在开放型教室里,教师需要避免和来访者的谈话,或者避免其他活动让学生看到、听到。

学者萨默认为,教师划分教室空间的方式反映了他们的教育观。那么,传统教室和开放型教室对教师而言有何不同呢?学者威斯坦和沃夫克提出,给一组大学生展示不同类型教室的幻灯片,并要他们对使用不同类型教室的教师给予评价。结果,大学生们普遍认为,选择开放型教室的教师要更具有创造性、更关心学生的需要。

然而,在开放型教室里,学生进行不同的活动需要从一个地方走到另一个地方,所以比起传统教室,开放型教室对纪律的要求更高,这就需要教师花更多的时间和精力来管理课堂纪律。此外,开放型教室的灵活性和相对的自由,可以减少学生对学习的厌倦,提高学习动机。

三、"互联网＋教育"的环境优化

近年来科技的进步为当前教育环境的改革开辟了道路,国家也日益重视信息技术在教育改革与创新中的作用。

(一)"互联网＋教育"大平台

2021 年 7 月初,教育部在《关于推进教育新型基础设施建设构建高质量教育支撑体系的指导意见》中提出,建设"互联网＋教育"大平台,深入应用 5G、人工智能、大数据、云计算、区块链等新一代信息技术,充分发挥数据作为新型生产要素的作用,推动教育数字转型。为教育高质量发展提供数字底座。教育新基建的重点方向包括信息网络新型基础设施、平台体系新型基础设施、数字资源新型基础设施、智慧校园新型基础设施、创新应用新型基础设施、可信安全新型基础设施共六大类20项。

教育新型基础设施是以新发展理念为引领,以信息化为主导,面向教育高质量发展需要,聚焦信息网络、平台体系、数字资源、智慧校园、创新应用、可信安全等方面的新型基础设施体系。教育新型基础设施建设是国家新基建的重要组成部分,是信息化时代教育变革的牵引力量,是加快推进教育现代化、建设教育强国的战略举措。教育新基建的构建,为教育传播方式及教学创新提供了支撑环境。

(二)智能学习环境

随着我国教育信息化基础设施的完善,智能学习成为可能,设计智能学习环境是学习者智能学习的保障。

1. 智能学习

智能学习是建立在两种不同类型技术之上的学习,包括智能设备和智能技术。有学者描述了智能学习的10个关键特征:

(1)位置感知:在智能学习中,实时位置是系统适应学习者学习内容和学习情境所需要的重要数据。

(2)上下文感知:探索不同的活动场景和信息。

(3)社会意识:感知社会关系。

(4)互操作性:为不同的资源、服务和平台制定标准。

(5)无缝连接:为所有设备连接时提供连续服务。

(6)适应性:根据获取、偏好和需求推送学习资源。

(7)泛在性:预测学习者的需求,直至表达清楚,为学习者提供可视化、透明的学习资源和服务。

(8)全程记录:记录学习路径数据,进行深度挖掘和分析,提供合理的评估、建议,推动按需服务。

(9)自然交互:传递多模态交互的感官,包括位置和表情识别。

(10)高参与度:在技术丰富的环境中,沉浸在多方位的交互式学习体验中。

2.智能学习环境的关键特征

智能学习环境是指能够感知学习情境、识别学习者特征、提供合适的学习资源和便捷的交互工具、自动记录学习过程、评价学习结果,从而促进学习者有效学习的学习场所或活动空间。智能学习环境的设计要符合学生智能学习的特点,并能够有效地促进学生的智能化学习。智能学习环境具有三个关键特征:

(1)情境感知。系统必须能够根据学习者在线和现实状态提供学习支持。

(2)自适应支持。系统必须从不同的角度(学习表现、学习行为、概况、个人因素等)以及所处的在线和现实世界语境,根据学习者的个体需求,为其提供即时的、自适应的支持。

(3)户界面多样性。用户界面可以是任何移动设备(智能手机、平板电脑等)、可穿戴设备(数字腕表),甚至是嵌入日常物品的普适计算系统。

智能学习环境必须能检测并考虑实际的学习生态环境,将学习者置于真实场景中,为学习者调整学习界面和任务,提供个性化的反馈和跨学科的学习指导或支持,推荐学习工具或策略,根据学习者的在线学习状态和在现实世界中的学习状态,通过多种渠道与用户互动,促进正式和非正式的学习。

3.智能学习环境的设计策略

智能学习环境是一个以学习者为中心,以大数据、云计算为基础构建而成的智能的、先进的、灵活的、人性化的学习环境。智能学习环境涉及正式和非正式学习环境的语境、文化资源和社会文化等,它不仅与提高学习理念相联系,还强调了根据学习发生的地点进行调整,以适应个性化的需要。

智能学习环境能够更好地提供适应学习者个性特点的学习支持服务,实现随时随地、以任意方式和任意步调进行"4A"学习——任意时间(Any time)、任意地点(Any where)、任意方式(Any way)、任意步调(Any pace),促进学习者轻松地、投入地和有效地实现"3E"学习[有效的学习(Effective Learning)、投入的学习(Engaged Learning)、轻松的学习(Easy Learning)]。大量研究表明,基于智能学习环境的个性化学习服务能够有效促进深度学习的发生,为深度学习提供反馈、资源、情感、情境、个性化支持。通过对智能学习环境中学习者学习状态的监测,教师给予合乎伦理、多元、融入教与学中的评价,以此促进学习者的深度学习。因而智能环境的设计包括以下几个方面的要素:

（1）记录学习过程

智能学习环境能通过动作捕获、情感计算、眼动跟踪等感知并记录学习者在知识获取、课堂互动、小组协作等方面的全过程、全景式的情况。

（2）识别学习情景

智能学习环境能识别学习情景,包括学习时间、学习地点、学习伙伴和学习活动,结合学习行为分析,了解学生的学习需求,提供适应性支持,促进学习者个性化、自我导向的学习。

（3）感知学习环境

智慧学习环境能利用传感器技术监控空气、温度、光线、声音、气味等物理环境因素,为学习者提供舒适的物理环境。

（4）连接学习社群

智慧学习环境能够为特定学习情景建立学习社群,为学习者有效连接和利用学习社群进行沟通和交流提供支持。

（5）个性化服务

智慧学习环境的目标是为学习创建可过程记录的、可情境识别的、可环境感知的、可社群连接的条件,促进学习者轻松、投入和有效地学习。

在智能学习环境中,可以结合学习分析呈现学习者特征、学习内容、处理信息的方式等数据,为学习者自动推送相关学习资源,促进学习个性化学习,同时还可以根据学习结果数据分析采取干预措施,通过迭代循环过程,更好实现个性化服务,从而达到提高学习和教学成效的目的。

四、信息环境的优化

信息环境优化的关键是要认真筛选各种社会信息,实现信息优控。学校环境是一个开放的系统,作为一种微观社会环境,它与社会大环境经常进行着物质、能量和信息的交流。当今世界是信息的海洋,各种社会信息都能及时传入学校,社会信息良莠混杂。要消除信息污染,实现信息优控,应当注意以下几点要求。

（一）建立严格的审查和把关制度

信息污染是一种公害。为了消除信息污染,可以采用行政手段加以控制,甚至采取法律、经济制裁措施。如严格审查和把关制度,不让有害信息进入大众媒体传播渠道;同时大力传播积极的、有助于社会前进的正面内容,以抵消信息污染带来的危害。

（二）不断提高教育者的理论修养和识别能力

教育者只有不断地提高自己的理论修养，才能增强对社会信息的判断和反馈能力，教育传播环境中的社会信息才能得到优控。

（三）注意对社会信息的及时筛选和处理

教育者要把社会信息作为一个重要环境因素加以调节控制，要对大量涌入学校的各类社会信息进行及时筛选和处理，保留有利于教学和学生发展的各种信息，并利用有益信息排除不利信息的干扰，将自发的信息影响转化为有目的的信息影响，以实现信息的优控。

五、人际关系和校风班风优化

良好的人际关系是一种协调合作的关系，双方交往融洽，团结协作，为着一个共同的目标而努力。良好的校风、班风的基本特征是勤奋、团结、求实、上进、文明、守纪等。

（一）人际关系

教育实践表明，在良好的人际环境中，教师对学生的无限期望与爱的情感，同学之间相互尊重、关心和爱护，以及建立在这种基础上的融洽友好的人际关系，可以有效地增强学生适应环境的能力，使他们保持良好的心境，对现实与未来抱有乐观的态度，进而形成活泼开朗、积极进取的性格。反之，在缺乏友爱、理解的人际环境中，学生易形成抑郁、自卑、猜疑、嫉妒、冷漠等不良性格。恶劣的人际关系会大大降低学生的社会适应能力，造成他们心理压抑，使他们产生人际关系障碍，严重的可能会导致病态人格。要建立和发展良好的人际关系应当注意以下几点。

1. 遵循平等原则和相容原则

任何正常人都是希望得到别人的平等对待的。在人际交往中，平等待人是建立良好人际关系的前提，没有平等待人的观念，就不能与人建立协调合作的关系。

运用平等原则时，要努力做到对人谈话，应是谈心式的，而不是训话式的；像对待朋友那样平等地对待交往对象；积极参与共同活动，如共同参加文娱、体育活动。在轻松活泼的气氛中，融洽的人际关系便会油然而生。

2.消除自傲、自卑、猜疑、嫉妒等心理障碍

建立和发展良好的人际关系,要注意消除影响人际关系的种种心理障碍,如自傲、自卑、猜疑、嫉妒等。特别是嫉妒心理,在现实生活中对人际关系危害最大。

要消除嫉妒心理,一条有效的途径是培养竞争意识。当有人比自己强时,不是嫉妒,而应该要竞争;不是设法把强者搞垮,也不是无动于衷,而是在不危及强者的前提下,奋起直追,赶上甚至超过强者。竞争意识是一种奋发向上的精神,它能将人的嫉妒心理升华为激励自己前进、也有益于社会的积极行为,从而避免嫉妒行为的出现。

(二)校风与班风

一个学校的风气、氛围即校风。校风有两种水平,一种是一般水平的校风,即所有学校都可能且应当形成的风气,如勤奋好学之风、文明礼貌之风、团结友爱之风等;另一种是特殊水平,即指一所学校区别于其他学校的独特之风,或者说是一所学校的诸多良好风气中,最为突出且有率领意义的某种作风,这种校风代表了该校的特色,如北大的学术民主之风、清华的严谨认真之风等。要建立良好的校风与班风,应做到以下几点:

1.加强爱国主义和爱校的教育,开展形式多样的有益活动

加强爱国主义和爱校、爱班的教育,进行校规校纪的教育,进行行为规范养成教育;重视奖励有效的教学与学习,支持改进教学与学习的努力;组织开展形式多样、生动活泼的文体活动和其他各种有意义的活动……这些都是建立和发展良好的校风、班风的有效途径。

2.进行持之以恒的培育

校风和班风的形成过程是一个长期的过程。首先,要对校风和班风进行有组织的教育、提倡、宣传和感染,以使所要倡导的风气深入人心。其次,学校要结合教育、教学活动,经常为学生创设一个良好的情景条件,充分利用图书馆、科技馆开展丰富多彩的课外读书及科技活动,通过校史展览、校庆、校友返校日等活动宣传学校优良传统,以此来激励学生对学校的光荣感和自豪感。再次,学校领导和教师应以身作则,为学生树立良好的榜样。换言之,学校领导和教师要以自己良好的工作作风和教风带动良好校风的形成。最后,要通过制定严格的校纪、校规及运用一定的奖惩手段来强化校风的形成。

六、重视培养学生自己控制、管理环境的能力

建立良好的教育传播环境，需要教师的精心设计，也需要学生的积极参与。建立和发展良好的教育传播环境的一切活动，都离不开学生的参与、支持和合作。

（一）帮助学生认识环境的功能与重要性

帮助学生不断提高对自控自理环境的功能和作用以及自控自理环境重要意义的认识。学生有了这个认识，才能产生建立良好教育传播环境的责任感和参与建设的主动性、积极性。

（二）让学生组织自己的全部活动

在教育传播环境的改善和建设过程中，要让学生组织自己的全部活动，并使每一个学生都能找到自己在活动中所担任的角色。只有这样，学生建设环境、管理环境的能力才能得到充分的发挥。

（三）对学生的活动进行适当的评价和指导

教师应鼓励学生在建设和管理教育传播环境的活动中充分显示自己的才干，并经常对学生在创建和维护教育传播环境的活动中所取得的成绩和存在的问题进行适当的评价和指导，以更好地帮助他们发展自控自理环境的能力。

第六节　教育传播环境的评价

评价，通常是指对一件事或人物进行判断、分析后的结论。对教育传播环境的评价是根据一定的标准来判定其是否有利于教育传播活动开展。

一、教育传播环境评价的内涵

教育传播环境评价是指对教育传播的环境质量的鉴定。早在 20 世纪 30 年代中期，教育环境研究的先驱、美国学者托马斯·魏德就出版了教育环境评价方面的第一部专著——《中学学校环境测量》。他指出："正如学生的智力水平是可以测量的一样，学校环境的水平也是可以测量和评价的。如果评价的结果显示一所学校的环境水平低于其他学校，那么人们就会据此考虑和寻求提高这所学校环境水平的途径与方法。"魏德的这一段话，对评价教育传播环境的目的和意义作了精辟的概括。

教育环境质量评价是以学生生活、学习和发展的教育环境质量为对象，依

据教育目标(包括管理目标)和"环境育人"的价值取向,运用一切有效而可行的方法与手段,系统地收集有关教育环境建设与状态的信息,对教育环境达成目标及其育人效果进行价值判断,为创设和优化教育环境提供依据的过程。教育环境质量评价包括三个基本要素:一是对象,即教育环境质量;二是依据,即教育目标以及"环境育人"的原则;三是目的,即为创设和优化教育环境提供参考。

二、教育传播环境评价的标准

(一)教育传播环境评价标准取向

关于教育传播环境的评价标准,根据不同的评价目的有不同的标准取向。如果以审批或检查是否达标为评价目的,一般以教育行政主管部门颁定的教育环境基本要求为标准,如我国已公布的《学校卫生工作条例》《国家学校体育卫生条件试行基本标准》《中小学校建筑设计规范》《中小学教室采光和照明卫生标准》《书写板安全卫生要求》《学校课桌椅功能尺寸》《中小学校教室换气卫生标准》《室内空气质量标准》《中小学校教室采暖温度标准》《学校卫生综合评价》等。如果以相对评价即评比为目的,则应以评价范围内的中等环境质量为标准;如果以绝对评价或促进教育环境不断优化为目的,则应以国内外优良环境质量或理论研究提出的理想环境质量为标准。

(二)教育传播环境评价标准的原则

具体的评价标准要体现这样几个原则:

1. 教育性

教育传播环境诸因素应具有教育意义和教育价值,有益于提高教学效率和促进学生发展。

2. 科学性

教育传播环境的建设,要符合学生身心发展的特点和教育学、心理学、学校卫生学的基本要求。

3. 实用性

教育传播环境的建设,要适应教学传播的实际需要,不搞形式主义。

4. 经济性

教育传播环境的建设,应在力所能及的经济条件下进行,力求做到以较小代价,取得较大的效益。

5. 整体性

教育传播环境的建设,要有全局观念,把各种环境因素有机地协调为一个整体。

三、教育传播环境评价的内容

教育传播环境评价的内容,大致有如下几个方面。

(一)物质环境的评价

(1)校园环境中的空气、噪音控制、交通、户外活动场所、各种安全设施是否适当?

(2)校园内的建筑物是否符合学生学习和生活的需要?

(二)教室环境

1. 物质设施

(1)教室内是否有足够的照明设备?

(2)教室内的照明是否能配合各种不同活动的需要?

(3)教室内的光线是否柔和,能否避免"刺眼"的光源?

(4)教室内的空气是否流通?

(5)教室内的温度是否能控制在20—24℃范围内?

(6)有无适当的隔音设备,防止或减少外界噪音?

(7)教室内的色彩是否柔美且令人宁静、舒适?

(8)教室内是否有各种需要的设备和器材?

(9)教室内的设备,如桌椅、教具等,可否因不同的学习活动而弹性移动位置或组合?

(10)教室内有无提供反馈(如整肃仪容的镜子)和示范(如书法、作文样本)以提醒学生注意的设施?

2. 空间设施

(1)学生能否有足够的空间来活动?

(2)学生出入座位时能否不干扰到别人?

(3)是否有适合大小不同的集体活动的地方?

(4)是否有供个别学生单独学习的特殊地方?

(5)是否有接受个别指导的地方?

(6)是否有独自做功课的地方?

（7）是否有进行个别练习的地方？

（8）教师的单元教学计划中有没有考虑到环境因素及其使用情况？

（9）为改进教学，教师有无适时地改变环境？

（10）使用过的教学器材是否整理归位以免杂乱无章？

（11）教师有没有系统地观察和评估环境的效能？

（三）社会心理环境的评价

（1）学术风气的状况。

（2）社会意识的状况。

（3）集体观念的状况。

（4）文明礼貌的状况。

（5）求实精神的状况。

第七章　教育传播效果

【学习目标】

学习完本章后,应能做到:

1.阐述大众传播效果的理论变迁。

2.阐释早期的传播效果论、有限效果论、强效果论的基本观点。

3.阐述传播效果研究的趋势。

4.阐释教育传播效果的含义。

5.列举教育传播效果的特征。

6.列举教育传播效果表征的内容。

7.构建教育传播效果测量方法。

8.阐释教育传播效果优化的含义。

9.分析教育传播效果的影响因素。

10.阐释教育传播效果优化的原理。

11.设计教育传播效果优化的方法与途径。

【知识导图】

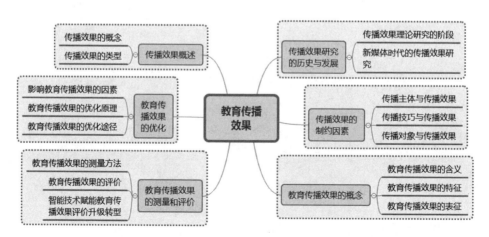

第一节　传播效果概述

教育传播的最终目的是要取得良好的教育传播效果。教育传播过程的教育信息为受教育者所接受、理解及转化为其知识与能力的程度,是衡量教育传播效果的重要标志。教育传播与大众传播都是信息传播过程,虽然在传播的目的、过程及受众等方面两者存在着明显的区别,但其信息传播效果的基本原理可相互借鉴。

一、传播效果的概念

(一)什么是传播效果

所谓效果,指的是人的行为产生的有效结果。这里的"有效结果",狭义上指的是行为者的某种行为实现其意图或目标的程度;广义上则指这一行为所引起的客观结果,包括对他人和周围社会实际产生的一切影响和后果。因此,在传播学研究领域,传播效果这个概念也具有下述双重含义:

第一,它指带有说服动机的传播行为在受传者身上引起的心理、态度和行为的变化。说服性传播,指的是通过劝说或宣传来使受传者接受某种观点或从事某种行为的传播活动,这里的传播效果,通常意味着传播活动在多大程度上实现了传播者的意图或目的。

第二,它指传播活动尤其是大众传播媒介的活动对受传者和社会所产生的一切影响和结果的总体,不管这些影响是有意的还是无意的、直接的还是间接的、显性的还是潜在的。

第一重含义是容易理解的。例如,父母劝说孩子不要沉迷于网络游戏,应该把主要精力放在学习功课上,他们使用了规劝、感化等各种各样的说服方法,希望孩子能够理解父母的一片苦心。在这里,传播效果便意味着父母的主观意图是否得到了实现,换句话说,也就是孩子是否听从了父母的教诲。

第二重含义比较复杂一些。它要强调的是,不管传播者有没有主观意图,他们所从事的传播活动总会伴随着各种各样的结果。父母的言行有的是有意教育孩子的,有的则会在无意中给孩子以这样那样的影响。记者写了一篇关于物价即将上调的消息,本意是让受众有一个心理准备,但结果也许会引起消费者恐慌或大规模的抢购风潮;电视剧导演着意描写暴力场面,其意图可能仅仅是为了提高"卖座率",但实际也许会成为某些青少年犯罪的诱因。这些传播行为不管其意图如何,总会对受传者产生一定的作用和影响,研究传播效果时不能不把它们考虑在内。

传播效果概念的双重含义,构成了这项研究既相互联系又相互区别的两个重要方面:一是对效果产生的微观过程分析,二是对它的综合、宏观过程的考察。前者主要研究具体传播过程的具体效果,后者主要研究综合的传播过程所带来的综合效果。在大众传播效果研究中,尤以大众传媒的活动对社会的运行、变化和发展所产生的宏观效果为主要考察对象。

(二)传播效果的三个层面

传播效果又可以分为不同层面。根据学者们大体一致的看法,传播效果依其发生的逻辑顺序或表现阶段可以分为三个层面:外部信息作用于人们的知觉和记忆系统,引起人们知识量的增加和认知结构的变化,属于认知层面上的效果;作用于人们的观念或价值体系而引起情绪或感情的变化,属于心理和态度层面上的效果;这些变化通过人们的言行表现出来,即成为行动层面上的效果。从认知到态度再到行动,是一个效果的累积、深化和扩大的过程。

上述三个层面既体现在具体的、微观的传播过程中,也体现在综合的、宏观的社会传播过程中。大众传播的社会效果的三个层面是:

1. 环境认知效果

在现代社会,我们对周围世界的知觉和印象在很大程度上依赖于大众传播媒介。大众传媒是以传递信息、报道事实、提示社会上发生的事件为己任的,但它们并不是有闻必录。传媒报道什么、不报道什么、从什么角度进行报道,都在影响着我们对周围环境的知觉与印象。这种效果,传播学中也称"视野制约效果",换句话说,大众传播制约着我们观察社会和世界的视野。

2. 价值形成与维护效果

大众传媒在报道的新闻和传达的信息中,通常包含着是与非、善与恶、美与丑、进步与落后的价值判断。大众传媒提倡什么、反对什么,客观上起着形成与维护社会规范和价值体系的作用。这种作用是通过传媒的舆论导向功能发挥出来的,它可以通过舆论引导形成新的规范和价值,又可以通过舆论监督来维护既有的规范和价值。

3. 社会行为示范效果

大众传媒的影响并不仅仅表现在认知和价值取向的领域,它们还通过向社会提示具体的行为范例或行为模式来直接、间接地影响人们的行动。大众传播具有"地位赋予"功能,一种行为如果得到传媒的广泛报道和传播,往往会成为一般人学习或仿效的对象。

二、传播效果的类型

传播效果有多种多样的分类。从时间上考虑,可以分为短期效果和长期效果;从与传播者意图的关联上,可以分为预期效果和非预期效果;从效果的性质上,可以分为积极(正)效果、消极(负)效果、逆反效果等,此外还有一些效果的中间形态。英国学者 P. 戈尔丁关于传播效果的分类对我们有一定参考价值。他以时间和意图两个要素相组合,将大众传播的效果分为四种类型,如图 7 - 1 所示。

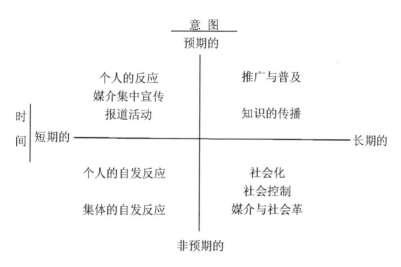

图 7 - 1 戈尔丁的传播效果类型

1. 短期的预期效果

短期的预期效果包括"个人的反应"和"对媒介集中宣传报道活动的反应"两种。前者指特定信息在个人身上引起的认知、态度和行动的变化;后者指的是一家或多家媒介为达成特定目标而开展的说服性宣传运动,如政治动员、促销广告、社会募捐等。

2. 短期的非预期效果

这里也有"个人的自发反应"和"集合的自发反应"两类。前者指个人接触特定信息后所发生的、与传播者意图无直接关系的模仿或学习行为,这些行为可能是有利于社会的,如从中学习知识或领悟人生道理,也可能是反社会的,如接触有害的传播内容所诱发的青少年犯罪等。后者主要指社会上许多人在同一信息的刺激和影响下发生的集合现象,如物价上涨信息引起的抢购风潮、重大事件报道引起的社会恐慌或骚动等。"集合的自发反应"中也有一些是健康有益的,但传播学者们更加关注由信息传播引起的突发性集合行为对正常的社会秩序造成的破坏性结果。

3. 长期的预期效果

长期的预期效果指的是就某一主题或某项事业进行的长期信息传播所产生的与传播者意图相符的累积效果。如,经常性的政策宣传、新事物的长期推广与普及、知识教育的目标实现程度等。

4. 长期的非预期效果

这种类型指的是整个传播事业日常的、持久的传播活动所产生的综合效果或客观结果,如大众传播对个人社会化过程的影响,传播媒介在社会的政治、经济、意识形态和文化的发展变化中所扮演的角色和发挥的作用等。

第二节　传播效果研究的历史与发展

人类对传播效果的考察有着悠久的历史。当代著名传播学家丹尼斯·麦奎尔在他的著作《传播理论》中指出,整个大众传播研究完全建立在大众媒体具有明显效果的假设上。自从 20 世纪 30 年代大众传播作为一个术语出现以来,传播学者一直在探索传播效果的规律。

一、传播效果理论研究的阶段

从 20 世纪初到现在,传播效果研究已有近百年的历史,它本身也经历了一个发展变化的过程。就对大众传播效果的性质和影响力强弱的认识而言,大众传播效果的理论研究分为如图 7−2 所示的阶段。

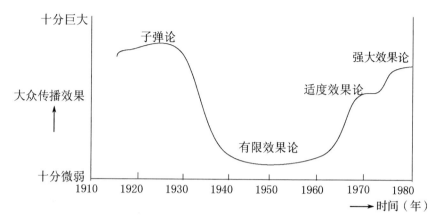

图 7 - 2　大众传播效果理论的变迁

（一）子弹论时期

20 世纪初到 20 世纪 30 年代末,研究认为,大众传播具有强大的威力,各种讯息可以从机构或个人的头脑里几乎不知不觉或者毫无抵抗地灌输到另一个受众头脑里,进而改变其态度,影响其行为,于是产生了"皮下注射论""刺激—反应论""子弹论""魔弹论"等。这些理论认为,软弱的受众像射击场的靶子,无法抗拒子弹的射击。施拉姆曾对这类观点进行概述:"传播被视为子弹,它可以毫无阻拦地传递观念、情感、知识和欲望。传播似乎可以把某些东西注入人的头脑,就像电流使电灯发出光亮一样直截了当。"

表 7 - 1　子弹论的理论内容

理论内容	主要要点
媒介形象	万能的,强大无比的
受众形象	被动的,隔离的
研究领域	战争宣传、广告、洗脑
代表理论	宣传分析、宣传的七种技巧

子弹论观点的出现与当时西方盛行的本能心理学有密切关系,本能心理学认为人的行为受到本能的"刺激—反应"机制的主导,由于人的遗传生理机制是大致相同的,若施以某种特定的"刺激"便能引起大致相同的"反应"。这个模式的主要组成部分是:讯息(即刺激,S);接受者(即有机体,O);效果(即反应,R)。这些要素之间的关系通常以 S→O→R 表述。德弗勒指出,子弹论以本能的"刺激—反应"论和媒介效力强大的信念为基础,再加上"相互隔绝、孤立无

援"的受众观,也就必然会得出大众成员可以被媒介所左右的结论。

子弹论是一种唯意志论的观点,它过分夸大了大众传播的力量和影响,忽视了影响传播效果的各种客观社会因素,并且否定了受众对大众传媒的能动的选择和使用能力。

(二)有限效果论时期

从 20 世纪 40 年代开始,子弹论的效果观逐渐受到否定,20 世纪 40 年代以后,随着"伊里调查"(指拉扎斯菲尔德、贝雷尔森和高德特在 1940 年美国总统大选期间,围绕大众传播的竞选宣传对选民投票意向的影响所做的一项实证调查的研究报告——《人民的选择》。这次调查在俄亥俄州的伊里县进行,所以又被称为"伊里调查")等一系列研究的展开,子弹论被逐渐抛弃。传播效果研究开始进入第二个时期。

通过"伊里调查"人们发现,人际传播的作用更大于大众传播,媒介信息通过"意见领袖"的"过滤"和"加工"后到达与意见领袖有社会接触的个体。概念往往先从无线电广播和报刊流向舆论领袖,然后再从这些人流向人口中不那么活跃的部分,即形成大众传播→意见领袖→受众的传播过程,这就是"两级传播"(如图 7-3)。两级传播比直接的大众传播更具有说服力,经过意见领袖再加工的信息针对性更强,更容易被受众接受和相信。

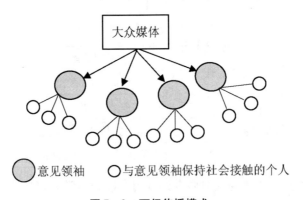

图 7-3　两级传播模式

1960 年,J. T. 克拉帕在《大众传播效果》一书中,对《人民的选择》和《个人影响》以来的"传播流"研究进行了系统总结,他认为大众传播只是效果产生的众多中介因素之一,媒介仅拥有极小或有限的效果,强调了大众传播影响的无力性和效果的有限性,因而被称为"有限效果论"。

表7-2　有限效果论的理论内容

理论内容	主要要点
媒介形象	社会地位不高,影响小
受众形象	受制于各种人际关系、组织团体和社会规范
研究领域	劝服效果、受众对信息的选择、态度变化等
代表理论	态度劝服理论、两级传播论、劝服效果理论

有限效果论认为传播不是简单的刺激与反应,也不是单方面的行为,而是传播者与受传者双方的互动行为。它认为传播活动是传受互动的过程,受众是具有不同特点的个体,不是应声而倒的靶子。有限效果论的代表学者是拉扎斯菲尔德、卡兹和克拉帕。他们通过实证调查揭示了大众传播过程中的许多影响和制约因素,对理解传播效果的原理和复杂性具有重大意义。

(三)适度效果论时期

20世纪70年代,随着大众传播媒介和大众传播事业(主要是电视)在全世界的发展,大众传播效果研究进入适度效果论时期。这一时期,先后形成了一批新的理论模式或假说,其中包括"议程设置功能""沉默的螺旋""知识沟""涵化"理论等,他们的立场被称为适度效果模式。

表7-3　适度效果论的理论内容

理论内容	主要要点
媒介形象	有一定的影响力
受众形象	主动寻求需求的信息
研究领域	使用与满足、议程设置、文化规范
代表理论	使用与满足理论、创新与扩散理论、议程设置理论、培养理论、知识沟假说

学者们认为,这些理论或假说的主题、内容各不相同,但有几个共同的特点:第一,它们研究的焦点大都集中于探索大众传播综合的、较长期的和宏观的社会效果;第二,它们都不同程度地强调传媒影响的有力性;第三,它们都与社会信息化的现实密切结合在一起。因此,这些理论也被称为宏观效果理论,从表面上看,虽然与早期的子弹论一样都强调大众传播具有相当强大的效果,但这些理论都是在充分考虑各种制约因素的基础上,对大众传播的影响和效果做

出的重新评价,相较子弹论会更加细致、谨慎。

(四)强大效果论

进入 20 世纪 80 年代以后,传播学界对传播效果的评价在进一步提高,逐渐形成新的强大效果论。"强大效果论",是赛弗林和坦卡德对当时正在形成中的传播效果研究现象和态势所做出的大胆概括。他们认为,传播学界对传播效果强度的评价正迅速回升。

表 7-4 强大效果论的理论内容

理论内容	主要要点
媒介形象	强大的,具有累积性、普遍性和共鸣性
受众形象	主动的,属于社会群体的
研究领域	舆论形成、象征性现实
代表理论	"沉默的螺旋"理论

德国女传播学家诺埃勒—诺依曼 1974 年在《传播学刊》上发表的论文《重归大众传播的强力观》对大众传播在形成社会舆论中所发挥的强大作用进行了深入研究,她认为大众传播的强大效力是通过累积性、普遍性、和谐性三者结合而产生的。

累积性是指大众传播不断传递重复信息而产生的累积性效果。普遍性是指面向社会大众的传播媒介肯定会有广泛的影响。和谐性是指在社会性的传播活动中由不同的大众传播媒介对某一方面的事件进行集中传播,在受众中形成了统一印象,这种和谐的效力使受众无法回避,很难再选择其他信息,足以克服受众的选择性接触,结果使人们对特定事物所形成的看法往往是一致的。

诺依曼在 1980 年出版的《沉默的螺旋:舆论——我们的社会皮肤》一书中认为,个人意见的表明是一个社会心理过程。作为一种社会性的动物,个人在表明自己观点的时候通常会先观察周围的"意见气候"环境,当发现自己的观点属于多数优势的时候,便倾向于积极大胆地公开自己的意见,反之则会屈从于社会压力转向"沉默"。这样的"沉默"会造成另一方意见优势的增大,反过来迫使更多持不同意见者转向"沉默",逐渐形成一个"一方越来越大声疾呼,而另一方越来越沉默下去"的螺旋式过程,在社会传播过程中扩散开去,最终导致社会生活中占压倒优势的"多数意见"——舆论的诞生。大众传媒通过营造"意见环境"来影响和制约舆论。从众和惧怕孤独的强制心理使得人们认同"优势意见",而大众传媒正是这种"优势意见"的主要制造者。大众传媒的"共鸣效果""累积效果""普遍效果"决定了大众传媒在舆论形成过程中具有特殊优势。"沉默的螺旋"理论突出了大众传媒具有强大的社会效果和影响。传播媒介提示的"意见环境"未必是社会上意见分布状况的如实反映,而一般社会成员对这种分布又处于"多元无知"状态。在这种情况下,传媒提示和强调的即便是少数人的意见也会被人们当作"多数意见"来认知。可以说,传播媒介具有"创造社会现实"的巨大力量。

二、新媒体时代的传播效果研究

新媒体技术的出现,尤其是互联网的发展,对经典传播效果的理论研究,使旧有理论涉及的假设条件、环境影响和心理状态都产生了巨大的影响。

随着云时代的来临,大数据也吸引了越来越多的关注。大数据分析相比于传统的数据仓库应用,有四个特点:第一,数据体量巨大,从 TB 级别,跃升到 PB 级别;第二,数据类型繁多,如网络日志、视频、图片、地理位置信息等不一而足;第三,价值密度低,以视频为例,连续不间断监控过程中,可能有用的数据仅仅有一两秒;第四,处理速度快,传播技术的变革推动着人们对传播效果研究的进一步深化。

随着网络技术的发展和普及,传播对社会生活的影响更加深入,网络传播在政治、经济、文化等方面的强大效应正日益引发人们的关注。在政治方面,网络的开放性信息传播把一盘散沙式的"大众"连接成能够相互交流、从而协调行动的整体,在北非一些国家的社会变革中发挥了巨大的作用,推动了全世界的民主化进程。在经济方面,互联网正在终结一些传统的行业,并造就新的虚拟经济形式。在文化方面,多元化趋势加剧,正如尼葛洛庞帝在《数字化生存》中的预言:"你和你的邻居收看同一张报纸的时代一去不复返了。"互联网如何改变和加强大众传播的效果,还有待于我们在实践中进一步观察。

第三节 传播效果的制约因素

制约传播效果的因素是多种多样的。本节主要从传播主体、传播技巧和受众三个方面对效果形成过程做一个概括和分析。

一、传播主体与传播效果

作为传播主体的传播者,不但掌握着传播工具和手段,而且决定着信息内容的取舍选择,作为传播过程的控制者发挥着主动的作用。传播者本身的某些特点会对传播效果产生重要的影响。

(一)信源的可信度效果

传播者决定着信息的内容,但从宣传或说服的角度而言,即便是同一内容的信息,如果出于不同的传播者,人们对它的接受程度是不一样的。这是因为,人们首先要根据传播者本身的可信性对信息的真伪和价值做出判断。可信度包含两个要素:第一是传播者的信誉,包括是否诚实、客观、公正等品格;第二是专业权威性,即传播者对特定问题是否具有发言权和发言资格。这两者构成了可信度的基础。

霍夫兰等人提出了"可信性效果"的概念。一般来说,信源的可信度越高,其说服效果越大;可信度越低,说服效果越小。"可信性效果"的概念说明,对传播者来说,树立良好的形象争取受众的信任是改进传播效果的前提条件。

(二)"休眠效果"

由信源可信性带来的说服效果并不是一成不变的。霍夫兰等人通过实验发现,随着时间的推移,高可信度信源的说服效果会出现衰减,而低可信度信源的说服效果则有上升的趋势(图7-4)。艾宾浩斯的遗忘曲线原理(图7-5)解释了这一现象,人脑对信息的记忆量随时间推移逐渐减少,而忘却是从信息的次要属性开始的。作为信息重要属性的内容观点我们会保持长期的记忆,而诸如"谁说的"的这种信源信息作为边缘属性在记忆中可能首先会模糊或被淡忘。

低可信度信源发出的信息,由于信源可信性的负影响,其内容本身的说服力不能得以马上发挥,处于一种"睡眠"状态,经过一段时间,可信性的负影响减弱或消失以后,其效果才能充分表现出来。这种现象,霍夫兰等人称为"休眠效

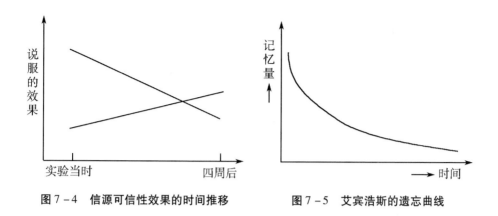

图 7-4 信源可信性效果的时间推移　　图 7-5 艾宾浩斯的遗忘曲线

果"(图 7-6)。尽管"休眠效果"尚有待进一步研究和证实,但它说明了一个重要道理,即信源的可信性对信息的短期效果具有极为重要的影响。但从长期效果来说,最终起决定作用的是内容本身的说服力。

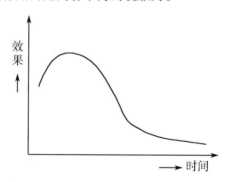

图 7-6 "休眠效果"示意图

二、传播技巧与传播效果

传播技巧指的是在说服性传播活动中为有效地达到预期目的而采用的策略方法。传播技巧包括内容提示法、说理法和诉求法等。

(一)"一面提示"与"两面提示"

对某些存在对立因素的问题进行说服或宣传,通常会有两种做法:一种是仅向说服的对象提示自己一方的观点或于己有利的判断材料,称为"一面提示";另一种是在提示己方观点或有利材料的同时,也以某种方式提示对立一方的观点或不利于自己的材料,称为"两面提示"。两种方法各有利弊。一般来说,"一面提示"能够对己方观点做集中阐述,论旨明快,简洁易懂,但同时也会给人一种"咄咄逼人"的印象,使说服对象产生心理抵抗。而"两面提示"由于给对立观点以发言机会,给人一种"公平"感,可以消除说服对象的心理反感,但由于同时提示对立双方的观点,论旨变得比较复杂,理解的难度增加,在提示对方观点之际如果把握不好分寸,反而容易造成为对方做宣传的结果。

(二)"明示结论"与"寓观点于材料之中"

一般来说,在传播过程中明示结论可使观点鲜明,受传者易于理解传播者的意图和立场,但同时也容易使传播内容显得比较生硬而引起反感。但若不做明确结论,而仅仅提供引导性的判断材料、寓观点于材料之中的做法,则给受传者一种"结论得自于自己"的感觉,可使他们在不知不觉中接受传播者观点的影响。然而,这种方法容易使传播主旨变得隐晦、模糊,增加理解的困难性,有时不易贯彻传播者的意图。

根据众多研究的成果,可以得出以下几条一般结论:

(1)在论题和论旨比较复杂的场合,明示结论比不下结论效果要好。

(2)在说服对象的文化水平和理解能力较低的场合,应该明示结论。

(3)让说服对象自己得出结论的方法,可以用于论题简单、论旨明确或对象文化水平较高、有能力充分理解论旨的场合,因为在这种场合,如果再明确提示结论则会有画蛇添足之嫌,容易引起对象的烦躁或反感而对说服效果产生负面影响。

(三)"诉诸理性"与"诉诸感情"

"诉诸理性"是通过冷静地摆事实、讲道理,运用理性或逻辑的力量来达到说服的目的;"诉诸感情"主要是通过营造某种气氛或使用感情色彩强烈的言辞来感染对方,以谋求特定的效果。

这两种方法的有效性因人、因事、因时而异,有些问题只能靠"诉诸理性"的方法来解决(如科学上的争论靠感情说服不了对方),有些问题采取"诉诸感情"方法可能更有效(如在紧急情况下,"振臂一呼"较之于慢节奏的说理有效得多),而在日常的思想教育活动中,将两者结合起来的"动之以情、晓之以理"的方法则更能收到良好的效果。另外,心理学研究证明,由于每个人的性格、经历、文化水平不同,其行动受理性和感情支配的程度也有明显的差异,有些人易于接受道理的说服,而另一些人则更容易受情绪或气氛的感染。因此,无论使用哪种方法,正确把握问题的性质并充分了解说服的对象,乃是取得良好效果的基本前提。

（四）恐惧诉求

恐惧诉求即通过"敲警钟"来刺激人们的恐惧心理以追求特定效果。它具有双重功效：

（1）它对事物利害关系的强调可最大限度地唤起人们的注意，促成他们对特定传播内容的接触。

（2）它所造成的紧迫感可促使人们迅速采取应对行动。

传统的教育心理学认为，在一定条件下，奖惩越重效果越大，费斯廷格的"认知不协和理论"认为惩罚过重或过轻效果都不佳，而中度的惩罚对促成态度的转变最为有效，这些观点都有实验结果为其依据。尽管结论尚难统一，但这些研究至少告诉我们，"敲警钟"必须掌握分寸，切合实际，不能仅靠危言耸听解决问题。

三、传播对象与传播效果

传播效果的形成是一个多种因素交互作用的过程，不仅传播主体、内容和技巧会对效果产生影响，传播对象自身的属性也起着同样重要的制约作用。

传播对象的属性通常包含以下几个方面：性别、年龄、文化程度、职业等人口统计学上的属性；人际传播网络；群体归属关系和群体规范；人格、性格特点；个人过去的经验和经历等。所有这些属性都作为人们接触特定媒介或信息之际的"既有倾向"或背景，规定着他们对媒介或信息的兴趣、感情、态度和看法，同时对传播效果产生重要的影响。

（一）意见领袖

在传播学中，活跃在人际传播网络中，经常为他人提供信息、观点或建议并对他人施加个人影响的人物，被称为"意见领袖"。意见领袖作为媒介信息和影响的中继和过滤环节，对大众传播效果产生着重要的影响。

意见领袖具有下述基本特征：

（1）与被影响者一般处于平等关系而非上下级关系。换句话说，意见领袖未必是大人物，相反，他们是我们生活中所熟悉的人，如亲友、邻居、同事等。正因为他们是人们所了解和信赖的人，他们的意见和观点也就更具有说服力。

（2）意见领袖并不集中于特定的群体或阶层，而是均匀地分布于社会上任何群体和阶层中。每一个群体都有自己的意见领袖，他们与被影响者保持着横向传播关系。

(3)意见领袖的影响力一般分为"单一型"和"综合型"。在现代都市社会中,意见领袖以"单一型"为主,即一个人只要在某个特定领域很精通或在周围人中享有一定声望,他在这个领域便可扮演意见领袖角色,而在其他不熟悉的领域,他们则可能是一般的被影响者。例如,一个对时事政治拥有广博知识的人可以在时政问题上给予他人指导,而在流行或时尚方面则可能接受其他行家的影响。在传统社会或农村社会中,意见领袖一般以"综合型"为主,如有名望的家族对当地社会往往有普遍的影响。

(4)意见领袖社交范围广,拥有较多的信息渠道,对大众传播的接触频度高、接触量大。

(二)群体归属和群体规范的影响

群体规范是指人们共同遵守的行为方式的总和。群体规范是每个成员必须遵守的已经确立的思想、评价和行为的标准,在不同的群体中会产生不同的作用。利用正式群体中的压力与非正式群体中的内聚力可以产生相应的道德效应。广义的群体规范包括社会制度、法律、纪律、道德、风俗和信仰等,都是一个社会里多数成员共有的行为模式。

考察群体对个人行为的影响有两个基本视角。一是作为现实社会关系网络的群体。在这类群体中,不仅存在着意见领袖的个人影响,由成员的多数意见所产生的群体压力也对个人的言行具有重要的制约作用。二是作为个人行为的精神依托的群体,即由过去和现实的群体归属关系所产生的观念、价值、行为准则的内在化,统称为"群体规范"。在现实生活中,许多看起来似乎完全出于个人决定的行为,实际上在很大程度上受内在化的群体的影响。同样,群体归属关系和群体规范对大众传播效果也具有重要的制约作用,它不仅影响着受众对媒介和内容的"选择性接触",而且影响着他们对观点的接受,对价值或行为的认同。

(三)受传者的个性

1. 可说服性

每个人都有不同的个性。有的人比较容易接受他人的意见或劝说,有的人则固执己见、我行我素。在传播效果研究中这种"容易"或"难以"接受他人劝说的个性倾向称为个人的"可说服性"。根据日本传播学者的分类可说服性包含以下几个方面:

（1）与特定主题相关的可说服性：说服的主题是多种多样的，一个人在某些话题上可能容易接受他人意见而在另一些话题上则可能容易产生拒绝或排斥的态度。

（2）与特定议论或诉求形式相关的可说服性：如有的人容易接受道理说服，而有的人则容易接受场面或氛围的感染；有的人对"强加式"说服表现出反感而对"诱导式"说服则很容易接受。

（3）一般可说服性：与主题或说服形式无直接关系，受个人性格影响对他人意见容易接受或排斥的倾向。

2."自信心假说"

贾尼斯从自信心角度对个性倾向与一般可说服性的关系进行了考察。1945年，他采用临床实验的方法，以"社会不安感""委曲求全性向"和"感情抑郁程度"为自信心强弱的三项指标，就自信心强弱与一般可说服性的关系进行了测试。在这项实验中，个性倾向以实验对象的自我评价为依据，而可说服性的数据来自对这些人所做的三项说服试验的结果，其说服主题分别是评价电影、减少食肉和预防感冒。实验结果表明，自信心越强，可说服性越低，自信心越弱，可说服性越高。这一结论被称为"自信心假说"。

3.个人信息行为对传播效果的影响

个人信息行为指的是个人寻求、接触和处理信息的各种行为。由于每个人的认知结构、求知欲、性格和习惯不同，其信息行为也各具特点，这些特点也对传播效果直接或间接地产生影响。

第四节　教育传播效果的概念

虽然教育传播与大众传播有很大的区别，但是两者之间有一个本质上的共性，即两者都是信息的传播过程。因此，大众传播效果的研究成果对于教育传播具有借鉴、启示的意义。

一、教育传播效果的含义

与大众传播不同，教育传播效果评价的标志是传播过程达到教育目的的程度。教育传播效果的含义可以从三个层面进行理解。

（一）受教育者

教育传播效果是指，经过一定的传播教育过程之后，受教育者在知识、能力和行为等方面所发生的变化。

（二）时间

从时间的角度看，完成这个教育传播过程所用时间也属于教育传播效果的范畴。这反映了教育传播效率。完成同样的教育传播任务，所花时间越短，教育传播效率越高。

（三）规模

从规模效益的角度看，一个教育传播过程使多少人受到教育，多少人获得知识、能力和行为的改变也属于教育传播效果的范畴。这反映了教育传播规模效益。

还有一种宏观的理解，将教育传播效果与教育的社会效益相联系。例如，把某个学校的学生毕业后所担任的工作和工作成绩，作为该校的教育效果。这种理解虽然并不很准确，无法将学生毕业后通过其他途径学习和锻炼的效果分别开来，但是在一定程度上还是有意义的，因为这有利于引导学校教育面向现实社会。学生在学校学习期间所获得的基本知识能力，对于他们走上工作岗位后所获得的成绩是有很大影响的。又比如，一些专业学校在做教育效果调查研究时，跟踪调查学生毕业后的工作性质、工作能力与工作成绩，从而作为调整专业课程设置和更新教学内容的依据。因此，为了便于教育传播效果的研究，可以把学生毕业后的工作性质、工作能力与工作成果划分为教育传播的远期效果，而将完成某一特定的教育传播过程（例如一节课或一门课程）用了多少时间，有多少人达到预期的教学目标作为教育传播的阶段性效果。

二、教育传播效果的特征

教育传播区别于大众传播，具有自身的特殊性，从而产生了教育传播效果的特征。

（一）特定的教学目标

教育传播的目的是按照社会需求培养德、智、体、美全面发展的劳动者，为此，学校开设的每门课程都规定了具体的教学目标要求。教育传播效果体现在教育对象达到规定的教学目标的程度上，因此特定的教学目标是检验教育传播的标准。

（二）特定的教学对象

大众传播效果是体现在一群无法预知的大众身上，而教育传播通常针对特定的对象,其效果也体现在这些特定的对象身上。在学校教育传播中,这些特定的对象具有一定知识水平(例如通过入学考试),被有组织地编进了特定的班级,并以班级集体为主进行教学传播活动。在各种形式的远距离教育传播中,也是通过各种形式组织了特定的对象,进行特定内容的教育传播。研究教育传播效果必须着重研究这些特定教学对象的特点、需求,以及教育传播在他们身上反映出来的效果。

(三)采用多种教育传播媒体

大众传播效果研究多数注重研究某一传播媒体的效果,或者某种大众传媒与人的面对面传播相结合的效果。现代教育传播的效果研究中,往往涉及多种教育传播媒体相结合的效果。例如学校班级教学过程中运用多种传播媒体的教学效果,又如远距离教育过程中多媒体教学包的设计和评估。灵活运用多种媒体进行教育传播,有利于因地制宜,因材施教,提高教育传播效果和效益。但是,由于增加了影响教育效果的因素,对教育传播效果研究方法提出了更高的要求。

(四)特殊的效果评价方法

由于教育传播有特定的目标和特定的对象作为前提条件,因此,它已形成了一套特殊的提问、作用与考试的方法去评价教育传播效果。尽管这些方法还不能全面评价教育传播的全部效果,但是像考试这样的在大众传播研究中难以采用的评价方法,在教育传播效果研究中,用于测定受教育者的知识与行为变化,却是一种科学性和准确性都比较高的评价方法。

三、教育传播效果的表征

教育传播效果的表征分为阶段性效果表征和远期效果表征。

(一)教育传播效果阶段性效果表征

教育传播效果阶段性效果表征有以下三个方面:

1.达标程度

一门课程的教学目标在教学大纲中有明确规定。至于一个单元或者一节课的教学目标,教育者要在对该阶段的教学内容与受教育者的情况进行具体分析后,确定在认知领域、情感领域和动作技能领域应达到的具体教学目标。完成阶段性的教育传播过程后,通过对受教育者的测试,检验其在上述领域中是否能够达到预定的教学目标以及达标的程度,通过科学的分析去确定教育传播效果。

2. 教学时间

在教学大纲中,明确规定了每门课程的授课时间。但是,由于科学与技术的迅速发展,为了适应社会需求,跟上时代的步伐,教师往往在课程内需要增加新内容或者增设新课程。因此,要改进教育传播技术,在保证人人达标的基础上,缩短教育传播时间。在保证预定目标所要求的教学质量的前提下,缩短教学时间,也是教育传播效果的一项重要表征。

3. 教学规模

在同一时间内能够使多少受教育者达到预定的教育目标,这也是教育传播效果的一项重要表征。在学校班级教学中,一位老师一般教 50 人左右,而利用远距离教育传播媒体,能够使成千上万的人们同时接受教育,大大地扩大了教育规模。这也是教育传播所期望的效果。

(二)教育传播效果远期效果表征

教育传播效果远期效果表征有以下三个方面:

1. 毕业生的工作性质

从一所学校一个专业的整体教育效果来看,学生毕业到工作岗位后,能胜任何种工作,所担任工作是否与所学专业对口,所担负的工作需要的业务能力水平等,都是教育传播效果的衡量标准。

2. 毕业生的工作能力

毕业生在工作中表现出哪一方面的能力强一些,对哪一类工作胜任自如,并能做出成绩,而对于哪些工作却束手无策或难以胜任等,通过对这些方面的调查,可以检查学校教学计划的课程设置是否恰当,以及检查课程教学质量。因此,毕业生的工作能力也是反映整体教育传播效果的一个重要表征。

3. 毕业生的工作成果

毕业生能继续深造,攻读高一级的学位,或者在工作中有突出成果或发明创造,得到各级奖励等,也是教育传播效果的体现。

在评价教育传播效果时,无论是阶段性还是远期性效果,不能采取齐头并进的方法。根据具体的教育传播方式和目标,对于各项效果表征应该给予不同的评价权重指数。例如,远距离教育传播,扩大教学规模是其主要特征,因此其教学规模效果可能相当高,而达标水平(例如学生考试分数)可能相对低一些。但是,从整体来看,其教育传播效果仍是可取的。

第五节　教育传播效果的测量和评价

教育传播效果的研究中,有固定的教学传播对象和特定的教学目标,教育传播效果的评价研究应根据具体的课题和研究对象确定合适的研究方法。

一、教育传播效果的测量方法

教育传播效果测量方法可以从不同角度进行分类。

(一)结果表达

根据测量结果的表达方式,教育传播效果的测量方法可以概括为定性的和定量的两个类别。所谓定性的测量方法,就是用语言记录测量结果,例如:"多数学生都很用心听讲。"所谓定量的测量方法,就是用数字记录测量结果,例如:"出勤率达到95%。"在某些情况下,定量的和定性的测量方法可以起到互补的作用。例如前面的例子中,两项测量的结果综合起来就是,学生用心听讲和95%的出勤率,这反映了学生的学习兴趣很高。如果缺了其中的任何一项,都无法准确说明问题。

(二)测量内容

从测量内容的角度,教育传播效果的测量方法可分为达标程度的测量、教学时间的测量和教学规模的测量。

达标程度的测量包括对教育者在认知领域、情感领域和动作技能领域达到预定的教学目标的程度的测量。

教学时间的测量指在保证规定的教学质量的前提下,对完成一定的教学目标所需要的时间的测量;或者在保证规定的教学质量的前提下,对在一定的时间内(例如45分钟内)能够传授的知识内容的测量。掌握一定的教学质量标准,是保证教育传播效果中教学时间测量的有效性和可比性的必要条件。

教学规模的测量指的是对教育受益范围大小的测量。教学规模是评价教育传播经济效益的一项重要指标,但不是唯一指标,教学规模的测量应当与教学时间和教学效果相结合才具有实际的意义。

(三)测量工具

从测量工具的角度而言,教育传播效果的测量方法是多种多样的。几乎凡是教育传播领域适用的测量方法,都可以应用于教育传播效果的测量。常用的测量工具包括作业、提问、试卷、问卷、观察、自我评估、小组讨论、同伴(同行)评估等。

教育传播效果测量的目的在于为教育传播效果的评定提供全面、客观、真实、可靠的数据。各种测量方法各有所长,测量方法的选择与搭配,必须根据具体的评价研究目的,并且综合考虑包括时间、人力和财力资源等因素在内的客观实际条件。

二、教育传播效果的评价

教育传播效果的评价研究是一个多维度的研究,离开具体的教育传播目标和传播过程所在的社会和文化条件去讨论教育传播效果是没有意义的。例如,学校教育传播效果可以从各项教育目标达标程度的视角进行评价,包括学生对知识的记忆、理解、应用的程度,学生智力的开发等,也可以从教育效益的视角进行评价,包括经济效益、社会效益、教学效益等。无论从什么角度进行评价,评价本身并不是目的。教育传播效果评价的最终目的是教育的改进。因此,教育传播效果的评价是教育传播效果优化过程的组成部分。

1967年美国哲学家斯克雷芬提出了评价的两大功能:形成性功能和总结性功能。这个提法在教育界得到了普遍的认可和应用。美国心理学家布卢姆把教学评价分为三大类——诊断性评价、形成性评价和总结性评价。

(一)诊断性评价

诊断性评价也称教学性评价、准备性评价,一般是指在某项教育传播活动开始之前对学生的知识、技能以及情感等状况进行的预测。通过这种预测可以了解学生的知识基础和准备状况,以判断他们是否具备实现当前教学目标所要求的条件,为实现因材施教提供依据。

(二)形成性评价

形成性评价在一个教育传播项目(或者课程)进行的过程中进行。通常将教育传播项目有计划地分成若干阶段,对各个阶段进行观测、评估。

形成性评价注重对学生学习过程的关注和评价结果对教学的反馈作用,包括对学生学习和教师教学两方面的反馈作用。评价要能够使学生了解自己的学习状况,反映学生学习的成就和潜能,要有助于学生发展自主学习,有助于自信心的建立和正确认识自己。同时,评价又可以正确反映教师的教学质量,以利于教师根据反馈信息及时调整教学策略。

(三)总结性评价

总结性评价在教育传播项目(或者课程)结束时进行。一般来说,它与分等鉴定、做出关于受教育者和教育者个体的决策、做出教育资源分配的决策相联系。如学生的毕业考试、教师的考核、学校的鉴定等。

表7-5　三种评价之比较

种类	诊断性评价	形成性评价	总结性评价
目的	合理安置学生,考虑区别对待,采取补救措施	改进学习过程,调整教学方案,促进学生进步与发展	判定最终学习结果,为甄别和选拔服务
作用	查明学习准备情况,确定不利因素,以便"对症下药"	诊断、分析教学过程,确定教学效果,提出改进措施	评定学业成绩
评价重点	素质、过程	学习过程	学习结果
评价主体	教师	教师、本人、同学	教师
评价内容	必要的预备性知识与技能,以及学生生理、心理、环境等因素	语言知识、语言技能、情感态度、学习策略、文化意识	知识、技能
手段	特殊编制的测验、学籍档案和观察记录分析	日常观察、作业评定、问卷调查、自评/互评、访谈、平时测验、活动记录等	考试(如期终或学年考试、结业考试等)
实施时间	课程或学期、学年开始时,教学进程中需要时	课题或单元教学结束后,经常进行	课程或一段教程结束后,一般每学期1—2次
评价结果	为教学活动的开展提供前提和基础	记述是否达到目标的要求,指出缺点,提出建议	记分
主要特点	前瞻式	前瞻式	回顾式

总而言之,诊断性评价是在教育传播活动之前进行的,为教育传播活动对象的学习准备程度做出鉴定;形成性评价是在教育传播过程的各个阶段进行

的,为教育传播过程的改进提供及时的反馈信息,形成性评价是教育传播项目的开发者、设计者和实施者进行教育传播过程开发和改进决策的依据;总结性评价是在一个教育传播项目周期结束时所做的关于项目的整体质量、效果、价值等的评判,总结性评价是教育传播项目的潜在用户、赞助者和上级领导等进行相应决策时采用的重要依据。

三、智能技术赋能教育传播效果评价升级转型

随着教育信息化实践的扎实推进,5G、物联网、智能感知、脑电和仿真等新技术的发展为教育评价变革提供了新的方向,也为智能化数据的采集、数据建模、可视化分析、个性化反馈等提供了有力支撑。

(一)智能技术赋能教育评价的特点

新时代智能技术能够帮助我们在教育传播效果的评价活动中,做得更准确、更全面、更及时、更自动和更智能。《2021智能教育发展蓝皮书——智能技术赋能教育评价》列举了智能技术赋能教育评价的五个主要的特点。

1. 评价模型科学化

科学的评价模型是教育评价的核心,是指借助智能技术手段,通过教育评价人员、信息技术专业人员、教育教学人员等协作,针对不同评价对象和评价内容构建科学的指标体系、指标权重、评价模型。评价指标的设计是评价模型构建的前提条件,是保证评价模型科学化的重要支撑,指标构建方法有质化方法、量化方法和复合性方法等,其中指标权重设计的合理性既能够反映出决策的主观价值,又可以获得客观准确的测量结果。通过计算机软件系统、人工智能中的推理技术等构建评价模型,可以实现模拟评价,具体方法有专家系统、人工神经网络、机器学习等。

2. 主体参与多元化

参与评价的主体由教师、家长、同伴、自我、评价专家等共同构成,形成"评价共同体",使评价过程呈现民主化和人性化,评价结果也更具有真实性和可靠性。教师参与能够给出更加具有专业性、实效性的评价信息;家长参与使评价结果不仅聚焦于在校情况,还包含家庭表现情况,使评价结果更加全面;同伴参与可有效调动学习者的积极性,加强沟通交流;自我评价使被评价者的主体地位得到充分发挥,有效提升参与意识,主动反思发现自身的不足;评价专家为评

价对象提供更精准、客观、全面的评价结果。

3. 数据获取立体化

数据获取立体化是通过物联感知技术、可穿戴设备技术、视频监控技术、网评网阅技术等对评价数据进行全过程、全方位、多维度的采集，改变过去人工采集记录的方式，实现评价数据立体化获取。全过程是指依托数据采集平台和设备自动记录评价对象在整个活动中产生的各项数据，由过去的"间断性记录"转变为"全过程记录"；全方位强调数据的获取打破时空界限，不局限于传统教室，还包含线上学习数据的获取、户外教学活动数据的获取等；多维度是指采集的数据种类会更多样、更全面，包括行为数据、情感数据、体质数据、管理数据等。

4. 诊断分析最优化

通过采用数据融合、数据分析等技术，对多模态数据进行诊断分析，实现了多维、全局数据处理和分析的最优化，从而达成精准评估和测评。例如，在海量的多模态数据挖掘中，基于不同模态数据融合，可通过模态数据间的互补学习提取出复杂数据中的有效特征，从而提升了决策结果的准确性；使用机器学习等算法对不同种类的数据进行分析，包括文本分析、语音分析、图像分析、视频分析等，可准确表征评价对象的特征要素。

5. 评价反馈精准化

评价反馈是实现教育评价的应用价值体现，也是评价的重要组成部分。通过高度个性化定制、智能推荐引擎等技术，将评价结果以交互式可视化的形式及时精准地推送给用户，有效提升评价对象对自我的认知，使评价对象即时调整学习策略、教学目标等，进而有效地促进管理、教学、学习等。评价反馈贯穿整个教育活动的始终，有过程性的即时反馈，如课前的预习测评与反馈、课堂的实时检测反馈等，能够精准反馈评价结果即时调整学习策略；有根据评价结果精准推送教学和学习资源等，实现教师精准的教和学生个性化的学。

（二）智能技术赋能教育传播效果评价的改革方向

余胜泉认为智能技术的演进对促进教育教学改革和发展的独特价值日益凸显，可实现面向全过程的多维高效评价。智能技术赋能的教育传播效果评价改革可从八个方面着手（图 7 - 7）。

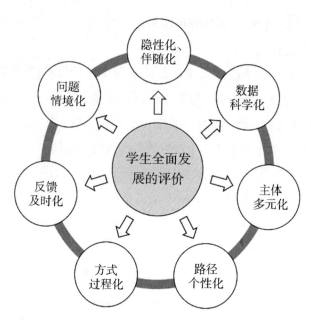

图7-7 智能技术赋能教育传播效果评价的改革方向

1. 评价过程隐性化、伴随化

教育评价是过程性、实时性和适应性的,评价将嵌于学习过程之中,不作为单独的环节存在。教育评价须以促进学生的全面发展为导向,而不囿于为学生打分、排名。借助智能技术,学习与评价过程可同步进行,即时、准确地为学生提供评价结果与发展建议。

2. 评价数据科学化

评价的依据要从评价者的主观经验转向客观理性的数据,借助教育大数据分析工具,采集学生学习中的全过程数据,对学生学科知识、学科能力、核心素养等做出准确和定量的评价。

3. 评价主体多元化

教育大数据支持多元主体共同参与评价,教育评价主体将由单一教师主导转向自我评价、同伴评价以及利益相关主体共同参与。多元主体共同参与的评价,能从更多视角反映个体的综合表现,包括优点、特长、个性和缺点等,评价结果更为全面客观。

4. 评价路径个性化

教育评价的路线不是单一、固定的,而是根据个体的差异性进行适应性调整的,不同个体将拥有不同的评价方案。基于教育大数据实现评价过程与学习过程的无缝融合,根据学生在学习过程中的表现定制个性化评价方案,通过诊断性数据的反馈,不断进行动态的调整和改进,从而为学生规划出最佳的学习路径并提供适应性学习服务。

5. 评价方式过程化

教育的评价方式将从关注总结性评价向关注过程性评价转变,采集的数据不仅包括学习结果,还包括学习行为、认知过程和心理变化等大量过程性数据,实现定量评价与定性评价相结合。评价报告的内容也将更加丰富,不再过分强调横向比较学生间的差异,转而突出学生的个性化发展,弱化评价的甄别和选拔功能,凸显评价对教育教学的诊断和促进功能,实现面向教学过程的发展性评价。

6. 评价反馈及时化

教育评价与反馈将是动态实时的和伴随式的,可以利用智能手段对学生学习全过程数据进行实时采集与分析,即时生成评价报告并反馈,帮助学生及时调整学习进度,在学生的学习与成长中给出及时、准确、覆盖全程的指导方案。

7. 评价问题情境化

各类智能技术的发展赋予评价手段数据化、自动化和智能化的特性,通过创设真实的问题情境,可以采集学生在认知活动过程中各类点击流数据和会话数据,通过对数据的自动化处理和分析,实现面向过程的表现性评价,综合判断学生的问题解决能力。

8. 关注全面发展的评价

教育的评价内容应从关注单一学科成绩转向关注个体全面发展,强调学生面向未来的关键能力和核心素养的培育。通过采集学生在课堂活动、作业练习、在线学习、体质锻炼、人际交往等全学习过程中产生的数据,采用定量评价和定性评价相结合的方式,可以形成全面的发展性评价报告。

智能技术的发展为破解教育评价面临的问题与挑战、重塑未来教育评价体系提供了重要机遇。我们应积极探索学生核心素养教学与评价的路径,充分挖掘人工智能和大数据技术变革教育评价的潜力,推进教育评价走上新的高度。

第六节　教育传播效果的优化

教育传播过程也是由各要素组成,各要素及其之间的相互关系制约着教育传播效果,而要促进教育传播效果的优化,不仅要掌握影响教育传播效果的因素,还需掌握相关的优化原理及方法。

一、教育传播效果的优化原理

施拉姆和余也鲁在20世纪80年代合著的《传媒·教育·现代化——教育传播的理论与实践》一书中概括了利用传播媒体进行教育传播的几个原理。

(一)共同经验原理

教育传播是一种信息传递与交换的活动。教师要与学生沟通,必须把沟通建立在双方共同的经验范围内。图7-8中两个圆圈各代表甲和乙原有的经验范围,其间重叠的地方是他们具有的共同经验。这个重叠的范围是两人可以相互沟通的范围。在教育传播过程中,要学生理解一件事物,教师必须用学生经验范围内能够理解的比喻,引导他们进入新的知识领域。

学生不可能对每件事物都具有或者可以获取直接的经验。这种情况下,传播媒体可以起到提供间接经验的作用。利用计算机、电影、电视等教育媒体,把实物、实际操作、具体的人物通过画面表现出来,可以使学生获得间接的经验,在这个基础上,再引申到下一层次的传播,引导学生进入新知识领域。教育传播要取得好效果,教育媒体的选择与设计必须充分考虑学生的经验,只有建立和扩大教师与学生之间的共同经验范围,才能进行有效的传播。

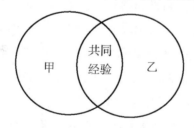

图7-8　共同经验的模型

(二)抽象层次原理

抽象是把事物的个别特征去掉,取其共同点,去代表或说明同一类的事物。美国视听教育家戴尔于1946年在其著作《视听教学法》中提出"经验之塔"理论,认为经验有的是由直接方式得来的,有的是由间接方式得来的。各种经验,大致可以依照它的抽象程度,分为三大类十个阶层。三大类为做的经验、观察的经验、抽象的经验。根据戴尔的抽象层次分类,进一步优化可得出图7-9的所示的经验之塔。

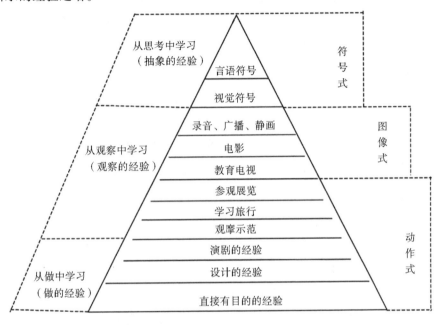

图7-9 优化的经验之塔

抽象有不同的层次。以苹果为例说明如下:

放在桌上的那个苹果;

一般性的苹果;

水果——从苹果、橘子、梨等抽象出来的共同特征;

食物——从水果、蔬菜、肉类等抽象出来的共同特征;

生活资料——从食物、衣服、住房等抽象出来的共同特征;

经济制度——如公有制、私有制、多种所有制经济等的共同特征。

语言符号能在许多不同的抽象层次上活动,这是语言的长处。同一个题目,可以在较低的、比较具体的层次上和儿童讲,也可以在较高的、比较抽象的层次上和大学生谈。所不同的只是程度深浅。抽象的词可以包含许多具体的东西。在抽象这个阶梯上爬得越高,次一级的事物的特征就消失在高一级的总体意义中。因此,我们可以用抽象层次高的语句,去简明地表达更多的具体意义。但是,抽象层次越高,理解的难度也越大,引起误会的可能性也高。采用抽象层次较低的、比较具体的词句进行传播,比较容易理解,能够听懂的人会多些。但是,这样的传播需要用上大量的词句去完成。

根据上面的分析,我们可以得到另一条教育传播的效果原理:教育传播中所说的话、写的文章、绘的图画,都必须在学生能明白的抽象范围中进行,并且要在这个范围内的各个抽象层次上下移动,既要说出抽象要点,又要用具体事物来解释、说明,既要讲学生所熟悉的具体事物,又要分析、综合、推理、演绎,得出抽象的概念。

(三)重复作用原理

重复作用就是将一个概念在不同的场合或用不同的方式去重复呈现。重复作用是取得传播效果的一个有效方法。重复作用并不是连续将一句话反复重说几次。

教育传播的重复作用原理包括两层含义:

第一层含义是,将一个概念在不同的场合重复呈现。一些有关外语学习的研究表明,要牢固地掌握某个生词,必须在 8 个不同的场合中接触它。大脑反复受到 8 次刺激之后,就能达到长时记忆。根据这个规律,编写教科书时应该使得每个生词在 8 种不同场合下出现。不同场合的重复作用可以加深学生的印象,提高记忆效果。

第二层含义是,用不同的方式重复呈现同一概念。例如,同时或者先后用文字、声音、图像去呈现某一概念。如教师边讲边用板书或体态语言配合表达;电视的图像画面配以语言、声音进行解说等等。不同方式的重复作用,通过发挥各种信息传播符号表现事物的特性,加深学生的理解。重复作用原理通过在不同的场合,用不同的方式重复呈现一个概念,帮助学生理解和记忆,从而达到更好的教育传播效果。

(四)信息来源原理

有权威、有信誉的人说话,总是更容易让人信服。说话的人是谁,资料来自何方,对传播的效果有明显的影响。

美国耶鲁大学的传播学者霍夫兰曾经做过这样一个实验:他把内容相同的有关原子弹的文章,分别发给两组受试者,对第一组说,该文为美国某一著名原子能科学家所写,对第二组则说来自一般新闻来源。结果发现,第一组对文章相信的程度以及所引起的态度改变超过第二组四倍。

霍夫兰还做过多次实验去验证这个原理的可靠性。在一次实验中,他把一篇分析少年犯罪因素的文章由三个身份不同的人宣读。一位是法官,一位是普通人,还有一位是品德不良又无法律常识的人。宣读文章后对听众的测验调查发现,听众相信法官所言,不太相信普通人的说法,而对那个品德不良之君的言语则全然不信。这些研究都有力地说明了信息来源对传播效果的影响。人们总是倾向于接受、相信心目中有信誉、可靠的来源的信息。

决定信息来源的可靠性的因素不仅仅是权威。亲朋好友,或者在受传者心目中与自己有相同之处的人们,都有可能成为受传者乐意接受的可靠的信息来源。这种受传者选择认可传播信息来源的现象也称为传播说服中的"认同策略"。

在教育传播中,教师是教育信息的主要来源之一。因此,教师应该以自己的言行树立学生认可的形象与权威。同时,教师也要尽量与学生建立平等友好的关系,做学生的知心朋友。另外,教师选用的教材、视听资料,内容来源应该准确、真实、可靠,这样才能增强教育传播的效果。

(五)最小代价律与媒体选择原理

"最小代价律"是在对人类的语言进行研究中发现的一个法则。如最常用的文字结构用的字词最少;最常用的字笔画最少;说话时,说的人希望精练,听的人希望简单明了。简而言之,无论是传者还是受者,大家都"希望以最小的努力取得最大的收获"。虽然这是从语言媒体的研究中得到的结论,但是这个法则却适用于其他媒体的设计、制作和运用。

根据媒体运用的最小代价律,可以得出受传者对媒体的选择原理,如下列公式所示:

$$\frac{可能得到的报酬}{需要付出的报酬} = 预期选择率$$

预期选择率代表某种媒体或者信息被选用的可能性。根据媒体选择原理公式,一种媒体或者信息被选用的可能性与其能够提供的报酬成正比,与使用者所需要付出的努力成反比。要增加一种媒体或信息被选用的可能性(提高预期选择率),可以通过两种途径:一是增加可能提供的报酬(增大公式中的分子),二是减少使用者所需的努力(减小公式中的分母)。分子代表媒体使用者可能得到的收益,主要由媒体的内容决定,取决于媒体的信息内容能否满足使用者的需要,以及满足需要的程度。分母是使用者采用该媒体所须付出的代价,主要涉及取得该媒体的途径是否方便,使用起来是否顺手,以及学习这些知识与经验须付出的时间与精力等。

从最小代价律和媒体选择原理可以推导出下列教育媒体制作与选择原则:

(1)方便性:媒体的制作与选择必须考虑方便使用者的采用。

(2)显著性:媒体的制作与选择必须突出教育主题内容。

(3)吸引性:媒体的制作与选择必须能够吸引使用者。

(4)需要性:媒体的制作与选择必须针对使用者的需要。

(5)习惯性:媒体的制作与选择必须注意和照顾受众原有的传播习惯。

在教育传播过程中,必须遵循上述原理,选择合适的信息来源与教育媒体,才能取得良好的教育传播效果。

二、教育传播效果的优化途径

教育传播效果的优化可以有不同的体现,其中包括提高教学质量,减少达到一定的教学目标所需要的时间,在保证教学质量的前提下扩大教学规模或者减少教育开支等。在教育传播的设计中,应当根据具体的优化目标,综合考虑各种因素的影响,科学运用各种优化原理,制订合适实际情况的措施,从而实现最大可能的教育传播优化效果。下面五个环节是优化教育传播效果的必经之路。

(一)明确目标

明确教育传播效果的优化目标,就是确定预期的教育传播效果。明确目标,一方面可以使教育传播的设计有的放矢,选择最有效的信息内容、传播媒体和教学方法;另一方面有利于教育传播效果评价的实施,从而确保预期效果的实现。教育传播效果优化目标的确定必须本着科学、客观、实事求是的态度,通过认真、细致的调查研究,了解和把握社会的需要、客观实际条件、学生基础、各种资源状态等信息,在充分调查研究的基础上确立。

(二)系统分析

教育传播效果是软件、硬件和人的因素综合作用的结果。任何一方面因素的不协调发展,都可能形成教育传播效果优化过程的"瓶颈"。只有在各个因素之间的关系相互协调的情况下,才能真正实现教育传播效果的优化。系统分析的目的在于发现潜在的"瓶颈"症结,并且"对症下药",使每一个因素在教育传播效果的优化过程中都发挥积极的作用。

(三)科学应用

信息传播技术在教育过程的应用,为教育传播者提供了更大的发挥才能的空间,也提出了更高的要求。教育传播效果的优化,需要应用多学科的知识和技能,根据预定的教育目标、具体的客观条件、学生的知识基础和文化背景,选择信息内容、传播媒体和教学方法。

(四)量体裁衣

如果说前面的三个环节,解决了教育传播效果优化过程的策略问题,那么,量体裁衣着眼的是教育传播效果优化过程的战术问题,或者说,是关于如何将前面三个步骤所制定的计划付诸实施的问题。在这个环节里,需要按照实际情况实施既定的教育传播计划,但是并不是机械、教条地实施。有条件的情况下,应当实施教育传播效果的形成性评价,并反馈到相应的环节,对教育传播过程做出及时、有效的修正。

(五)最大优化

这是贯穿在整个教育传播过程的环节。教育传播过程是一个动态发展的过程。教育传播效果的及时评价和反馈,是这个过程朝着最大优化结果发展的保证。

图 7-10 描绘了教育传播效果优化过程五个环节的相互联系。教有传播效果优化过程是一个动态发展过程。

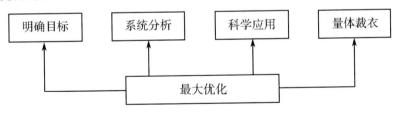

图 7-10　教育传播效果优化环节

对图 7-10 所示的 5 个相辅相成的环节进行科学、细致的分析及合理的个性化的设计,这样就能达到教育传播效果的最大优化。

参 考 文 献

[1]丹尼斯·麦奎尔,斯文·温德尔.大众传播模式论[M].祝建华,武伟,译.上海:上海译文出版社,1997.

[2]胡正荣.传播学总论[M].北京:北京广播学院出版社,1997.

[3]郭庆光.传播学教程[M].北京:中国人民大学出版社,1999.

[4]张国良.传播学原理[M].上海:复旦大学出版社,1995.

[5]罗杰斯.传播学史:一种传记式的方法[M].殷晓蓉,译.上海:上海译文出版社,2005.

[6]董璐.传播学核心理论与概念[M].北京:北京大学出版社,2005.

[7]赛佛林,坦卡德.传播学的起源、研究与应用[M].陈韵昭,译.福州:福建人民出版社,1985.

[8]李普曼.公众舆论[M].阎克文,江红,译.上海:上海人民出版社,2002.

[9]李正良.传播学原理[M].北京:中国传媒大学出版社,2007.

[10]巴兰,戴维斯.大众传播理论:基础、争鸣与未来[M].3版.曹书乐,译.北京:清华大学出版社,2004.

[11]张隆栋.大众传播学总论[M].北京:人民大学出版社,1993.

[12]赛佛林,坦卡德.传播理论起源、方法与应用[M].5版.郭镇之,徐培喜,等译.北京:中国传媒大学出版社,2006.

[13]李黎明.传播学概论[M].武汉:武汉大学出版社,2011.

[14]段京肃.传播学基础理论[M].北京:新华出版社,2003.

[15]程栋.智能时代新媒体概论[M].北京:清华大学出版社,2019.

[16]克莱尔·库帕·马库斯,卡罗林·弗朗西斯.人性场所:城市开放空间设计导则[M].俞孔坚,等译.北京:中国建筑工业出版社,2001.

[17]南国农.教育传播学[M].北京:高等教育出版社,1995.

[18]冯契.认识世界和认识自己[M].上海:华东师范大学出版社,1996.

[19]吴军.智能时代:大数据与智慧革命重新定义未来[M].北京:中信出

版社,2016.

[20]王宝祥.新时期班主任工作[M].呼和浩特:内蒙古教育出版社,1990.

[21]邵瑞珍.教育心理学[M].上海:上海教育出版社,1983.

[22]王承璐.人际心理学[M].上海:上海人民出版社,1987.

[23]田慧生.教学环境论[M].南昌:江西教育出版社,1996.

[24]吴也显.教学论新编[M].北京:教育科学出版社,1991.

[25]B.A.苏霍姆林斯基.帕夫雷什中学[M].赵玮,等,译.北京:教育科学出版社,1983.

[26]威尔伯·施拉姆,威廉·波特.传播学概论[M].陈亮,周立方,李启,译.北京:新华出版社,1984.

[27]林之达.传播学基础理论研究[M].成都:西南交通大学出版社,1994.

[28]王雨田.控制论、信息论、系统科学与哲学[M].北京:中国人民大学出版社,1986.

[29]张汝伦.意义的探究:当代西方释义学[M].沈阳:辽宁人民出版社,1986.

[30]查尔斯·霍顿·库利.人类本性与社会秩序[M].包凡一,王漫,译.北京:华夏出版社,1991.

[31]范东生,张雅宾.传播学原理[M].北京:北京出版社,1990.

[32]沙莲香.传播学:以人为主体的图象世界之谜[M].北京:中国人民大学出版社,1990.

[33]刘建明.宣传舆论学大辞典[M].北京:经济日报出版社,1993.

[34]德弗勒,鲍尔-洛基奇.大众传播学诸论[M].杜力平,译.北京:新华出版社,1990.

[35]高亮华.人文主义视野中的技术[M].北京:中国社会科学出版社,1996.

[36]丹尼尔·杰·切特罗姆.传播媒介与美国人的思想:从莫尔斯到麦克卢汉[M].曹静生,黄艾禾,译.北京:中央广播电视出版社,1991.

[37]匡文波.网络传播学概论[M].2版.北京:高等教育出版社,2004.

[38]成美,童兵.新闻理论教程[M].北京:中国人民大学出版社,1993.

[39]郑杭生.社会学概论新编[M].北京:中国人民大学出版社,1987.

［40］周红霞.让人工智能更加智能［N］.中国教育报,2019 - 05 - 10(5).

［41］陶鹤山.第三人效应理论:传播效果研究的新视角［J］.国际新闻界,2001(4):67 - 70.

［42］范建丽,张新平.大数据 + 智能时代的教师数智胜任力模型研究［J］.远程教育杂志,2022,40(4):65 - 74.

［43］冯晓英,王瑞雪,吴怡君.国内外混合式教学研究现状述评:基于混合式教学的分析框架［J］.远程教育杂志,2018,36(3):13 - 24.

［44］祝智庭,贺斌.智慧教育:教育信息化的新境界［J］.电化教育研究,2012(12):5 - 13.

［45］曹培杰.智慧教育:人工智能时代的教育变革［J］.教育研究,2018,39(8):121 - 124.

［46］唐汉卫.人工智能时代教育将如何存在［J］.教育研究,2018,39(11):18 - 24.

［47］邵培仁.传播模式论［J］.杭州大学学报,1996(2):159 - 170.

［48］祝智庭,林梓柔,闫寒冰.新基建赋能新型教育公共服务平台构建:从资源平台向智慧云校演化［J］.电化教育研究,2021,42(10):31 - 39.

［49］陈明选,李兰.我国数字教育平台资源配置与服务:问题与对策［J］.中国远程教育,2021(1):17 - 26,77.

［50］何克抗.从"翻转课堂"的本质,看"翻转课堂"在我国的未来发展［J］.电化教育研究,2014,35(7):5 - 16.